全国一级建造师执业资格考试专项突破

建设工程法规及相关知识
重点难点专项突破

全国一级建造师执业资格考试专项突破编写委员会　编写

中国建筑工业出版社

图书在版编目（CIP）数据

建设工程法规及相关知识重点难点专项突破 / 全国一级建造师执业资格考试专项突破编写委员会编写. 北京：中国建筑工业出版社，2025. 4. --（全国一级建造师执业资格考试专项突破）. -- ISBN 978-7-112-31097-5

Ⅰ. D922.297

中国国家版本馆CIP数据核字第2025PU3019号

本书按知识点进行划分，根据近几年考试命题形式进行分析总结。本书的形式打破传统思维，采用归纳总结的方式进行题干与选项的优化设置，将考核要点的关联性充分地体现在“同一道题目”当中，该类题型的设置有利于考生对比区分记忆，这种方式大大压缩了考生的复习时间和精力。对部分知识点采用图表方式进行总结，易于理解，降低了考生的学习难度，并配有经典试题，用例题展现考查角度，巩固记忆知识点。

本书既能使考生全面、系统、彻底地解决在学习中存在的问题，又能让考生准确地把握考试的方向。本书的作者旨在将多年积累的应试辅导经验传授给考生，对辅导教材中的每一部分都做了详尽的讲解，辅导教材中的问题都能在书中解决。

本书可作为一级建造师执业资格考试的复习指导书，也可供广大建筑施工行业管理人员参考使用。

责任编辑：牛　松
责任校对：党　蕾

全国一级建造师执业资格考试专项突破
建设工程法规及相关知识重点难点专项突破
全国一级建造师执业资格考试专项突破编写委员会　编写
*
中国建筑工业出版社出版、发行（北京海淀三里河路9号）
各地新华书店、建筑书店经销
北京建筑工业印刷有限公司制版
建工社（河北）印刷有限公司印刷
*
开本：787毫米×1092毫米　1/16　印张：14¼　字数：342千字
2025年5月第一版　2025年5月第一次印刷
定价：**48.00**元
ISBN 978-7-112-31097-5
（44776）

如有内容及印装质量问题，请与本社读者服务中心联系
电话：（010）58337283　QQ：2885381756
（地址：北京海淀三里河路9号中国建筑工业出版社604室　邮政编码：100037）

前　言

为了帮助广大考生在短时间内掌握考试重点和难点，迅速提高应试能力和答题技巧，更好地适应考试，我们组织了一批一级建造师考试培训领域的权威专家，根据考试大纲要求，以历年考试命题规律及所涉及的重要考点为主线，精心编写了这套“全国一级建造师执业资格考试专项突破”系列丛书。

本套丛书共分8册，涵盖了一级建造师执业资格考试的3个公共科目和5个专业科目，分别是：《建设工程经济重点难点专项突破》《建设工程项目管理重点难点专项突破》《建设工程法规及相关知识重点难点专项突破》《建筑工程管理与实务案例分析专项突破》《机电工程管理与实务案例分析专项突破》《市政公用工程管理与实务案例分析专项突破》《公路工程管理与实务案例分析专项突破》和《水利水电工程管理与实务案例分析专项突破》。

3个公共科目丛书具有以下优势：

一题敌多题——采用专项突破形式将重点难点知识点进行归纳总结，将考核要点的关联性充分地体现在“同一道题目”当中，该类题型的设置有利于考生对比区分记忆，该方式大大节省了考生的复习时间和精力。众多易混选项的加入，有助于考生更全面地、多角度地精准记忆，从而提高考生的复习效率。以往考生学习后未必全部掌握考试用书考点，造成在考场上答题时觉得见过，但不会解答的情况，本书一个题目可以代替其他辅导书中的3～8个题目，可以有效地解决这个问题。

真题全标记——将近几年一级建造师执业资格考试考核知识点全部标记，为考生总结命题规律提供依据，帮助考生在有限的时间里快速地掌握考核的侧重点，明确复习方向。

图表精总结——对知识点采用图表方式进行总结，易于理解，降低了考生的学习难度，并配有经典试题，用例题展现考查角度，巩固记忆知识点。

5个专业科目丛书具有以下优势：

要点突出——对每一章的要点进行归纳总结，帮助考生快速抓住重点，节约学习时间，更加有效地掌握基础知识。

布局清晰——分别从施工技术、进度、质量、安全、成本、合同、现场、实操等方面，将历年真题进行合理划分，并配以典型习题。有助于考生抓住考核重点，各个击破。

真题全面——收录了近几年一级建造师执业资格考试案例分析真题，便于考生掌握考试的命题规律和趋势，做到运筹帷幄。

一击即破——针对历年案例分析题中的各个难点，进行细致的讲解，从而有效地帮助考生突破固定思维，启发解题思路。

触类旁通——以历年真题为基础编排的典型习题，着力加强“能力型、开放型、应用型和综合型”试题的开发与研究，注重关联知识点、题型、方法的再巩固与再提高，帮助考生对知识点的进一步巩固，做到融会贯通、触类旁通。

由于编写时间仓促，书中难免存在疏漏之处，望广大读者不吝赐教。

读者如果对图书中的内容有疑问或问题，可关注微信公众号【建造师应试与执业】，与图书编辑团队直接交流。

建造师应试与执业

目　录

全国一级建造师执业资格考试答题方法及评分说明

全国一级建造师执业资格考试设《建设工程经济》《建设工程项目管理》《建设工程法规及相关知识》三个公共必考科目和《专业工程管理与实务》十个专业选考科目（专业科目包括建筑工程、公路工程、铁路工程、民航机场工程、港口与航道工程、水利水电工程、矿业工程、机电工程、市政公用工程和通信与广电工程）。

《建设工程经济》《建设工程项目管理》《建设工程法规及相关知识》三个科目的考试试题为客观题。《专业工程管理与实务》科目的考试试题包括客观题和主观题。

一、客观题答题方法及评分说明

1. 客观题答题方法

客观题题型包括单项选择题和多项选择题。对于单项选择题来说，备选项有4个，选对得分，选错不得分也不扣分，建议考生宁可错选，不可不选。对于多项选择题来说，备选项有5个，在没有把握的情况下，建议考生宁可少选，不可多选。

在答题时，可采取下列方法：

（1）直接法。这是解常规的客观题所采用的方法，就是考生选择认为一定正确的选项。

（2）排除法。如果正确选项不能直接选出，应首先排除明显不全面、不完整或不正确的选项，正确的选项几乎是直接来自于考试用书或者法律法规，其余的干扰选项要靠命题者自己去设计，考生要尽可能多排除一些干扰选项，这样就可以提高选择出正确答案的概率。

（3）比较法。直接把各备选项加以比较，并分析它们之间的不同点，集中考虑正确答案和错误答案关键所在。仔细考虑各个备选项之间的关系。不要盲目选择那些看起来、读起来很有吸引力的错误选项，要去误求正、去伪存真。

（4）推测法。利用上下文推测词义。有些试题要从句子中的结构及语法知识推测入手，配合考生自己平时积累的常识来判断其义，推测出逻辑的条件和结论，以期将正确的选项准确地选出。

2. 客观题评分说明

客观题部分采用机读评卷，必须使用2B铅笔在答题卡上作答，考生在答题时要严格按照要求，在有效区域内作答，超出区域作答无效。每个单项选择题只有1个最符合题意，就是4选1。每个多项选择题有2个或2个以上符合题意，至少有1个错项，就是5选2～4，并且错选本题不得分，少选，所选的每个选项得0.5分。考生在涂卡时应注意答题卡上的选项是横排还是竖排，不要涂错位置。涂卡应清晰、厚实、完整，保持答题卡干净整洁，涂卡时应完整覆盖且不超出涂卡区域。修改答案时要先用橡皮擦将原涂卡处擦干净，再涂新答案，避免在机读评卷时产生干扰。

二、主观题答题方法及评分说明

1. 主观题答题方法

主观题题型是实务操作和案例分析题。实务操作和案例分析题是通过背景资料阐述一个项目在实施过程中所开展的相应工作，根据这些具体的工作提出若干小问题。

实务操作和案例分析题的提问方式及作答方法如下：

（1）补充内容型。一般应按照教材将背景资料中未给出的内容都回答出来。

（2）判断改错型。首先应在背景资料中找出问题并判断是否正确，然后结合教材、相关规范进行改正。需要注意的是，考生在答题时，有时不能按照工作中的实际做法来回答问题，因为根据实际做法作为答题依据得出的答案和标准答案之间存在很大差距，即使答了很多，得分也很低。

（3）判断分析型。这类型题不仅要求考生答出分析的结果，还需要通过分析背景资料来找出问题的突破口。需要注意的是，考生在答题时要针对问题作答。

（4）图表表达型。结合工程图及相关资料表回答图中构造名称、资料表中缺项内容。需要注意的是，关键词表述要准确，避免画蛇添足。

（5）分析计算型。充分利用相关公式、图表和考点的内容，计算题目要求的数据或结果。最好能写出关键的计算步骤，并注意计算结果是否有保留小数点的要求。

（6）简单论答型。这类型题主要考查考生记忆能力，一般情节简单、内容覆盖面较小。考生在回答这类型题时要直截了当，有什么答什么，不必展开论述。

（7）综合分析型。这类型题比较复杂，内容往往涉及不同的知识点，要求回答的问题较多，难度很大，也是考生容易失分的地方。要求考生具有一定的理论水平和实际经验，对教材知识点要熟练掌握。

2. 主观题评分说明

主观题部分评分是采取网上评分的方法来进行，为了防止出现评卷人的评分宽严度差异对不同考生产生影响，每个评卷人员只评一道题的分数。每份试卷的每道题均由2位评卷人员分别独立评分，如果2人的评分结果相同或很相近（这种情况比例很大）就按2人的平均分为准。如果2人的评分差异较大，超过4～5分（出现这种情况的概率很小），就由评分专家再独立评分一次，然后用专家所评的分数和与专家评分接近的那个分数的平均分数为准。

主观题部分评分标准一般以准确性、完整性、分析步骤、计算过程、关键问题的判别方法、概念原理的运用等为判别核心。评分标准一般按要点给分，只要答出要点基本含义一般就会给分，不恰当的错误语句和文字一般不扣分，要点分值最小一般为1分。

主观题部分作答时必须使用黑色墨水笔书写作答，不得使用其他颜色的钢笔、铅笔、签字笔和圆珠笔。作答时字迹要工整、版面要清晰。因此书写不能离密封线太近，密封后评卷人不容易看到；书写的字不能太粗、太密、太乱，最好买支极细笔，字体稍微书写大点、工整点，这样看起来工整、清晰，评卷人也愿意多给分。

主观题部分作答应避免答非所问，因此考生在考试时要答对得分点，答出一个得分点就给分，说的不完全一致，也会给分，多答不会给分，只会按点给分。不明确用到什么规范的情况就用“强制性条文”或者“有关法规”代替，在回答问题时，只要有可能，就在答题的内容前加上这样一句话：根据有关法规或根据强制性条文，通常这些是得分点之一。

主观题部分作答应言简意赅，并多使用背景资料中给出的专业术语。考生在考试时应相信第一感觉，考生在涂改答案过程中，“把原来对的改成错的”这种情形有很多。在确定完全答对时，就不要展开论述，也不要写多余的话，能用尽量少的文字表达出正确的意思就好，这样评卷人看得舒服，考生自己也能省时间。如果答题时发现错误，不得使用涂改液等修改，应用笔画个框圈起来，打个“×”即可，然后再找一块干净的地方重新书写。

第1章 建设工程基本法律知识

1.1 建设工程法律基础

专项突破1 法律部门分类

项目	内容
宪法及 宪法相关法	宪法相关法，是指《地方各级人民代表大会和地方各级人民政府组织法》《全国人民代表大会和地方各级人民代表大会选举法》《国籍法》《全国人民代表大会组织法》《国务院组织法》《民族区域自治法》等法律
民法商法	《民法典》《商标法》《专利法》《著作权法》《消费者权益保护法》《公司法》《招标投标法》等属于民法商法
行政法	《土地管理法》《城市房地产管理法》《行政处罚法》《行政复议法》《环境影响评价法》《行政许可法》《城乡规划法》等属于行政法
经济法	《建筑法》《统计法》《标准化法》《税收征收管理法》《预算法》《审计法》《节约能源法》《政府采购法》《反垄断法》等属于经济法
社会法	《无障碍环境建设法》《残疾人保障法》《矿山安全法》《劳动法》《职业病防治法》《安全生产法》《劳动合同法》等属于社会法
刑法	《刑法》是这一法律部门的主要内容
诉讼与 非诉讼程序法	三大诉讼法，即《刑事诉讼法》《行政诉讼法》《民事诉讼法》。 非诉讼程序法有《仲裁法》《劳动争议调解仲裁法》《人民调解法》等

重点难点专项突破

本考点可以考核的题目举例如下：

（1）按照法律部门分类，属于社会法的是（　　）。

（2）按照法律部门分类，《建筑法》属于（　　）。

专项突破2 法的形式

项目	制定部门	示例
宪法	全国人民代表大会	《宪法》
法律	全国人民代表大会和全国人民代表大会常务委员会**【2014年考过】**	包括《建筑法》《民法典》等
行政法规	国务院**【2010年考过】**	包括《建设工程质量管理条例》《建设工程安全生产管理条例》《招标投标法实施条例》等**【2021年考过】**

续表

项目	制定部门	示例
地方性法规、自治条例和单行条例	省、自治区、直辖市的人民代表大会及其常务委员会	包括《天津市建筑市场管理条例》等
部门规章	国务院各部、委员会、中国人民银行、审计署和具有行政管理职能的直属机构	包括《房屋建筑和市政基础设施工程质量监督管理规定》《房屋建筑和市政基础设施工程竣工验收备案管理办法》《必须招标的工程项目规定》等**【2022年考过】**
地方政府规章	省、自治区、直辖市和设区的市、自治州的人民政府	包括《重庆市建设工程造价管理规定》等
国际条约	—	

重点难点专项突破

1. 巧学妙记：规章的名称中后缀为“办法”“规定”；法规的名称中后缀为“条例”；地方性法规、规章的名称特点是在前面加“××省（自治区、市）”作限定，其后缀同行政法规和部门规章。

2. 没有法律、行政法规、地方性法规的依据，地方政府规章不得设定减损公民、法人和其他组织权利或者增加其义务的规范。**【2022年考过】**

3. 还要掌握只能制定法律的事项包括：

（1）国家主权的事项；

（2）各级人民代表大会、人民政府、人民法院和人民检察院的产生、组织和职权；

（3）民族区域自治制度、特别行政区制度、基层群众自治制度；

（4）犯罪和刑罚；

（5）对公民政治权利的剥夺、限制人身自由的强制措施和处罚；

（6）税种的设立、税率的确定和税收征收管理等税收基本制度；

（7）对非国有财产的征收、征用；

（8）民事基本制度；

（9）基本经济制度以及财政、海关、金融和外贸的基本制度；

（10）诉讼制度和仲裁基本制度；

（11）必须由全国人民代表大会及其常务委员会制定法律的其他事项。

4. 学习一下2023年真题：

下列法律文件中，属于我国法的形式的是（　　）。**【2023年真题】**

A. 宗教法　　B. 判例

C. 国际条约　　D. 人民法院的判决

【答案】 C

5. 本考点还可能会这样命题：

（1）依照我国的法律形式，《建筑法》属于（　　）。

A. 部门规章　　B. 行政法规

C. 法律　　D. 地方性法规

【答案】C

（2）行政法规的制定主体是（　　）。

A. 全国人民代表大会　　B. 全国人民代表大会常务委员会

C. 国务院　　D. 最高人民法院

【答案】C

专项突破3　法的效力层级

序号	原则	内容
1	宪法至上【2024年考过】	
2	上位法优于下位法	①宪法>法律>行政法规>地方性法规、部门规章。【2023年、2024年考过】 ②地方性法规>本级和下级地方政府规章。【2023年、2024年考过】 ③部门规章之间、部门规章与地方政府规章之间具有同等效力，在各自权限范围内施行【2022年、2023年考过】
3	特别法优于一般法 新法优于旧法	①一般法VS特别法，按特别法。 ②新法VS旧法，按新法。【2024年考过】 ③新一般法VS旧特别法，由制定机关裁决（如：法律间新的一般规定与旧的特别规定不一致的，由全国人民代表大会常务委员会裁决）

重点难点专项突破

1. 法的效力层级除了上图所示的几种情形外，还包括一些需要由有关机关裁决适用的特殊情况，这部分内容将在下一考点讲述。

2. 本考点的命题形式举例如下：

（1）关于法的效力层级的说法，正确的有（　　）。【2024年真题】

A. 宪法具有最高的法律效力

B. 法的制定主体、程序、时间、适用范围影响法的效力层级

C. 地方性法规的效力高于地方政府规章的效力

D. 行政法规的法律地位和法律效力高于地方性法规和部门规章

E. 某一机关制定的自治条例和单行条例，新的规定与旧的规定不一致的，适用新的规定

【答案】A、B、D、E

（2）关于法的效力层级的说法，正确的是（　　）。【2023年真题】

A. 行政法规的效力高于地方性法规和部门规章

B. 地方性法规与地方政府规章之间具有同等效力

C. 省、自治区人民政府制定的规章与设区的市、自治州人民政府制定的规章之间具有同等效力

D. 部门规章的效力高于地方政府规章

【答案】A

专项突破4　需要由有关机关裁决适用的特殊情况

例题：行政法规之间对同一事项的新的一般规定与旧的特别规定不一致，不能确定如何适用时，由（　　）裁决。**【2019年真题题干】**

A. 全国人民代表大会常务委员会　　B. 国务院**【2011年、2019年考过】**

C. 制定机关　　D. 最高人民法院

【答案】B

重点难点专项突破

1. 本考点还可以考核的题目有：

（1）法律之间对同一事项的新的一般规定与旧的特别规定不一致，不能确定如何适用时，由（A）裁决。

（2）地方性法规之间，同一机关制定的新的一般规定与旧的特别规定不一致时，由（C）裁决。

（3）地方性法规与部门规章之间对同一事项的规定不一致，不能确定如何适用时，由（B）提出意见。

> 提问：针对国务院提出的不同意见，又该如何做呢？
>
> 答：国务院认为适用地方性法规的，应决定在该地方适用地方性法规的规定；国务院认为适用部门规章的，应提请全国人民代表大会常务委员会裁决。**【2020年考过】**

（4）部门规章之间、部门规章与地方政府规章之间对同一事项的规定不一致时，由（B）裁决。**【2010年考过】**

（5）根据授权制定的法规与法律规定不一致，不能确定如何适用时，由（A）裁决。**【2020年、2021年考过】**

2. 选项D为考试时可能会出现的干扰项。

3. 考生在学习时还应注意总结，找出共性的内容。比如：需要由全国人民代表大会常务委员会/国务院/制定机关裁决的情形都有哪些？

裁决部门	具体情形
需要由全国人民代表大会常务委员会裁决的情形	（1）法律之间对同一事项的新的一般规定与旧的特别规定不一致，不能确定如何适用。 （2）根据授权制定的法规与法律规定不一致，不能确定如何适用
需要由国务院裁决的情形	（1）行政法规之间对同一事项的新的一般规定与旧的特别规定不一致，不能确定如何适用。 （2）部门规章之间、部门规章与地方政府规章之间对同一事项的规定不一致**【2020年、2022年考过】**
需要由制定机关裁决的情形	同一机关制定的新的一般规定与旧的特别规定不一致

考点突破5　行政法规、地方性法规、自治条例和单行条例、规章的备案

例题：行政法规应当在公布后的30日内依照规定报（　　）备案。

A．全国人民代表大会常务委员会

B．全国人民代表大会常务委员会和国务院

C．国务院

D．本级人民代表大会常务委员会

E．省、自治区的人民代表大会常务委员会和人民政府

【答案】A

重点难点专项突破

1．本考点还可以考核的题目有：

（1）省、自治区、直辖市的人民代表大会及其常务委员会制定的地方性法规，报（B）备案。

（2）设区的市、自治州的人民代表大会及其常务委员会制定的地方性法规，由省、自治区的人民代表大会常务委员会报（B）备案。

（3）自治州、自治县的人民代表大会制定的自治条例和单行条例，由省、自治区、直辖市的人民代表大会常务委员会报（B）备案。

（4）部门规章和地方政府规章报（C）备案。

（5）地方政府规章应当同时报（D）备案。

（6）设区的市、自治州的人民政府制定的规章应当同时报（E）备案。

2．关于备案除上述要点外，还要注意以下两点：

（1）自治条例、单行条例报送备案时，应当说明对法律、行政法规、地方性法规作出变通的情况。

（2）根据授权制定的法规应当报授权决定规定的机关备案；经济特区法规报送备案时，应当说明对法律、行政法规、地方性法规作出变通的情况。

1.2　建设工程物权制度

专项突破1　物权的设立、变更、转让、消灭和保护

类别	内容
不动产物权	（1）不动产物权的设立、变更、转让和消灭，依照法律规定应当登记的，自记载于不动产登记簿时发生效力。**【2009年、2012年、2018年考过】** （2）依法属于国家所有的自然资源，所有权可以不登记。**【2019年考过】** （3）当事人之间订立有关设立、变更、转让和消灭不动产物权的合同，除法律另有规定或者合同另有约定外，自合同成立时生效；未办理物权登记的，不影响合同效力**【2011年、2012年、2021年考过】**
动产物权	（1）除法律另有规定外，动产物权的设立和转让，自交付时发生效力。 （2）船舶、航空器和机动车等物权的设立、变更、转让和消灭，未经登记，不得对抗善意第三人

重点难点专项突破

1. 从上表所标注的历年真题的考查情况可以看出：对不动产物权的考查要多于动产物权。不动产/动产物权的效力发生时间一定要牢记并区分开。

2. 本考点可能会这样命题：

（1）当事人之间订立转让不动产物权的合同，未办理物权登记的，除法律另有规定或者合同另有约定外，（　　）。

A. 合同不生效　　B. 合同无效

C. 合同终止　　D. 不影响合同效力

【答案】D

（2）关于不动产物权设立的说法，正确的有（　　）。

A. 不动产物权的设立属自愿登记

B. 不动产物权变动未经登记，不影响当事人之间订立的消灭不动产物权合同的效力

C. 依法属于国家所有的自然资源，所有权可以不登记

D. 不动产物权的设立和转让自交付时发生效力

E. 不动产物权自合同成立时设立

【答案】B、C

专项突破2　物权的种类及特征

例题：物权包括所有权、用益物权和担保物权。其中，用益物权是权利人对他人所有的不动产或者动产，依法享有占有、使用和收益的权利，包括（　　）。

A. 土地承包经营权**【2012年、2022年考过】**

B. 宅基地使用权

C. 建设用地使用权**【2012年、2022年考过】**

D. 地役权**【2012年、2022年考过】**

E. 占有权

F. 收益权

G. 使用权

H. 处分权

I. 居住权**【2022年考过】**

【答案】A、B、C、D、I

重点难点专项突破

1. 本考点还可以考核的题目有：

（1）所有权（又称财产所有权）是物权中最重要也最完全的一种权利，包括（E、F、G、H）。**【2019年、2024年考过】**

（2）所有权内容的核心是（H）。

2. 本考点的主要采分点是用益物权的种类，应着重掌握。

> 巧学妙记
>
> 用益物权包括土地承包经营权、建设用地使用权、宅基地使用权、地役权和居住权。
>
> 用益物权包括的五项典型权利中的前四项均有一个“地”字，而居住权也与“地”有关，这就能很好地与所有权及担保物权的典型权利区分开。

3. 在所有权的典型权利中：占有权是前提；处分权是最基本的权利和核心。**【2019年、2020年、2024年考过】**

专项突破3　所有权

项目	内容
占有权	占有权是指对财产实际掌握、控制的权能。占有权是行使物的使用权的前提条件，是所有权人行使财产所有权的一种方式。占有权可以根据所有权人的意志和利益分离出去，由非所有权人享有
使用权	使用权是指对财产的实际利用和运用的权能。通过对财产实际利用和运用满足所有权人的需要，是实现财产使用价值的基本渠道
收益权	收益权是指收取由原物产生出来的新增经济价值的权能。原物新增的经济价值，包括由原物直接派生出来的果实、由原物所产生出来的租金和利息、对原物直接利用而产生的利润等
处分权	处分权是指依法对财产进行处置，决定财产在事实上或法律上命运的权能

重点难点专项突破

1. 本考点可以考核的题目举例：

（1）关于所有权权能的说法，正确的有（　　）。**【2024年真题】**

A. 占有权可以根据所有权人的意志和利益分离出去，由非所有权人享有

B. 所有权是物权中最重要也最完全的一种权利，在法律上不受限制

C. 财产所有权的权能包括占有权、使用权、收益权和处分权

D. 使用权只能由所有权人享有

E. 处分权是所有权人最基本的权利，是所有权内容的核心

【答案】A、C、E

（2）实现财产使用价值的基本渠道的所有权权能是（　　）。

A. 占有权　　B. 使用权

C. 收益权　　D. 处分权

【答案】B

（3）根据货物运输合同，承运人对托运人的财产享有（　　）。

A. 占有权　　B. 使用权

C. 收益权　　D. 处分权

【答案】A

2. 要注意以下几个命题点：

（1）所有权是物权中最重要也最完全的一种权利。

（2）使用权是所有权人所享有的一项独立权能。**【2024年考过】**

（3）收益权本身是一项独立的权能，而使用权并不能包括收益权。

（4）处分权是所有权人的最基本的权利，是所有权内容的核心。**【2024年考过】**

专项突破4　建设用地使用权

<table>
<tr><th colspan="2">项目</th><th>内容</th></tr>
<tr><td rowspan="3">设立</td><td>范围</td><td>只能存在于国家所有的土地上，不包括集体所有的农村土地。
可以在土地的地表、地上或者地下分别设立【2018年、2020年、2022年考过】</td></tr>
<tr><td>方式</td><td>可以采取出让或者划拨等方式；工业、商业、旅游、娱乐和商品住宅等经营性用地应当采取招标、拍卖等方式【2022年考过】</td></tr>
<tr><td>时限</td><td>建设用地使用权自登记时设立【2017年、2019年考过】</td></tr>
<tr><td colspan="2">流转
【2023年考过】</td><td>（1）建设用地使用权人有权将建设用地使用权转让、互换、出资、赠与或者抵押。【2021年考过】
（2）建设用地使用权人将建设用地使用权转让、互换、出资、赠与或者抵押的，使用期限由当事人约定，但不得超过建设用地使用权的剩余期限。
（3）建设用地使用权人将建设用地使用权转让、互换、出资、赠与或者抵押的，附着于该土地上的建筑物、构筑物及其附属设施一并处分【2015年、2021年考过】</td></tr>
<tr><td rowspan="2">续期</td><td>住宅建设用地使用权</td><td>自动续期【2018年考过】</td></tr>
<tr><td>非住宅建设用地使用权</td><td>依照法律规定办理</td></tr>
</table>

重点难点专项突破

1. 本考点在历年考试中的考核频次很高，一定要掌握。

2. 新设立的建设用地使用权，不得损害已设立的用益物权。**【2022年考过】**

3. 建设用地使用权的“出让”方式有招标、拍卖等。对于“划拨”应当知道的是：国家严格限制以划拨方式设立建设用地使用权。

4. 本考点可能会这样命题：

（1）关于建设用地使用权的说法，正确的是（　　）。

A. 建设用地使用权存在于国家所有和集体所有的土地上

B. 建设用地使用权的设立可以采取转让方式

C. 建设用地使用权流转时，附着于该土地上的建筑物、构筑物及附属设施应一并处分

D. 建设用地使用权期间届满的，自动续期

【答案】C

（2）住宅建设用地使用权期间届满的，（　　）。

A. 依法办理手续后续期　　B. 自动消灭

C. 自动续期　　D. 由主管部门注销

【答案】C

专项突破5　地役权

<table>
<tr><th colspan="2">项目</th><th>内容</th></tr>
<tr><td colspan="2">性质</td><td>按照当事人的约定设立的用益物权【2020年考过】</td></tr>
<tr><td colspan="2">设立目的</td><td>利用他人的不动产，以提高自己的不动产的效益【2021年考过】</td></tr>
<tr><td rowspan="2">设立</td><td>形式</td><td>应当采取书面形式订立地役权合同【2017年考过】</td></tr>
<tr><td>时限</td><td>地役权自地役权合同生效时设立。【2017年、2020年、2021年、2022年、2023年考过】
当事人要求登记的，可以向登记机构申请地役权登记；未经登记的，不得对抗善意第三人【2017年考过】</td></tr>
<tr><td colspan="2">变动</td><td>需役地以及需役地上的土地承包经营权、建设用地使用权部分转让时，转让部分涉及地役权的，受让人同时享有地役权。供役地以及供役地上的土地承包经营权、建设用地使用权等部分转让时，转让部分涉及地役权的，地役权对受让人具有法律约束力【2013年、2016年、2020年考过】</td></tr>
</table>

重点难点专项突破

1. 在考查地役权时，通常会采用一个小案例的形式表述某一事件，让考生判断题目所述权利属于哪一种。

2. 地役权的概念可能会采用的考核形式如下：

甲、乙两单位相邻，甲需经过乙的厂区道路出入，甲乙之间约定甲向乙支付一定的费用。该约定中甲享有的权利是（　　）。**【2018年真题】**

A. 土地承包经营权　　　　B. 地役权

C. 土地使用权　　　　　　D. 土地所有权

【答案】B

【分析】本题如采用图的形式来表示，可能会更容易被理解。

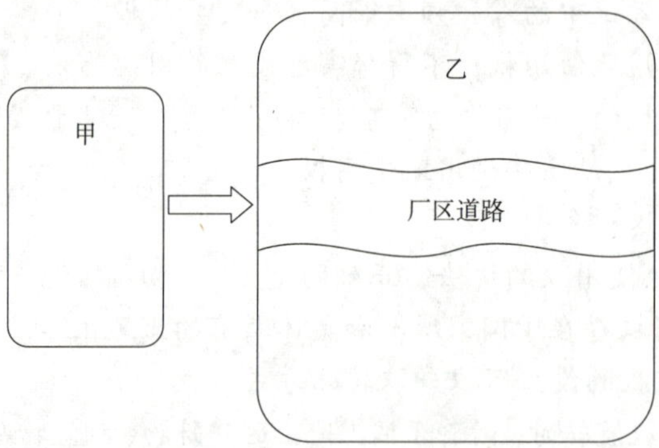

地役权其实并不难，只要理解了概念，得分就不是难事。理解地役权的概念关键记住一句话：为使用自己不动产而利用他人不动产。

3. 牢记：他人的不动产为供役地；自己的不动产为需役地。

这一采分点可能会采用的考核形式如下：

甲在乙拥有使用权的土地上设立地役权并办理了登记，乙将自己的土地使用权让给丙，关于各方权利的说法，正确的是（　　）。**【2016年真题】**

A. 甲的地役权因办理登记而设立

B. 乙转让土地使用权应经甲同意

C. 土地所有权设立地役权不必经乙同意

D. 甲的地役权对丙具有约束力

【答案】D

4. 本考点可能会这样命题：

（1）甲房地产公司在A地块开发住宅小区，为满足该小区的住户观景的需要，便与相邻的乙工厂协商约定，甲公司支付乙工厂800万元，乙工厂在20年内不在本厂区建设15米以上的建筑物，以免遮挡住户观景。合同签订生效后甲公司即支付了全部款项。后来，甲公司将A地块的建设用地使用权转让给丙置业公司。关于A地块权利的说法，正确的是（　　）。

A. 甲公司对乙工厂的土地拥有地役权

B. 甲公司对乙工厂的土地拥有担保物权

C. 甲公司约定的权利自合同公证后获得

D. 甲公司转让A地块后，丙公司不享有该项权利

【答案】A

（2）关于地役权的说法，正确的有（　　）。

A. 地役权的设立是为了提高供役地的使用效率

B. 地役权未经登记不得对抗需役地人

C. 需役地上的用益物权转让时，受让人同时享有地役权

D. 地役权由需役地人单方设立

E. 地役权属于用益物权

【答案】C、E

专项突破6　担保物权

例题：根据《民法典》，下列权利中，属于担保物权的有（　　）。

A. 保证权　　B. 抵押权

C. 质权　　D. 留置权

E. 定金支付权

【答案】B、C、D

重点难点专项突破

本考点还需要掌握以下内容：

（1）担保物权是权利人在债务人不履行到期债务或者发生当事人约定的实现担保物权的情形，依法享有就担保财产优先受偿的权利。

（2）第三人为债务人向债权人提供担保的，可以要求债务人提供反担保。反担保适用《民法典》和其他法律的规定。

（3）设立担保物权，应当订立担保合同。主债权债务合同无效的，担保合同无效，但是法律另有规定的除外。

（4）担保物权的担保范围包括主债权及其利息、违约金、损害赔偿金、保管担保财产和实现担保物权的费用。当事人另有约定的，按照其约定。

（5）第三人提供担保，未经其书面同意，债权人允许债务人转移全部或者部分债务的，担保人不再承担相应的担保责任。被担保的债权既有物的担保又有人的担保的，债务人不履行到期债务或者发生当事人约定的实现担保物权的情形，债权人应当按照约定实现债权；没有约定或者约定不明确，债务人自己提供物的担保的，债权人应当先就该物的担保实现债权；第三人提供物的担保的，债权人可以就物的担保实现债权，也可以请求保证人承担保证责任。提供担保的第三人承担担保责任后，有权向债务人追偿。

专项突破7　抵押财产范围及抵押的效力

例题：根据《民法典》，下列财产不能作为抵押财产的有（　　）。

A．建筑物和其他土地附着物

B．建设用地使用权

C．海域使用权

D．生产设备、原材料、半成品、产品**【2021年考过】**

E．交通运输工具

F．正在建造的建筑物

G．正在建造的船舶、航空器

H．土地所有权**【2009年、2011年考过】**

I．宅基地、自留地、自留山等集体所有的土地使用权**【2009年、2011年、2022年考过】**

J．学校、幼儿园、医疗机构等以公益为目的成立的非营利法人的教育设施、医疗卫生设施**【2009年考过】**

K．所有权、使用权不明或者有争议的财产

L．依法被查封、扣押、监管的财产**【2009年、2011年考过】**

【答案】H、I、J、K、L

重点难点专项突破

1．本考点还可以考核的题目有：

（1）根据《民法典》的规定，债务人或者第三人有权处分的财产中，可以抵押的财产有（A、B、C、D、E、F、G）。

（2）抵押权自登记时设立的抵押财产有（A、B、C、F）。**【2010年、2011年考过】**

（3）抵押权自抵押合同生效时设立的抵押财产有（D、E、G）。

2．本考点还需要掌握以下采分点：

（1）抵押担保的范围包括主债权及利息、违约金、损害赔偿金和实现抵押权的费用。当事人也可以在抵押合同中约定抵押担保的范围。

（2）抵押人有义务妥善保管抵押物并保证其价值。

（3）抵押期间，抵押人可以转让抵押财产。当事人另有约定的，按照其约定。抵押财产转让的，抵押权不受影响。抵押人转让抵押财产的，应当及时通知抵押权人。抵押权人能够证明抵押财产转让可能损害抵押权的，可以请求抵押人将转让所得的价款向抵押权人提前清偿债务或者提存。转让的价款超过债权数额的部分归抵押人所有，不足部分由债务人清偿。

（4）抵押权与其担保的债权同时存在。抵押权不得与债权分离而单独转让或者作为其他债权的担保。**【2022年考过】**

（5）债务履行期届满抵押权人未受清偿的，可以与抵押人协议以抵押物折价或者以拍卖、变卖该抵押物所得的价款受偿；协议不成的，抵押权人可以向人民法院提起诉讼。

专项突破8　抵押权的实现

<table>
<tr><th>项目</th><th colspan="2">内容</th></tr>
<tr><td>实现方式</td><td colspan="2">抵押权人可以与抵押人协议以抵押财产折价或者以拍卖、变卖该抵押财产所得的价款优先受偿。
抵押财产折价或者拍卖、变卖后，其价款超过债权数额的部分归抵押人所有，不足部分由债务人清偿【2013年考过】</td></tr>
<tr><td rowspan="3">清偿顺序</td><td>抵押权已登记</td><td>抵押权未登记</td></tr>
<tr><td>按抵押物登记的先后顺序清偿</td><td>按债权比例清偿</td></tr>
<tr><td colspan="2">注：已经登记的先于未登记的受偿</td></tr>
</table>

重点难点专项突破

1. 同一财产向两个以上债权人抵押的，拍卖、变卖抵押物所得价款的清偿顺序要重点掌握。

2. 本考点可能会这样命题：

关于抵押实现的说法，正确的是（　　）。

A. 抵押物折价后，其价款超过债权数额的部分归债务人所有，不足部分由债务人清偿

B. 债务人不履行到期债务的，抵押权人可以与抵押人协议以拍卖该抵押物所得价款受偿

C. 同一财产向两个以上债权人抵押，抵押权已登记生效的，按债权比例清偿

D. 同一财产向两个以上债权人抵押，未登记的先于已登记的受偿

【答案】B

专项突破9　质权

例题：质权是指债务人或者第三人将其动产或权利移交债权人占有，将该动产或权利作为债权的担保。可以出质的权利包括依法可以转让的（　　）。

A．汇票 B．支票

C．本票 D．债券

E．存款单 F．仓单

G．提单 H．可以转让的基金份额

I．可以转让的股权 J．可以转让的注册商标专用权中的财产权

K．可以转让的专利权中的财产权 L．可以转让的著作权中的财产权

M．建设用地 N．房屋所有权**【2014年考过】**

【答案】A、B、C、D、E、F、G、H、I、J、K、L

重点难点专项突破

1．本考点还可以考核的题目有：

根据《民法典》，下列不适合作为出质财产的是（M、N）。

2．通过质权的概念可以总结出以下要点：

【要点1】出质人：债务人或第三人。

【要点2】质押物状态：转移占有。**【2020年考过】**

动产：将该动产移交债权人占用。

权利：将权利凭证交付给质押人占有（注意：并不绝对）。

【要点3】质物类型：动产或权利。

3．质权分为动产质权和权利质权，以上题目考查的是可以出质的权利的范围。下面来学习一下何为动产质权以及可以出质的动产的范围都有哪些？

动产质权是指债务人或者第三人将其动产移交债权人占有，将该动产作为债权的担保。法律、行政法规禁止转让的动产不得出质。

专项突破10　留置权

项目	内容
概念	是指债权人按照合同约定占有债务人的动产，债务人不按照合同约定的期限履行债务的，债权人有权依照法律规定留置该财产，以该财产折价或者以拍卖、变卖该财产的价款优先受偿
留置财产后的债务履行期	留置权人与债务人对留置财产后的债务履行期限没有约定或者约定不明确的，留置权人应当给债务人60日以上履行债务的期限（鲜活易腐等不易保管的动产除外）。债务人逾期未履行的，留置权人可以与债务人协议以留置财产折价，也可以就拍卖、变卖留置财产所得的价款优先受偿
留置权人的义务	留置权人负有妥善保管留置物的义务。因保管不善致使留置物灭失或者毁损的，留置权人应当承担民事责任

重点难点专项突破

1．通过留置的概念可以总结出以下三个要点：

【要点1】留置人：债务人。

【要点2】留置物状态：转移占有。

【要点3】留置物类型：只能是动产。

2. 讲到这里我们需要横向对比一下抵押、质押以及留置的区别，具体见下表。

项目	人	物的状态	物的类型
抵押	债务人或第三人	不转移占有【2022年考过】	没有限制
质押	债务人或第三人	转移占有	动产或权利
留置	债务人	转移占有	只能是动产

这个表格一定要记住，很有可能会任选两种进行对比，例如：

关于可用于抵押和质押的财产的说法，正确的有（　　）。【2018年真题】

A. 动产既可用于抵押，也可用于质押

B. 不动产既可用于抵押，也可用于质押

C. 动产可用于抵押，但不可用于质押

D. 不动产可用于抵押，但不可用于质押

E. 动产可用于质押，但不可用于抵押

【答案】A、D

3. 本考点可能会这样命题：

在下列担保方式中，只能由债务人而非第三人提供担保的是（　　）。

A. 抵押

B. 留置

C. 保证

D. 质押

【答案】B

专项突破11　占有

例题：甲借乙的物品过期不还，属于（　　）。

A. 无权占有

B. 善意占有

C. 恶意占有

D. 自主占有

E. 他主占有

【答案】A

重点难点专项突破

1. 本考点可以考核的题目有：

（1）占有人不知道自己是无权占有的是（B）。

（2）占有人明知自己属于无权占有的是（C）。

（3）占有人明示或默示其占有物属于自己，至于他是否对物具备合法所有权，或者是否确信自己具备所有权则不影响（D）的成立。

（4）保管人对保管物的占有是（E）。

（5）用益物权人对用益物的占有是（E）。

（6）质权人对质物的占有是（E）。

（7）施工企业对施工场地的占有是（E）。【2024年考过】

2. 本考点的命题形式举例如下：

关于占有的说法，正确的是（　　）。【2024年真题】

A. 在施工过程中，施工企业对施工场地的占有属于自主占有

B. 在施工过程中，建设单位对施工场地的占有属于他主占有

C. 在施工过程中，施工企业对施工场地的占有属于恶意占有

D. 占有的不动产或者动产被侵占的，占有人有权请求返还原物

【答案】D

3. 我们还要留意以下这段话：

对妨害占有的行为，占有人有权请求排除妨害或者消除危险；因侵占或者妨害造成损害的，占有人有权依法请求损害赔偿。占有人返还原物的请求权，自侵占发生之日起1年内未行使的，该请求权消灭。

1.3　建设工程知识产权制度

专项突破1　著作权

例题：建设工程活动中常见的著作权作品包括（　　）。

A. 文字作品　　B. 建筑作品

C. 图形作品　　D. 外观设计专利

【答案】A、B、C

重点难点专项突破

1. 本考点还可以考核的题目有：

（1）建设单位编制的招标文件属于（A）。

（2）项目经理完成的工作报告属于（A）。

（3）以建筑物或者构筑物形式表现的有审美意义的作品属于（B）。

（4）为施工、生产绘制的工程设计图、产品设计图属于（C）。

（5）反映地理现象、说明事物原理或者结构的地图、示意图等作品属于（C）。

2. 选项D为考试时可能会出现的干扰选项。

3. 关于著作权的第二个采分点是著作权归属，下面列表说明：

作品类型	举例	著作权归属
单位作品	招标文件、投标文件	完全归单位所有
职务作品	利用法人或者非法人组织的物质技术条件创作，并由法人或者非法人组织承担责任的工程设计图、产品设计图、地图、计算机软件等作品【2023年考过】	由作者享有，但法人或者非法人组织有权在其业务范围内优先使用【2017年考过】
委托作品	勘察设计文件	由委托人和受托人通过合同约定（如合同未作明确约定或者没有订立合同的则归属于受托人）【2011年考过】

专项突破2　专利权

例题：专利权是指权利人在法律规定的期限内，对其发明创造所享有的制造、使用和销售的专有权。专利法的保护对象包括（　　）。**【2024年考过】**

A. 发明**【2014年、2015年、2022年考过】**

B. 实用新型**【2013年、2014年考过】**

C. 外观设计**【2014年考过】**

D. 图形作品

【答案】A、B、C

重点难点专项突破

1. 本考点还可以考核的题目有：

（1）对产品、方法或者其改进所提出的新的技术方案被称为（A）。

（2）对产品的形状、构造或者其结合所提出的适于实用的新的技术方案被称为（B）。

（3）对产品整体或局部的形状、图案或者其结合以及色彩与形状、图案的结合所作出的富有美感并适于工业应用的新设计被称为（C）。

（4）授予专利权的（A、B），应当具备新颖性、创造性和实用性。

（5）授予专利权的（C），应当具备新颖性、富有美感和适于工业应用。**【2024年考过】**

> 在授予专利权的条件中，属于共性条件的是：新颖性。

（6）《专利法》规定，（A）专利权的期限为20年，自申请日起计算。**【2020年、2024年考过】**

（7）《专利法》规定，（B）专利权的期限为10年，自申请日起计算。

（8）《专利法》规定，（C）专利权的期限为15年，自申请日起计算。**【2024年考过】**

2. D选项为考试时可能会出现的干扰项。

3. 专利权的期限非常重要，一定要掌握，这一考点通常会采取小案例的形式来考查，例如：

李某研发了一种混凝土添加剂，向国家专利局提出实用新型专利申请，2010年5月12日国家专利局收到李某的专利申请文件，经过审查，2013年8月16日国家专利局授予李某专利权。该专利权届满的期限是（　　）。**【2018年真题】**

A. 2020年5月12日　　B. 2023年8月16日

C. 2030年5月12日　　D. 2033年8月16日

【答案】A

专项突破3　商标专用权

项目	内容
内容	（1）只包括财产权。**【2016年考过】** （2）包括使用权和禁止权两个方面**【2016年、2021年考过】**
保护对象	经过国家商标管理机关核准注册的商标，未经核准注册的商标不受《商标法》保护**【2016年、2021年考过】**
有效期	有效期为10年，自核准注册之日起计算**【2012年、2015年、2021年考过】**
续展	（1）注册商标有效期满，需要继续使用的，应当在期满前12个月内申请续展手续。 （2）每次续展注册商标的有效期为10年
转让	（1）商标专用权人可以将商标连同企业或者商誉同时转让，也可以将商标单独转让。**【2022年考过】** （2）转让人和受让人应当共同向商标局提出申请。**【2022年、2023年考过】** （3）转让注册商标的，商标注册人对其在同一种商品上注册的近似的商标，或者在类似商品上注册的相同或者近似的商标，应当一并转让**【2022年、2023年考过】**

重点难点专项突破

1. 商标设计者的人身权受著作权法保护。

2. 注册商标有效期满的续展：如果在“期满前12个月内”未能提出申请的，可以给予6个月的宽展期。

3. 本考点及上一考点涉及多个关于时效期间起算日的采分点，现将其整理在同一表格中，考生要对比记忆，避免混淆。

项目		起算日
专利权的期限		国务院专利行政主管部门收到专利申请文件之日（如申请文件是邮寄的，以寄出的邮戳日为申请日）**【2020年考过】**
专利权的生效	发明专利权	公告之日
	实用新型专利权	
	外观设计专利权	
注册商标的期限		核准注册之日

4. 本考点可能会这样命题：

关于商标专用权的说法，正确的是（　　）。

A. 商标专用权包括使用权和禁止权两个方面

B. 注册商标的有效期为10年，自核准注册之日起计算

C. 商标专用权是商标所有人对其设计的商标所享有的权利

D. 商标专用权人可以将商标连同企业或者商誉同时转让，也可以将商标单独转让

E. 商标专用权的内容包括财产权和人身权

【答案】A、B、D

1.4　建设工程侵权责任制度

专项突破1　侵权行为的归责原则

例题：行为人因过错侵害他人民事权益造成损害的，应当承担侵权责任，这是侵权行为归责原则的（　　）原则。

A．过错责任　　　　B．无过错责任

C．过错推定责任　　　　D．公平责任

【答案】A

重点难点专项突破

本考点还可以考核的题目有：

（1）行为人造成他人民事权益损害，不论行为人有无过错，法律规定应当承担侵权责任的，依照其规定，这是侵权行为归责原则的（B）原则。

（2）一旦行为人的行为致人损害就推定其主观上有过错，除非其能证明自己没有过错，否则应承担民事责任，这是侵权行为归责原则的（C）原则。

（3）损害双方的当事人对损害结果的发生都没有过错，但在受害人的损失得不到补偿又显失公平的情况下，由人民法院根据具体情况和公平的观念，要求当事人分担损害后果，这是侵权行为归责原则的（D）原则。

专项突破2　建筑物和物件损害责任

例题：建筑物、构筑物塌陷造成他人损害的，由（　　）责任，但是建设单位与施工单位能够证明不存在质量缺陷的除外。

A．建设单位承担　　　　B．施工单位承担

C．监理单位承担　　　　D．建设单位与施工单位承担连带

【答案】D

重点难点专项突破

给大家总结几句考试的重点：

（1）建筑物、构筑物或者其他设施及其搁置物、悬挂物发生脱落、坠落造成他人损害，所有人、管理人或者使用人不能证明自己没有过错的，应当承担侵权责任。

（2）从建筑物中抛掷物品或者从建筑物上坠落的物品造成他人损害的，由侵权人依法承担侵权责任。**【2024年考过】**

（3）堆放物倒塌、滚落或者滑落造成他人损害，堆放人不能证明自己没有过错的，应当承担侵权责任。

（4）在公共场所或者道路上挖掘、修缮安装地下设施等造成他人损害，施工人不能证明已经设置明显标志和采取安全措施的，应当承担侵权责任。

1.5　建设工程税收制度

专项突破1　企业所得税

例题：企业所得税是对我国境内的企业和其他取得收入的组织的生产经营所得和其他所得征收的所得税。企业以货币形式和非货币形式从各种来源取得的收入，为收入总额。下列收入总额中属于不征税收入的有（　　）。

A．销售货物收入

B．提供劳务收入

C．转让财产收入

D．股息、红利等权益性投资收益**【2022年考过】**

E．利息收入**【2020年考过】**

F．租金收入**【2022年考过】**

G．特许权使用费收入**【2022年考过】**

H．接受捐赠收入**【2022年考过】**

I．依法收取并纳入财政管理的行政事业性收费

J．财政拨款**【2018年、2019年考过】**

K．依法收取并纳入财政管理的政府性基金**【2019年考过】**

【答案】I、J、K

重点难点专项突破

1．本考点还可以考核的题目有：

企业每一纳税年度的收入总额包括（A、B、C、D、E、F、G、H、I、J、K）等。

2．除了上面两道题目涉及的采分点外，考生还应重点记忆企业所得税的纳税人范围：

《企业所得税法》规定，在中华人民共和国境内，企业和其他取得收入的组织为企业所得税的纳税人，依照本法的规定缴纳企业所得税。个人独资企业、合伙企业不适用本法。**【2018年考过】**

专项突破2　企业增值税征税范围和免征项目

例题：增值税的征税范围包括（　　）。

A．销售货物

B．提供加工和修理修配服务

C．销售服务

D．销售无形资产

E．销售不动产

F．进口货物

G．农业生产者销售的自产农产品

H. 避孕药品和用具

I. 古旧图书

J. 直接用于科学研究、科学试验和教学的进口仪器、设备

K. 销售的自己使用过的物品

L. 由残疾人的组织直接进口供残疾人专用的物品

M. 外国政府、国际组织无偿援助的进口物资和设备

【答案】A、B、C、D、E、F

重点难点专项突破

1. 本考点还可以考核的题目有：

免征增值税的项目有（G、H、I、J、K、L、M）。

2. 总结几个可以作为命题点的内容：

（1）销售不动产、转让土地使用权的增值税税率为9%。

（2）应纳税额＝当期销项税额－当期进项税额。销项税额＝销售额×税率。进项税额＝买价×扣除率。

（3）增值税纳税义务发生时间：① 发生应税销售行为，为收讫销售款项或者取得索取销售款项凭据的当天；先开具发票的，为开具发票的当天。② 进口货物，为报关进口的当天。增值税扣缴义务发生时间为纳税人增值税纳税义务发生的当天。

专项突破3　企业增值税的纳税人和应纳税额

项目	内容
纳税人范围	在中华人民共和国境内销售货物或者加工、修理修配劳务，销售服务、无形资产、不动产以及进口货物的单位和个人
应纳税额的计算	（1）纳税人兼营不同税率的项目，应当分别核算不同税率项目的销售额，未分别核算销售额的，从高适用税率。**【2018年、2020年考过】** （2）纳税人销售货物、劳务、服务、无形资产、不动产，应纳税额为当期销项税额抵扣当期进项税额后的余额。**【2020年考过】** （3）当期销项税额小于当期进项税额不足抵扣时，其不足部分可以结转下期继续抵扣。**【2018年、2020年考过】** （4）小规模纳税人发生应税销售行为，实行按照销售额和征收率计算应纳税额的简易办法，并不得抵扣进项税额。**【2020年考过】** （5）纳税人进口货物，按照组成计税价格和《增值税暂行条例》规定的税率计算应纳税额。 （6）纳税人发生应税销售行为，应当向索取增值税专用发票的购买方开具增值税专用发票，并在增值税专用发票上分别注明销售额和销项税额
准予从销项税额中抵扣的进项税额	（1）从销售方取得的增值税专用发票上注明的增值税额。**【2021年、2024年考过】** （2）从海关取得的海关进口增值税专用缴款书上注明的增值税额。**【2024年考过】** （3）购进农产品，除取得增值税专用发票或者海关进口增值税专用缴款书外，按照农产品收购发票或者销售发票上注明的农产品买价和11%的扣除率计算的进项税额，国务院另有规定的除外。 （4）自境外单位或者个人购进劳务、服务、无形资产或者境内的不动产，从税务机关或者扣缴义务人取得的代扣代缴税款的完税凭证上注明的增值税额**【2024年考过】**

续表

项目	内容
不得从销项税额中抵扣的进项税额	（1）用于简易计税方法计税项目、免征增值税项目、集体福利或者个人消费的购进货物、劳务、服务、无形资产和不动产。 （2）非正常损失的购进货物，以及相关的劳务和交通运输服务。 （3）非正常损失的在产品、产成品所耗用的购进货物（不包括固定资产）、劳务和交通运输服务。**【2024年考过】** （4）国务院规定的其他项目

重点难点专项突破

1. 关于“开具增值税专用发票”还需要补充一个不得开具的采分点：

属于下列情形之一的，不得开具增值税专用发票：① 应税销售行为的购买方为消费者个人的；② 发生应税销售行为适用免税规定的。**【2018年考过】**

2. 本考点可能会这样命题：

下列关于企业增值税应纳税额计算的说法中，正确的是（　　）。

A. 纳税人兼营不同税率的项目，未分别核算销售额的，从低适用税率

B. 小规模纳税人发生应税销售行为，实行按照销售额和征收率计算应纳税额的简易办法，并抵扣进项税额

C. 当期销项税额小于当期进项税额不足抵扣时，其不足部分不得结转下期继续抵扣

D. 纳税人销售货物、劳务、服务、无形资产、不动产，应纳税额为当期销项税额抵扣当期进项税额后的余额

【答案】 D

专项突破4　环境保护税

项目	内容
税收征管模式	“企业申报、税务征收、环保监测、信息共享”
用途	用于治理环境和生态文明建设
暂予免征情形	（1）农业生产（不包括规模化养殖）排放应税污染物的； （2）机动车、铁路机车、非道路移动机械、船舶和航空器等流动污染源排放应税污染物的； （3）依法设立的城乡污水集中处理、生活垃圾集中处理场所排放相应应税污染物，不超过国家和地方规定的排放标准的； （4）纳税人综合利用的固体废物，符合国家和地方环境保护标准的； （5）国务院批准免税的其他情形

重点难点专项突破

1. 本考点可能会考核判断正确与否的选择题。

2. 暂予免征情形是需要我们掌握的。

专项突破5　个人所得税

例题：下列各项个人所得，应纳个人所得税的有（　　）。

A．工资、薪金所得

B．经营所得

C．劳务报酬所得

D．稿酬所得**【2021年考过】**

E．特许权使用费所得**【2021年考过】**

F．利息、股息、红利所得

G．财产租赁所得

H．财产转让所得**【2021年考过】**

I．偶然所得

J．国债和国家发行的金融债券利息

K．按照国家统一规定发给的补贴、津贴

L．福利费、保险赔款、抚恤金、救济金

M．军人的转业费、复员费、退役金

N．按照国家统一规定发给干部、职工的安家费、退职费、退休费、离休费、离休生活补助费

O．残疾、孤老人员和烈属的所得

P．因自然灾害遭受重大损失的

【答案】A、B、C、D、E、F、G、H、I

重点难点专项突破

1. 本考点还可以考核的题目有：

（1）下列各项个人所得，免纳个人所得税的有（J、K、L、M、N）。

（2）下列各项个人所得，经批准可以减征个人所得税的是（O、P）。

2. 免征或减征个人所得税的情形是考生应重点记忆的内容。这一采分点除了会采用多项选择题的形式直接提问免征或减征个人所得税的情形有哪些外，还会采用下题的形式考查：

某施工企业技术员王某，2019年6月份的财产租赁所得为10000元，国债利息收入为3000元，股息所得为2000元，保险赔偿5000元。王某6月份的以上所得应当缴纳的个人所得税为（　　）元。**【2019年真题】**

A. 3000　　B. 3400

C. 2400　　D. 4000

【答案】C

【分析】根据《个人所得税法》的规定，国债和保险赔款免征个人所得税。因此王某应缴纳个人所得税的范围是10000＋2000＝12000元。而利息、财产租赁所得适用比例税率，税率为20%。因此王某应缴纳的个人所得税为12000×20%＝2400元。

3. 除以上内容外考生还应知道纳税人应依法办理纳税申报的情形有哪些？

有下列情形之一的，纳税人应当依法办理纳税申报：

（1）取得综合所得需要办理汇算清缴；

（2）取得应税所得没有扣缴义务人；

（3）取得应税所得扣缴义务人未扣缴税款；

（4）取得境外所得；**【2023年考过】**

（5）因移居境外注销中国户籍；

（6）非居民个人在中国境内从两处以上取得工资、薪金所得；

（7）国务院规定的其他情形。**【2020年考过】**

专项突破6　企业所得税和个人所得税的税率

例题：《企业所得税法》规定，企业所得税的税率为（　　）。

A．20%　　B．25%

C．3%～45%　　D．5%～35%

【答案】B

重点难点专项突破

1. 本考点还可以考核的题目有：

（1）《企业所得税法》规定，非居民企业在中国境内未设立机构、场所的，应当就其来源于中国境内的所得缴纳企业所得税，适用税率为（A）。

（2）《个人所得税法》规定，个人综合所得适用（C）的超额累进税率。**【2022年考过】**

（3）《个人所得税法》规定，个人经营所得适用（D）的超额累进税率。**【2022年考过】**

（4）《个人所得税法》规定，个人利息、股息、红利所得适用比例税率，税率为（A）。

（5）《个人所得税法》规定，个人财产租赁所得适用税率为（A）的比例税率。**【2022年考过】**

（6）《个人所得税法》规定，个人财产转让所得和偶然所得适用税率为（A）的比例税率。**【2022年考过】**

2. 如果对本考点进行考查的话，可能会采用单项选择题的形式来提问，考生在记忆时要注意区分不要记混。

专项突破7　城镇土地使用税、车辆购置税和契税

项目	内容
城镇土地使用税	（1）土地使用税以纳税人实际占用的土地面积为计税依据，依照规定税额计算征收。**【2022年考过】**

续表

项目	内容
城镇土地使用税	（2）经省、自治区、直辖市人民政府批准，经济落后地区土地使用税的适用税额标准可以适当降低，注意降低额不得超过规定最低税额的30%。**【2022年考过】** （3）经济发达地区土地使用税的适用税额标准可以适当提高，但须报经财政部批准。**【2022年考过】** （4）按年计算、分期缴纳**【2022年考过】**
车辆购置税	（1）车辆购置税实行一次性征收。 （2）车辆购置税的税率为10%
契税	（1）转移土地、房屋权属的行为： ①土地使用权出让；**【2022年考过】** ②土地使用权转让，包括出售、赠与、互换；**【2022年、2024年考过】** ③房屋买卖、赠与、互换。 （2）税率：3%～5%。**【2024年考过】** （3）免征：6类情形**【2024年考过】**

重点难点专项突破

1. 上述涉及的税率应能够进行区分。

2. 本考点的考核形式举例如下：

（1）关于城镇土地使用税的说法，正确的是（　　）。**【2022年真题】**

A. 以纳税人实际占用的土地面积为计税依据，依照规定税额计算征收

B. 经济发达地区的适用税额标准可以适当提高，但需报经国家税务总局批准

C. 城镇土地使用税按月计算，一次性缴纳

D. 市政街道、广场、绿化地带等公共用地的城镇土地使用税减半缴纳

【答案】A

（2）根据《契税法》，下列转移土地、房屋权属的行为中，应当缴纳契税的有（　　）。**【2022年真题】**

A. 土地使用权转让

B. 土地使用权出让

C. 房屋买卖、赠与、互换

D. 以作价投资（入股），偿还债务等方式转移土地、房屋权属

E. 土地承包经营权和土地经营权的转移

【答案】A、B、C、D

1.6　建设工程行政法律制度

专项突破1　行政法的基本原则

例题：行政法的基本原则包括（　　）。

A. 依法行政原则　　B. 行政合理性原则

C．程序正当原则　　　　　　　　　　D．诚信原则

E．高效便民原则　　　　　　　　　　F．监督与救济原则

【答案】 A、B、C、D、E、F

重点难点专项突破

本考点还可以考核的题目有：

（1）行政法的首要原则是（A）。

（2）基本内涵包括职权法定、法律优先和法律保留三个方面的行政法的基本原则是（A）。

（3）为了评价和控制行政裁量权，得以提出并获得广泛认可的行政法基本原则是（B）。

（4）基本内涵包括比例原则和平等对待两个方面的行政法的基本原则是（B）。

（5）要体现在行政公开、程序公正和公众参与三个方面的行政法的基本原则是（C）。

（6）基本内涵主要包括诚实守信和信赖保护两个方面的行政法的基本原则是（D）。

（7）主要包括申请行政复议权、提起行政诉讼权、要求赔偿权或补偿权以及救济过程中的相应权利等的行政法的基本原则是（F）。

专项突破2　行政许可

例题： 根据《行政许可法》，可以设定行政许可的事项包括（　　）。

A．直接涉及国家安全、公共安全、经济宏观调控、生态环境保护以及直接关系人身健康、生命财产安全等特定活动，需要按照法定条件予以批准的事项

B．有限自然资源开发利用、公共资源配置以及直接关系公共利益的特定行业的市场准入等，需要赋予特定权利的事项

C．提供公众服务并且直接关系公共利益的职业、行业，需要确定具备特殊信誉、特殊条件或者特殊技能等资格、资质的事项

D．直接关系公共安全、人身健康、生命财产安全的重要设备、设施、产品、物品，需要按照技术标准、技术规范，通过检验、检测、检疫等方式进行审定的事项

E．企业或者其他组织的设立等，需要确定主体资格的事项

F．公民、法人或者其他组织能够自主决定的

G．市场竞争机制能够有效调节的

H．行业组织或者中介机构能够自律管理的

I．行政机关采用事后监督等其他行政管理方式能够解决的

【答案】 A、B、C、D、E

重点难点专项突破

1．本考点还可以考核的题目有：

根据《行政许可法》，可以不设定行政许可的事项包括（F、G、H、I）。

2. 行政许可的设定权限

（1）法律可以设定行政许可。

（2）尚未制定法律的，行政法规可以设定行政许可。必要时，国务院可以采用发布决定的方式设定行政许可。

（3）尚未制定法律、行政法规的，地方性法规可以设定行政许可。

（4）尚未制定法律、行政法规和地方性法规的，因行政管理的需要，确需立即实施行政许可的，省、自治区、直辖市人民政府规章可以设定临时性的行政许可。

3. 行政机关对申请人提出的行政许可申请，应当根据哪些情况分别作出处理？

（1）申请事项依法不需要取得行政许可的，应当即时告知申请人不受理；

（2）申请事项依法不属于本行政机关职权范围的，应当即时作出不予受理的决定，并告知申请人向有关行政机关申请；

（3）申请材料存在可以当场更正的错误的，应当允许申请人当场更正；

（4）申请材料不齐全或者不符合法定形式的，应当当场或者在5日内一次告知申请人需要补正的全部内容，逾期不告知的，自收到申请材料之日起即为受理；

（5）申请事项属于本行政机关职权范围，申请材料齐全、符合法定形式，或者申请人按照本行政机关的要求提交全部补正申请材料的，应当受理行政许可申请。

4. 行政许可的期限

申请人提交的申请材料齐全、符合法定形式，行政机关能够当场作出决定的，应当当场作出书面的行政许可决定。除可以当场作出行政许可决定的外，行政机关应当自受理行政许可申请之日起20日内作出行政许可决定。20日内不能作出决定的，经本行政机关负责人批准，可以延长10日，并应当将延长期限的理由告知申请人。

5. 行政许可的变更与延续

被许可人要求变更行政许可事项的，应当向作出行政许可决定的行政机关提出申请；符合法定条件、标准的，行政机关应当依法办理变更手续。被许可人需要延续依法取得的行政许可的有效期的，应当在该行政许可有效期届满30日前向作出行政许可决定的行政机关提出申请。但是，法律、法规、规章另有规定的，依照其规定。

专项突破3　行政处罚

项目	内容
概念	行政处罚是指行政机关依法对违反行政管理秩序的公民、法人或者其他组织，以减损权益或者增加义务的方式予以惩戒的行为
种类	①警告、通报批评；②罚款、没收违法所得、没收非法财物；③暂扣许可证件、降低资质等级、吊销许可证件；④限制开展生产经营活动、责令停产停业、责令关闭、限制从业；⑤行政拘留；⑥法律、行政法规规定的其他行政处罚

续表

项目	内容
设定	法律可以设定各种行政处罚。限制人身自由的行政处罚，只能由法律设定。行政法规可以设定除限制人身自由以外的行政处罚。 地方性法规可以设定除限制人身自由、吊销营业执照以外的行政处罚。 国务院部门规章可以在法律、行政法规规定的给予行政处罚的行为、种类和幅度的范围内作出具体规定
管辖	由违法行为发生地的行政机关管辖
适用	对当事人的同一个违法行为，不得给予两次以上罚款的行政处罚。同一个违法行为违反多个法律规范应当给予罚款处罚的，按照罚款数额高的规定处罚。不满14周岁的未成年人有违法行为的，不予行政处罚，责令监护人加以管教；已满14周岁不满18周岁的未成年人有违法行为的，应当从轻或者减轻行政处罚。精神病人、智力残疾人在不能辨认或者不能控制自己行为时有违法行为的，不予行政处罚，但应当责令其监护人严加看管和治疗。间歇性精神病人在精神正常时有违法行为的，应当给予行政处罚。尚未完全丧失辨认或者控制自己行为能力的精神病人、智力残疾人有违法行为的，可以从轻或者减轻行政处罚

重点难点专项突破

1. 本考点的内容比较多，需要理解记忆。

2. 要掌握应当从轻或者减轻行政处罚的情形：

当事人有下列情形之一，应当从轻或者减轻行政处罚：① 主动消除或者减轻违法行为危害后果的；② 受他人胁迫或者诱骗实施违法行为的；③ 主动供述行政机关尚未掌握的违法行为的；④ 配合行政机关查处违法行为有立功表现的；⑤ 法律、法规、规章规定其他应当从轻或者减轻行政处罚的。

专项突破4　行政强制

项目	内容
行政强制措施的种类	① 限制公民人身自由；② 查封场所、设施或者财物；③ 扣押财物；④ 冻结存款、汇款；⑤ 其他行政强制措施
行政强制执行的方式	① 加处罚款或者滞纳金；② 划拨存款、汇款；③ 拍卖或者依法处理查封、扣押的场所、设施或者财物；④ 排除妨碍、恢复原状；⑤ 代履行；⑥ 其他强制执行方式
中止执行	有下列情形之一的，中止执行：① 当事人履行行政决定确有困难或者暂无履行能力的；② 第三人对执行标的主张权利，确有理由的；③ 执行可能造成难以弥补的损失，且中止执行不损害公共利益的；④ 行政机关认为需要中止执行的其他情形
终结执行	有下列情形之一的，终结执行：① 公民死亡，无遗产可供执行，又无义务承受人的；② 法人或者其他组织终止，无财产可供执行，又无义务承受人的；③ 执行标的灭失的；④ 据以执行的行政决定被撤销的；⑤ 行政机关认为需要终结执行的其他情形
申请人民法院强制执行	当事人在法定期限内不申请行政复议或者提起行政诉讼，又不履行行政决定的，没有行政强制执行权的行政机关可以自期限届满之日起3个月内，依照规定申请人民法院强制执行。行政机关申请人民法院强制执行前，应当催告当事人履行义务。催告书送达10日后当事人仍未履行义务的，行政机关可以向所在地有管辖权的人民法院申请强制执行；执行对象是不动产的，向不动产所在地有管辖权的人民法院申请强制执行

重点难点专项突破

本考点还需要掌握以下内容：

（1）行政强制措施和行政强制执行由法律设定。

（2）中止执行的情形消失后，行政机关应当恢复执行。对没有明显社会危害，当事人确无能力履行，中止执行满三年未恢复执行的，行政机关不再执行。

（3）对违法的建筑物、构筑物、设施等需要强制拆除的，应当由行政机关予以公告，限期当事人自行拆除。当事人在法定期限内不申请行政复议或者提起行政诉讼，又不拆除的，行政机关可以依法强制拆除。

（4）人民法院应当自受理之日起30日内作出是否执行的裁定。裁定不予执行的，应当说明理由，并在5日内将不予执行的裁定送达行政机关。行政机关对人民法院不予执行的裁定有异议的，可以自收到裁定之日起15日内向上一级人民法院申请复议，上一级人民法院应当自收到复议申请之日起30日内作出是否执行的裁定。

1.7　建设工程刑事法律制度

专项突破1　刑罚种类

例题：根据《刑法》，下列刑事责任中，属于主刑的有（　　）。

A．管制

B．拘役【2021年、2024年考过】

C．有期徒刑

D．无期徒刑

E．罚金【2013年考过】

F．死刑

G．剥夺政治权利【2020年考过】

H．没收财产【2020年、2024年考过】

I．驱逐出境

【答案】A、B、C、D、F

重点难点专项突破

1．本考点还可以考核的题目有：

（1）在刑事责任中，属于附加刑的有（E、G、H、I）。【2020年考过】

（2）下列法律责任中，属于刑事处罚的是（A、B、C、D、E、F、G、H、I）。【2013年真题题干】

2．本考点还需要掌握以下要点：

【要点1】刑事责任是法律责任中最强烈的一种。

【要点2】刑事责任的承担方式主要是刑罚，也包括一些非刑罚的处罚方法。

3．知识拓展。

三种责任（民事责任、行政责任及刑事责任）处罚部门与处罚对象间的关系：

处罚部门与处罚对象的关系

责任种类	特点
民事责任	民对民
行政处罚	官对民
行政处分	官对官
刑事责任	国家对罪犯

专项突破2　建设工程领域常见的刑事法律责任

例题：两家施工企业协商后同时参加一个项目的投标，给建设单位造成重大损失，则该两家施工企业直接责任人应承担的刑事责任是（　　）。

A．工程重大安全事故罪【**2021年、2024年考过**】

B．重大责任事故罪

C．重大劳动安全事故罪

D．串通投标罪

E．强令、组织他人违章冒险作业罪

【**答案**】D

重点难点专项突破

1. 本考点还可以考核的题目有：

（1）某开发商在一大型商场项目的开发建设中，违反国家规定，擅自降低工程质量标准，因而造成重大安全事故。该事故责任主体应该承担的刑事责任是（A）。【**2015年真题题干**】

提问：如何认定为"造成重大安全事故"？

答：根据《最高人民法院、最高人民检察院关于办理危害生产安全刑事案件适用法律若干问题的解释》，发生安全事故，具有下列情形之一的，应当认定为"造成重大安全事故"，对直接责任人员，处5年以下有期徒刑或者拘役，并处罚金：

①造成死亡1人以上，或者重伤3人以上的；

②造成直接经济损失100万元以上的；

③其他造成严重后果或者重大安全事故的情形。

（2）项目经理强令作业人员违章冒险作业，因而发生重大伤亡事故或造成其他严重后果的，其行为构成（E）。

提问：如何认定为"强令他人违章冒险作业"？

答：根据《最高人民法院、最高人民检察院关于办理危害生产安全刑事案件适用法律若干问题的解释（二）》，明知存在事故隐患，继续作业存在危险，仍然违反有关安全管理的规定，实施下列行为之一的，应当认定为刑法规定的“强令他人违章冒险作业”：

①利用组织、指挥、管理职权，强制他人违章作业的；

②以威逼、胁迫、恐吓等手段，强制他人违章作业的；

③其他强令他人违章作业的行为。

（3）在施工过程中，某施工企业的安全生产条件不符合国家规定，造成5人重伤，2人死亡。该施工企业的行为构成（C）。

《刑法》规定，安全生产设施或者安全生产条件不符合国家规定，因而发生重大伤亡事故或者造成其他严重后果的，对直接负责的主管人员和其他直接责任人员，处3年以下有期徒刑或者拘役；情节特别恶劣的，处3年以上7年以下有期徒刑。

提问：如何认定为“发生重大伤亡事故或者造成其他严重后果”？

答：根据《最高人民法院、最高人民检察院关于办理危害生产安全刑事案件适用法律若干问题的解释》，发生安全事故，具有下列情形之一的，应当认定为“发生重大伤亡事故或者造成其他严重后果”：

①造成死亡1人以上，或者重伤3人以上的；

②造成直接经济损失100万元以上的；

③其他造成严重后果或者重大安全事故的情形。

（4）项目经理在生产、作业中违反有关安全管理规定，发生重大伤亡事故或者造成其他严重后果的行为，该犯罪行为的罪名为（B）。

（5）某施工企业的安全生产设施不符合国家规定，经行政主管部门提出后，对事故隐患仍不采取措施，因而发生重大伤亡事故，该行为构成的罪名为（C）。

2. 本考点重在通过理解判断某一行为构成何种罪名，而量刑从未进行过考查，因此了解即可。常见的刑事法律责任的认定标准见下表。

常见的刑事法律责任的认定标准

项目	内容
工程重大安全事故罪	四个单位（建设单位、设计单位、施工单位、监理单位）+降低工程质量标准→造成重大安全事故
重大责任事故罪	违反安全管理规定→造成重大伤亡事故或其他严重后果
重大劳动安全事故罪	安全生产设施或条件不符合国家规定→发生重大伤亡事故或造成其他严重后果

第2章　建筑市场主体制度

2.1　建筑市场主体的一般规定

专项突破1　法人应当具备的条件

序号	法人应具备的条件
1	依法成立**【2011年考过】**
2	能够独立承担民事责任**【2011年、2020年考过】**
3	有法定代表人**【2011年考过】**

重点难点专项突破

1. 本考点还应当掌握以下采分点：

（1）有必要的财产或者经费是法人进行民事活动的物质基础。**【2019年考过】**

（2）法定代表人代表法人从事民事活动，其法律后果由法人承担。

2. 本考点可能会这样命题：

关于法人应当具备条件的说法，正确的是（　　）。

A. 须经有关机关批准　　B. 有技术负责人

C. 承担有限民事责任　　D. 应当有自己的名称和组织机构

【答案】D

3. 知识拓展。

正确区分法人、法定代表人以及法人代表

法人：是具有法律人格的组织。

法定代表人：是代表法人从事民事活动的负责人。

法人代表：是法定代表人指派的代表法人对外依法行使民事权利和义务的人。

专项突破2　法人的分类

法人的类别	具体举例	取得法人资格的时间
营利法人	有限责任公司、股份有限公司和其他企业法人	依法登记之日
非营利法人	事业单位、社会团体、基金会、社会服务机构**【2023年考过】**	需要登记的：依法登记之日。 无需登记的：成立之日

续表

法人的类别	具体举例	取得法人资格的时间
特别法人	机关法人、农村集体经济组织、城镇农村的合作经济组织、基层群众性自治组织**【2018年考过】**	成立之日

重点难点专项突破

1. 依法设立的营利法人，营业执照签发日期为营利法人的成立日期。

2. 关于法人的分类在2018年考过一道单项选择题，在今后考查的可能性还是很大的。

3. 本考点可能会这样命题：

根据《民法典》，法人分为（　　）。

A. 企业法人和非企业法人

B. 机关法人、企业法人和社团法人

C. 一般法人和特别法人

D. 营利法人、非营利法人和特别法人

【答案】D

专项突破3　企业法人与项目经理部的法律关系

项目	负责人	成立条件	法人资格	民事责任
企业法人	企业法人代表	工商行政管理机关核准登记	有	有
项目经理部	项目经理	由企业根据项目而组建	无 **【2015年、2021年考过】**	无（由企业法人承担） **【2015年、2022年考过】**

重点难点专项突破

1. 本考点在历年考试中多以说法正确与否的方式进行考核。

2. 关于项目经理部还需知道其性质：项目经理部是施工企业为了完成某项建设工程施工任务而设立的组织，是由一个项目经理与技术、生产、材料、成本等管理人员组成的项目管理班子，是一次性的具有弹性的现场生产组织机构。

3. 再来看一下与项目经理部一字之差的项目经理又该如何定位：

（1）项目经理是一种施工企业内部的岗位职务。

（2）项目经理是企业法人授权在建设工程施工项目上的管理者。**【2014年考过】**

（3）项目经理签字的材料款，如果不按时支付，材料供应商应当以施工企业为被告提起诉讼。**【2016年考过】**

4. 本考点可能会这样命题：

（1）关于项目经理部的说法，正确的是（　　）。

A. 项目经理部是施工企业的常设下属机构

B. 施工项目不论规模大小，均应当设立项目经理部

C. 项目经理部可以独立承担民事责任

D. 施工企业应当明确项目经理部的职责

【答案】D

（2）关于建设工程施工企业法人资格的说法，正确的有（　　）。

A. 施工企业分公司不具有法人资格

B. 施工企业的项目经理部不具有法人资格

C. 施工企业法人属于财团法人

D. 施工企业的法定代表人是法人

E. 施工企业的法人资格经工商行政机关核准登记后取得

【答案】A、B、E

专项突破4　代理的法律特征与种类

例题：建设单位欠付工程款，施工企业指定本单位职工申请仲裁，该职工的行为属于（　　）。

A. 法定代理

B. 委托代理**【2010年、2012年、2023年考过】**

C. 无权代理

D. 指定代理

【答案】B

重点难点专项突破

1. 本考点还可以考核的题目有：

（1）《民法典》规定，代理包括（A、B）。

（2）（B）授权采用书面形式的，授权委托书应当载明代理人的姓名或者名称、代理事项、权限和期间，并由被代理人签名或者盖章。

（3）被代理人以意思表示的方法将代理权授予代理人的属于（B）。

（4）根据法律的规定而发生的代理属于（A）。

2. 选项C、D为考试时可能会出现的干扰项。

3. 如果对代理的种类进行考查的话，考查委托代理的可能性较大。

4. 关于法定代理只要记住两个要点即可：一是法定代理人的产生来自法律的直接规定；二是精神病人及儿童的代理人属于法定代理人。

5. 代理的特征需要根据四个关键词来理解和记忆：范围、名义、意义、后果。

范围	必须在代理权限范围内实施代理行为**【2024年考过】**
名义	以被代理人的名义实施代理行为
意义	必须是具有法律意义的行为**【2024年考过】**
后果	法律后果归属于被代理人**【2024年考过】**

代理关系涉及的三方主体（即代理人、被代理人、相对人）、两个法律关系**【2020年考过】**，具体见下图。

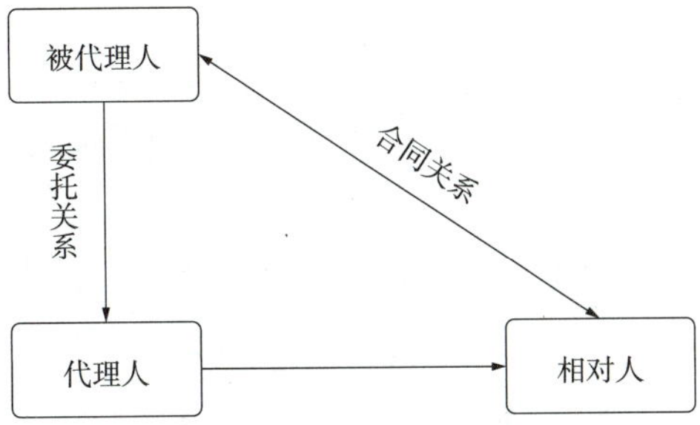

专项突破5　建设工程代理行为的设立及终止

例题：下列情形中，构成委托代理终止的是（　　）。

A．代理期限届满

B．被代理人取消委托**【2016年考过】**

C．代理人丧失民事行为能力

D．代理事务完成

E．代理人辞去委托

F．代理人死亡

G．被代理人死亡

H．作为被代理人或者代理人的法人、非法人组织终止**【2017年考过】**

【答案】A、B、C、D、E、F、G、H

重点难点专项突破

1. 本考点还可以考核的题目有：

建设工程代理行为终止的主要情形包括（A、B、D、E、H）。

2. 委托代理的终止情形是非常重要的采分点，一定要掌握。

3. 被代理人单方取消委托，代理人单方辞去委托，均不以对方同意为前提，并以通知到对方时，代理权即行消灭。**【2022年考过】**

4. 除了建设工程代理行为的终止情形外，考生还应掌握建设工程代理行为设立的相关内容。关于建设工程代理行为的设立，可能会考核以下内容：

（1）依照法律规定或者按照双方当事人约定，应当由本人实施的民事法律行为，不得代理。**【2019年考过】**

（2）建设工程的承包活动不得委托代理。

（3）建设工程代理行为多为民事法律行为的委托代理。

专项突破6　无权代理与表见代理

例题：无权代理是指行为人不具有代理权，但以他人的名义与第三人进行法律行为。无权代理的表现形式包括（　　）。

A．自始未经授权　　　　B．超越代理权

C．代理权已终止　　　　D．转托他人代理

【答案】A、B、C

重点难点专项突破

1. 选项D为考试时可能会出现的干扰项。

2. 代理人一旦具有"自始未经授权、超越代理权、代理权已终止"三种情形中的任意一种，该代理行为便可被认定为无权代理行为。

3. 无权代理行为的法律效力如何呢？这主要取决于被代理人是否予以追认：

被代理人对无权代理人实施的行为如果予以追认，则无权代理可转化为有权代理；如果被代理人不予追认的，对被代理人不发生效力，则无权代理人需承担因无权代理行为给被代理人和善意第三人造成的损失。

4. 再来讲一下与无权代理较为相似的一个概念——表见代理。

先来思考几个问题：

（1）表见代理的行为人有无代理权？

（2）表见代理的代理行为是否有效？法律后果由谁承担？

以上问题通过表见代理的概念即可得出答案：

表见代理是指行为人虽无权代理，但由于行为人的某行为，造成了足以使善意第三人相信其有代理权的表象，而与善意第三人进行的、由本人承担法律后果的代理行为。《民法典》规定，行为人没有代理权、超越代理权或者代理权终止后，仍然实施代理行为，相对人有理由相信行为人有代理权的，代理行为有效。**【2014年、2019年、2021年、2022年考过】**

5. 表见代理对本人产生有权代理的效力，但本人在承担表见代理行为所产生的责任后，是可以向无权代理人追偿因代理行为而遭受的损失的。来看一下这一采分点在考试时会采用怎样的考查形式：

施工企业与保险代理人张某签署了盖有保险公司印章的工程保险合同，并足额缴付了保费，但张某表示需将保费交回公司后才能签发保单，后施工企业发生保险事故要求赔偿时，保险公司称张某已离职，且其未将保险合同和保费交回公司。关于该案中责任承担的说法，正确的是（　　）。**【2011年真题】**

A．张某应当向施工企业赔偿损失

B．施工企业补缴保费后，保险公司方可赔偿损失

C．保险公司找到张某追回保费后，方可给予施工企业赔偿

D. 保险公司应当支付保险金，并可向张某追偿

【答案】D

6. 无权代理与表见代理的认定会结合合同的效力进行考核，例如：

（1）乙施工企业委托员工王某与甲建设单位办理结算事宜。后王某离职，乙未及时将该情形告知甲。此后，王某又和甲签署了一份结算文件。关于该结算文件的说法，正确的是（　　）。【2022年真题】

A. 对乙无效　　B. 其后果由乙承担

C. 其后果由王某承担　　D. 对甲无效

【答案】B

（2）甲公司的业务员王某被开除后，为报复甲公司，用盖有甲公司公章的空白合同书与乙公司订立一份建材购销合同。乙公司并不知情，并按时将货物送至甲公司所在地。甲公司拒绝接收，引起纠纷。关于该案代理与合同效力的说法，正确的是（　　）。【2014年真题】

A. 王某的行为为无权代理，合同无效　　B. 王某的行为为表见代理，合同无效

C. 王某的行为为委托代理，合同有效　　D. 王某的行为为表见代理，合同有效

【答案】D

7. 知识拓展。

三个字鉴别表见代理

表见代理属于无权代理的特殊情况。

考查表见代理的题，最重要的标志就是在题干中必然有一句话说明相对人是善意的，是不知情的，因此看某一情形是否属于表见代理主要是看题干中有没有“不知情”这三个字。

专项突破7　代理中不当或违法行为应承担的法律责任

例题：代理人和相对人恶意串通，损害被代理人合理利益的，由（　　）承担连带责任。

A. 代理人　　B. 相对人

C. 行为人　　D. 被代理人

【答案】A、B

重点难点专项突破

1. 本考点还可以考核的题目有：

（1）相对人知道或者应当知道行为人没有代理权、超越代理权还与行为人实施民事行为给他人造成损害的，由（B、C）负连带责任。【2013年考过】

（2）相对人知道或者应当知道行为人代理权已终止还与行为人实施民事行为给他人造成损害的，由（B、C）负连带责任。

（3）代理人知道被委托代理的事项违法仍然进行代理活动的，由（A、D）负连带责任。**【2018年、2021年考过】**

（4）被代理人知道代理人的代理行为违法不表示反对的，由（A、D）负连带责任。

2. 各类不当或违法行为的责任承担主体需要重点记忆。

2.2 建筑业企业资质制度

专项突破1 企业资质证书的申请、许可、延续和变更

<table>
<tr><th colspan="2">项目</th><th>内容</th></tr>
<tr><td colspan="2">申请</td><td>建筑业企业可以申请一项或多项建筑业企业资质。【2019年考过】
企业首次申请或增项申请资质，应当申请最低等级资质【2019年考过】</td></tr>
<tr><td colspan="2">许可</td><td>国务院住房城乡建设主管部门负责全国建筑企业资质的统一监督管理。国务院交通运输、水利、工业信息化等有关部门配合国务院住房城乡建设主管部门实施相关资质类别建筑业企业资质的管理工作。
省、自治区、直辖市人民政府住房城乡建设主管部门负责本行政区域内建筑业企业资质的统一监督管理。省、自治区、直辖市人民政府交通运输、水利、通信等有关部门配合同级住房城乡建设主管部门实施本行政区域内相关资质类别建筑业企业资质的管理工作</td></tr>
<tr><td colspan="2">使用与延续</td><td>《建筑业企业资质管理规定》中规定，资质证书有效期为5年。建筑业企业资质证书有效期届满，企业继续从事建筑施工活动的，应当于资质证书有效期届满3个月前，向原资质许可机关提出延续申请。
资质许可机关应当在建筑业企业资质证书有效期届满前做出是否准予延续的决定；逾期未做出决定的，视为准予延续【2016年、2019年考过】</td></tr>
<tr><td rowspan="3">变更</td><td>办理企业资质证书变更的程序</td><td>在资质证书有效期内，企业名称、地址、注册资本、法定代表人等发生变更的，应当在工商部门办理变更手续后1个月内办理资质证书变更手续。【2022年、2023年考过】
由国务院住房城乡建设主管部门颁发的建筑业企业资质证书的变更，企业应当向企业工商注册所在地省、自治区、直辖市人民政府住房城乡建设主管部门提出变更申请，省、自治区、直辖市人民政府住房城乡建设主管部门应当自受理申请之日起2日内将有关变更证明材料报国务院住房城乡建设主管部门，由国务院住房城乡建设主管部门在2日内办理变更手续。
上述规定以外的资质证书的变更，由企业工商注册所在地的省、自治区、直辖市人民政府住房城乡建设主管部门或者设区的市人民政府住房城乡建设主管部门依法另行规定。变更结果应当在资质证书变更后15日内，报国务院住房城乡建设主管部门备案【2016年、2023年考过】</td></tr>
<tr><td>企业更换、遗失补办建筑业企业资质证书</td><td>企业需更换、遗失补办建筑业企业资质证书的，资质许可机关应当在2个工作日内办理完毕。
企业遗失建筑业企业资质证书的，在申请补办前应当在公众媒体上刊登遗失声明【2023年考过】</td></tr>
<tr><td>企业发生合并、分立、改制的资质办理</td><td>需承继原建筑业企业资质的，应当申请重新核定建筑业企业资质等级【2022年、2023年考过】</td></tr>
</table>

重点难点专项突破

1. 补充一个建筑业企业资质的采分点：

《建筑业企业资质管理规定》规定，建筑业企业资质分为施工总承包资质、专业承包资质和施工劳务资质三个序列。**【2011年、2021年考过】**

2. 本考点可能会这样命题：

（1）根据《建筑业企业资质管理规定》，关于建筑业企业资质的说法，正确的是（　　）。

A. 在资质证书有效期内，企业地址发生变更的，资质证书无需办理变更手续

B. 企业发生重组需承继原企业资质的，应当申请重新核定企业资质等级

C. 企业发生合并的，可以直接承继原企业资质等级

D. 在资质证书有效期内，企业法定代表人发生变更的，应当在办理资质证书变更手续后办理工商变更手续

【答案】B

（2）关于建筑业企业资质证书使用与延续的说法，正确的是（　　）。

A. 企业资质情况可以通过扫描建筑企业资质证书复印件的二维码查询

B. 企业跨地区参加招标投标活动，应当提供建筑业企业资质证书原件

C. 建筑业企业资质证书有效期为3年

D. 延续申请应当于建筑企业资质证书有效期届满1个月前提出

【答案】A

（3）关于建筑业企业资质证书变更的说法，正确的是（　　）。

A. 建筑业企业资质证书遗失补办的，由申请人告知资质许可机关，由资质许可机关在官网发布信息

B. 企业在建筑业企业资质证书有效期内注册资本发生变更的，不必办理资质证书变更手续

C. 国务院住房城乡建设主管部门颁发的建筑业企业资证书的变更，企业应当直接向国务院住房城乡建设主管部门提出变更申请

D. 企业发生合并、分立、重组以及改制等事项时，可以直接继承原建筑业企业资质

【答案】A

专项突破2　不予批准企业资质升级申请和增项申请的情形

序号	不予批准企业资质升级申请和增项申请的情形
1	超越本企业资质等级或以其他企业的名义承揽工程，或允许其他企业或个人以本企业的名义承揽工程的**【2024年考过】**
2	与建设单位或企业之间相互串通投标，或以行贿等不正当手段谋取中标的**【2012年、2015年考过】**
3	未取得施工许可证擅自施工的**【2012年、2024年考过】**
4	将承包的工程转包或违法分包的**【2012年、2015年考过】**
5	违反国家工程建设强制性标准施工的
6	恶意拖欠分包企业工程款或者劳务人员工资的**【2012年、2015年考过】**
7	隐瞒或谎报、拖延报告工程质量安全事故，破坏事故现场、阻碍对事故调查的
8	按照国家法律、法规和标准规定需要持证上岗的现场管理人员和技术工种的作业人员未取得证书上岗，情节严重的

续表

序号	不予批准企业资质升级申请和增项申请的情形
9	未依法履行工程质量保修义务或拖延履行保修义务，造成严重后果的**【2024年考过】**
10	伪造、变造、倒卖、出租、出借或者以其他形式非法转让建筑业企业资质证书的**【2015年考过】**
11	发生过较大以上质量安全事故或者发生过两起以上一般质量安全事故的
12	其他违反法律、法规的行为

重点难点专项突破

1. 这一采分点通常会以多项选择题的形式进行考查。

2. 考生除了要掌握不予批准企业资质升级申请和增项申请的情形外，还应知道以上各情形的发生时间是：申请之日起前1年至资质许可决定作出前。

3. 本考点可能会这样命题：

（1）企业申请建筑业企业资质升级，资质许可机关不予批准其建筑业企业资质升级申请的情形有（　　）。**【2024年真题】**

A. 超越本企业资质等承揽工程　　B. 未依法纳税

C. 未依法履行工程质量保修义务　　D. 未取得施工许可证擅自施工

E. 未按照规定缴纳社会保障资金

【答案】A、C、D

（2）建筑业企业申请资质升级、资质增项，在申请之日起的前1年内出现下列情形，资质许可机关对其申请不予批准的有（　　）。

A. 违反国家工程建设强制性标准施工的　B. 将承包的工程转包或违法分包的

C. 恶意拖欠分包企业工程款的　　D. 未依法履行工程质量保修义务的

E. 发生过一起一般质量安全事故的

【答案】A、B、C

专项突破3　企业资质证书的撤回、撤销和注销

例题：根据《建筑业企业资质管理规定》，资质许可机关应当撤销建筑业企业资质的情形有（　　）。

A. 取得建筑业企业资质证书的企业，不再符合资质标准要求条件，且整改后仍未达到要求的

B. 资质许可机关工作人员滥用职权、玩忽职守准予资质许可的

C. 超越法定职权准予资质许可的**【2011年考过】**

D. 违反法定程序准予资质许可的**【2017年考过】**

E. 对不符合资质标准条件的申请企业准予资质许可的

F. 以欺骗、贿赂等不正当手段取得资质许可的**【2024年考过】**

G. 资质证书有效期届满，未依法申请延续的

H. 企业依法终止的

I. 企业提出注销申请的

J. 资质证书依法被撤回、撤销或吊销的

【答案】B、C、D、E、F

重点难点专项突破

1. 本考点还可以考核的题目有：

（1）根据《建筑业企业资质管理规定》，资质许可机关可以撤回建筑业企业资质证书的情形有（A）。

（2）根据《建筑业企业资质管理规定》，资质许可机关应当依法注销建筑业企业资质，并向社会公布其建筑业企业资质证书作废，企业应当及时将建筑业企业资质证书交回资质许可机关的情形有（G、H、I、J）。

2. 建筑业企业资质证书撤销与注销的情形要注意区分，考试时可能会互为干扰项。

专项突破4　禁止无资质、越级、以他企业名义承揽工程的规定

项目	内容
禁止无资质承揽工程	《建设工程质量管理条例》规定，施工单位应当依法取得相应等级的资质证书，并在其资质等级许可的范围内承揽工程。 《建设工程安全生产管理条例》规定，施工单位从事建设工程的新建、扩建、改建和拆除等活动，应当具备国家规定的注册资本、专业技术人员、技术装备和安全生产等条件，依法取得相应等级的资质证书，并在其资质许可的范围内承揽工程。 《建筑法》规定，禁止总承包单位将工程分包给不具备相应资质条件单位
禁止越级承揽工程	《建筑法》《建设工程质量管理条例》均规定，禁止施工单位超越本单位资质等级许可的业务范围承揽工程。 《建筑法》规定，两个以上不同资质等级的单位实行联合共同承包的，应当按照资质等级低的单位的业务许可范围承揽工程。 《建筑法》规定，禁止总承包单位将工程分包给不具备相应资质条件的单位。 《房屋建筑和市政基础设施工程施工分包管理办法》规定，分包工程承包人必须具有相应的资质，并在其资质等级许可的范围内承揽业务
禁止借用或出借资质承揽工程的规定	《建筑法》规定，禁止建筑施工企业超越本企业资质等级许可的业务范围或者以任何形式用其他建筑施工企业的名义承揽工程。禁止建筑施工企业以任何形式允许其他单位或者个人使用本企业的资质证书、营业执照，以本企业的名义承揽工程。**【2012年、2013年考过】** 《建设工程质量管理条例》规定，禁止施工单位超越本单位资质等级许可的业务范围或者以其他施工单位的名义承揽工程。禁止施工单位允许其他单位或者个人以本单位的名义承揽工程。 《房屋建筑和市政基础设施工程施工分包管理办法》规定，分包工程发包人没有将其承包的工程进行分包，在施工现场所设项目管理机构的项目负责人、技术负责人、项目核算负责人、质量管理人员、安全管理人员不是工程承包人本单位人员的，视同允许他人以本企业名义承揽工程

重点难点专项突破

1. 本考点还可能会考查以下内容：

（1）《最高人民法院关于审理建设工程施工合同纠纷案件适用法律问题的解释（一）》第43条规定，实际施工人以转包人、违法分包人为被告起诉的，人民法院应当依法受理。实际施工人以发包人为被告主张权利的，人民法院应当追加转包人或者违

法分包人为本案第三人，在查明发包人欠付转包人或者违法分包人建设工程价款的数额后，判决发包人在欠付建设工程价款范围内对实际施工人承担责任。**【2013年、2016年、2021年考过】**

（2）《建设工程质量管理条例》所称违法分包是指下列行为：①总承包单位将建设工程分包给不具备相应资质条件的单位的；②建设工程总承包合同中未有约定，又未经建设单位认可，承包单位将其承包的部分建设工程交由其他单位完成的；③施工总承包单位将建设工程主体结构的施工分包给其他单位的；④分包单位将其承包的建设工程再分包的。

2. 本考点可能会这样命题：

（1）根据《建筑法》，以欺骗手段取得建筑业企业资质证书的，应当承担的法律责任是（　　）。**【2024年真题】**

A. 注销资质证书　　B. 罚金

C. 行政拘留　　D. 撤销资质证书

【答案】D

（2）下列承揽工程的情形中，符合工程承包管理相关规定的是（　　）。

A. 超越本企业资质等级许可的业务范围承揽工程

B. 以联营方式使用其他施工企业的营业执照及资质证书承揽工程

C. 分公司使用总公司的营业执照及资质证书承揽工程

D. 子公司使用母公司的营业执照及资质证书承揽工程

【答案】C

（3）某工程由甲施工企业承包，施工现场检查发现项目部的项目经理、技术负责人、质量管理人员和安全管理人员都是乙施工企业职工，则甲的行为视同（　　）。

A. 允许他人使用本企业名义承揽工程　　B. 违法分包

C. 与他人联合承揽　　D. 使用其他企业名义承揽工程

【答案】A

2.3　建造师注册执业制度

专项突破1　初始注册和延续注册

例题：一级注册建造师注册证书有效期为（　　）年。

A. 3**【2013年考过】**　　B. 30

C. 10　　D. 15

【答案】A

重点难点专项突破

1. 本考点还可以考核的题目有：

（1）初始注册者，可自资格证书签发之日起（A）年内提出申请。**【2023年考过】**

提问：如果某初始注册者逾期提出申请，将如何处理呢？

答：逾期申请者，须符合本专业继续教育的要求后方可申请初始注册。

（2）建造师注册证书有效期满需继续执业的，应当在注册有效期届满（B）日前，按照规定申请延续注册。

（3）建造师延续注册的，注册证书的有效期为（A）年。

2. 选项C、D为考试时可能会出现的干扰选项。

3. 除了以上采分点外考生还应知道申请初始注册应具备哪些条件？

申请初始注册时应当具备以下条件：

（1）经考核认定或考试合格取得资格证书；

（2）受聘于一个相关单位；**【2024年考过】**

（3）达到继续教育要求；

（4）没有《注册建造师管理规定》中规定不予注册的情形。

助记口诀

记（继）住（注）书单。

专项突破2　不予注册和注册证书、执业印章失效及注销的情形

例题：根据《注册建造师管理规定》，注册机关对申请注册建造师的申请人不予注册的情形有（　　）。

A. 不具有完全民事行为能力的**【2015年考过】**

B. 申请在两个或者两个以上单位注册的**【2009年、2015年、2019年考过】**

C. 未达到注册建造师继续教育要求的

D. 受到刑事处罚，刑事处罚尚未执行完毕的

E. 因执业活动受到刑事处罚，自刑事处罚执行完毕之日起至申请注册之日止不满5年的**【2009年考过】**

F. 因执业活动以外的原因受到刑事处罚，自处罚决定之日起至申请注册之日止不满3年的

G. 被吊销注册证书，自处罚决定之日起至申请注册之日止不满2年的**【2011年考过】**

H. 在申请注册之日前3年内担任项目经理期间，所负责项目发生过重大质量和安全事故的**【2021年考过】**

I. 申请人的聘用单位不符合注册单位要求的

J. 年龄超过65周岁的**【2021年考过】**

K. 聘用单位破产的

L. 聘用单位被吊销营业执照的

M. 聘用单位被吊销或者撤回资质证书的

N. 已与聘用单位解除聘用合同关系的

O．注册有效期满且未延续注册的

P．死亡的

Q．依法被撤销注册的

R．依法被吊销注册证书的

S．受到刑事处罚的

【答案】 A、B、C、D、E、F、G、H、I、J

重点难点专项突破

1. 本考点还可以考核的题目有：

（1）注册建造师的注册证书和执业印章失效的情形有（A、J、K、L、M、N、O、P）。

（2）注册建造师有（A、J、K、L、M、N、O、P、Q、R、S）情形之一的，由注册机关办理注销手续，收回注册证书和执业印章或者公告其注册证书和执业印章作废。

2. 选项E、F、G、H、J中的数字部分需要重点记忆，可能会以单项选择题的形式进行考查。

3. 本考点除了会像上述题目一样采用多项选择题的形式直接提问外，还会将具体知识代入具体实例中，例如：

有5位先生通过了建造师执业资格考试，目前打算申请注册。下列情形中不予注册的有（　　）。**【2009年真题题干】**

A. 李先生3年前担任工长时，由于偷工减料导致了安全生产事故而受到刑事处罚

B. 赵先生就职于工商行政主管部门，希望能利用业余时间从事施工管理工作

C. 王先生由于业务水平高，同时受聘于两家施工企业，申请在这两个单位分别注册

D. 周先生拖欠农民工工资

E. 张先生由于在今年的施工过程中擅自修改图纸而受到了处分

【答案】 A、B、C

【分析】 很多考生只要看到这种"案例类"的题目就头疼，其实这完全没有必要，这些题目也是对考试用书上基础知识的考查，只不过是换了个形式。在看到这类题目的时候首先要抓住题干中的关键字确定这道题考查的是什么知识点，然后将其代入具体知识点，这时就变成考试用书上大家所熟悉的基础知识点的考查了。

专项突破3　一级建造师的执业

例题： 根据《注册建造师执业管理办法（试行）》，注册建造师可以同时担任两个项目的项目负责人的情形有（　　）。

A．同一工程相邻分段发包或分期施工的**【2018年考过】**

B．合同约定的工程验收合格的**【2016年、2018年考过】**

C．因非承包方原因致使工程项目停工超过120天（含），经建设单位同意的**【2018年考过】**

D．发包方与注册建造师受聘企业已解除承包合同的**【2014年、2022年考过】**

E．发包方同意更换项目负责人的【**2017年、2022年考过**】

F．因不可抗力等特殊情况必须更换项目负责人的【**2022年考过**】

【**答案**】A、B、C

重点难点专项突破

1．本考点还可以考核的题目有：

担任施工项目负责人的注册建造师，在所负责的工程项目竣工验收手续办结前，不得变更注册到另一施工企业，除非（D、E、F）。

2．选项C需要关注三个重要采分点：

（1）非承包方原因；

（2）工程项目停工超过120天（含）；

（3）经建设单位同意。【**2011年考过**】

3．本考点还需要掌握以下采分点：

（1）建造师可以受聘在施工单位从事施工活动的管理工作，也可以在勘察、设计、监理、招标代理、造价咨询等单位或具有多项上述资质的单位执业。【**2018年考过**】

（2）一级注册建造师可以担任特级、一级建筑业企业资质的建设工程项目施工的项目经理。

（3）一级注册建造师可担任大、中、小型工程施工项目负责人。【**2020年考过**】

专项突破4　建造师的基本权利和义务

例题：根据《注册建造师管理规定》，注册建造师应履行的义务包括（　　）。

A．使用注册建造师名称

B．在规定范围内从事执业活动

C．在本人执业活动中形成的文件上签字并加盖执业印章【**2013年、2024年考过**】

D．保管和使用本人注册证书、执业印章【**2013年、2024年考过**】

E．对本人执业活动进行解释和辩护

F．接受继续教育【**2013年、2024年考过**】

G．获得相应的劳动报酬【**2013年考过**】

H．对侵犯本人权利的行为进行申述

I．遵守法律、法规和有关管理规定，恪守职业道德

J．执行技术标准、规范和规程

K．保证执业成果的质量，并承担相应责任

L．接受继续教育，努力提高执业水准

M．保守在执业中知悉的国家秘密和他人的商业、技术等秘密

N．与当事人有利害关系的，应当主动回避

O．协助注册管理机关完成相关工作【**2024年考过**】

【**答案**】F、I、J、K、L、M、N、O

重点难点专项突破

1. 本考点还可以考核的题目有：

根据《注册建造师管理规定》，注册建造师依法享有的权利包括（A、B、C、D、E、F、G、H）。**【2024年考过】**

2. 牢记：在建造师的基本权利与义务中，“接受继续教育”既是权利也是义务。

3. 关于建造师的基本权利还应掌握下述细节性的要点：

（1）分包工程施工管理文件应当由分包企业注册建造师签章。分包企业签署质量合格的文件上，必须由担任总包项目负责人的注册建造师签章。**【2022年考过】**

（2）修改注册建造师签字并加盖执业印章的工程施工管理文件，应当征得所在企业同意后，由注册建造师本人进行修改；注册建造师本人不能进行修改的，应当由企业指定同等资格条件的注册建造师修改，并由其签字并加盖执业印章。**【2022年考过】**

4. 关于注册建造师“挂证”违法违规行为的相关内容在2020年的考试中考核3分，鉴于这一情况，考生还应牢记以下内容：

（1）“挂证”违法违规行为包括：持证人注册单位与实际工作单位不符；买卖租借（专业）资格（注册）证书；提供虚假就业信息、以职业介绍为名提供“挂证”信息服务。**【2020年考过】**

（2）不认定为“挂证”行为的情形：达到法定退休年龄正式退休和依法提前退休的；因事业单位改制等原因保留事业单位身份，实际工作单位为所在事业单位下属企业，社会保险由该事业单位缴纳的；属于大专院校所属勘察设计、工程监理、工程造价单位聘请的本校在职教师或科研人员，社会保险由所在院校缴纳的；属于军队自主择业人员的；因企业改制、征地拆迁等买断社会保险的；有法律法规、国家政策依据的其他情形。**【2020年、2021年考过】**

专项突破5　建造师及建造师工作中违法行为应承担的主要法律责任

例题：施工企业为建造师提供虚假申报材料申请注册的，可能承担的行政责任是（　　）。**【2017年真题题干】**

A．责令限期改正**【2017年考过】**

B．1年内不得再次申请注册

C．责令停止执业1年

D．吊销执业资格证书

E．5年以内不予注册

F．终身不予注册**【2013年考过】**

【答案】A

重点难点专项突破

1. 本考点还可以考核的题目有：

（1）《注册建造师管理规定》规定，申请人隐瞒有关情况或者提供虚假材料申请注册的，住房城乡建设主管部门不予受理或者不予注册，并给予警告，（B）。

（2）《注册建造师管理规定》规定，注册建造师或者其聘用单位未按照要求提供注册建造师信用档案信息的，由县级以上地方人民政府建设主管部门或其他有关部门（A）。

（3）《建设工程质量管理条例》规定，注册建筑师、注册结构工程师、监理工程师等注册执业人员因过错造成质量事故的，（C）。

（4）《建设工程质量管理条例》规定，注册建筑师、注册结构工程师、监理工程师等注册执业人员因过错造成重大质量事故的，（D、E）。

（5）根据《建设工程质量管理条例》，注册建造师因过错造成重大质量事故，情节特别恶劣的，其将受到的行政处罚为（F）。**【2013年真题题干】**

2. 关于法律责任，重点记忆承担方式，这是历年的考查重点。

2.4 建筑市场主体信用体系建设

专项突破1 建筑市场各方主体信用信息的公开

例题：《建筑市场信用管理暂行办法》规定，建筑市场优良信用信息公开期限一般为（　　）年。

A. 3　　　　B. 6～36**【2013年考过】**

C. 20　　　　D. 6

E. 5

【答案】 A

重点难点专项突破

1. 本考点还可以考核的题目有：

（1）《建筑市场诚信行为信息管理办法》规定，省、自治区和直辖市建设行政主管部门负责审查不良行为记录的整改结果，对整改确有实效的，由企业提出申请，经批准，可缩短其不良行为记录信息公布期限，但公布期限最短不得少于（A）个月，同时将整改结果列于相应不良行为记录后，供有关部门和社会公众查询。**【2016年考过】**

注意：对于拒不整改或整改不力的单位，信息发布部门可延长其不良行为记录信息公布期限。**【2019年考过】**

（2）《建筑市场信用管理暂行办法》规定，不良信用信息公开期限一般为（B）个月，并不得低于相关行政处罚期限。**【2021年考过】**

（3）《招标投标违法行为记录公告暂行办法》规定，国务院有关行政主管部门和省级人民政府有关行政主管部门应自招标投标违法行为行政处理决定作出之日起（C）个工作日内对外进行记录公告。

（4）《招标投标违法行为记录公告暂行办法》规定，被公告的招标投标当事人认为公告记录与行政处理决定的相关内容不符的，可向公告部门提出书面更正申请，并提供相关证据。公告部门接到书面申请后，应在（E）个工作日内进行核对。

提问：针对不同情形，公告部门应如何处理呢？

答：公告的记录与行政处理决定的相关内容不一致的，应当给予更正并告知申请人；公告的记录与行政处理决定的相关内容一致的，应当告知申请人。

注意：公告部门在作出答复前不停止对违法行为记录的公告。

2. 考生还需要掌握招标投标违法行为记录公告的内容、范围及变更，具体内容见下表。

项目	内容
公告内容	《招标投标违法行为记录公告暂行办法》规定，对招标投标违法行为所作出的以下行政处理决定应给予公告： （1）警告； （2）罚款； （3）没收违法所得； （4）暂停或者取消招标代理资格； （5）取消在一定时期内参加依法必须进行招标的项目的投标资格；**【2017年考过】** （6）取消担任评标委员会成员的资格； （7）暂停项目执行或追回已拨付资金； （8）暂停安排国家建设资金； （9）暂停建设项目的审查批准； （10）行政主管部门依法作出的其他行政处理决定
公告的变更	行政处理决定在被行政复议或行政诉讼期间，公告部门依法不停止对违法行为记录的公告，但行政处理决定被依法停止执行的除外**【2014年考过】**。原行政处理决定被依法变更或撤销的，公告部门应当及时对公告记录予以变更或撤销，并在公告平台上予以声明。 行政处罚决定经行政复议、行政诉讼以及行政执法监督被变更或被撤销，应及时变更或删除该不良记录，并在相应诚信信息平台上予以公布，同时应依法妥善处理相关事宜**【2015年考过】**

专项突破2　建筑市场诚信行为的奖惩机制

例题：《建筑市场信用管理暂行办法》规定，县级以上住房城乡建设主管部门按照“谁处罚、谁列入”的原则，将存在（　　）情形的建筑市场各方主体，列入建筑市场主体“黑名单”。

A. 利用虚假材料、以欺骗手段取得企业资质的**【2022年、2023年考过】**

B. 发生转包、出借资质，受到行政处罚的**【2022年、2023年考过】**

C. 发生重大及以上工程质量安全事故，受到行政处罚的

D. 1年内累计发生2次及以上较大工程质量安全事故，受到行政处罚的**【2022年考过】**

E. 发生性质恶劣、危害性严重、社会影响大的较大工程质量安全事故，受到行政处罚的

F. 经法院判决或仲裁机构裁决，认定为拖欠工程款，且拒不履行生效法律文书确定的义务的**【2022年、2023年考过】**

【答案】A、B、C、D、E、F

重点难点专项突破

1. 选项C中注意“重大”的限制。

2. 选项D中注意“2次”和“较大”的限制。

3. 各级住房和城乡建设主管部门应当将列入建筑市场主体“黑名单”和拖欠农民工工资“黑名单”的建筑市场各方主体作为重点监管对象，在市场准入、资质资格管理、招标投标等方面依法给予限制。

4. 学习一下2023年真题：

根据《建筑市场信用管理暂行办法》，建筑市场各方主体存在的下列情形中，应当被列入建筑市场主体“黑名单”的有（　　）。**【2023年真题】**

A. 利用虚假材料取得企业资质的

B. 出借资质，受到行政处罚的

C. 发生工程质量安全事故的

D. 因转包受到行政处罚的

E. 经人民法院判决认定为拖欠工程款，且拒不履行生效法律文书确定的义务的

【答案】A、B、D、E

专项突破3　施工单位不良行为记录的认定标准

例题：下列不良行为中，属于施工企业资质不良行为的是（　　）。**【2024年真题题干】**

A. 未取得资质证书承揽工程的**【2024年考过】**

B. 超越本单位资质等级承揽工程的

C. 以欺骗手段取得资质证书承揽工程的**【2015年、2022年、2024年考过】**

D. 允许其他单位或个人以本单位名义承揽工程的

E. 未在规定期限内办理资质变更手续的**【2015年、2021年考过】**

F. 涂改、伪造、出借、转让建筑业企业资质证书的**【2022年考过】**

G. 按照国家规定需要持证上岗的技术工种的作业人员未经培训、考核，未取得证书上岗，情节严重的

H. 利用向发包单位及其工作人员行贿、提供回扣等不正当手段承揽业务的**【2022年考过】**

I. 相互串通投标或与招标人串通投标的手段谋取中标的

J. 以向招标人或评标委员会成员行贿的手段谋取中标的**【2012年考过】**

K. 以他人名义投标或以其他方式弄虚作假，骗取中标的**【2012年考过】**

L. 不按照与招标人订立的合同履行义务，情节严重的**【2015年考过】**

M. 将承包的工程转包或违法分包的**【2012年、2015年、2017年、2019年考过】**

N. 在施工中偷工减料的，使用不合格建筑材料、建筑构配件和设备的**【2022年考过】**

O. 有不按照工程设计图纸或施工技术标准施工的行为的

P. 未按照节能设计进行施工的**【2011年考过】**

Q. 未对建筑材料、建筑构配件、设备和商品混凝土进行检测的

R. 未对涉及结构安全的试块、试件以及有关材料取样检测的**【2023年考过】**

S. 工程竣工验收后，不向建设单位出具质量保修书的

T. 质量保修的内容、期限违反规定的

U. 不履行保修义务或者拖延履行保修义务的**【2011年考过】**

V. 对建筑安全事故隐患不采取措施予以消除的**【2015年、2023年考过】**

W. 未在施工起重机械和整体提升脚手架、模板等自升式架设设施验收合格后登记的**【2013年考过】**

X. 在尚未竣工的建筑物内设置员工集体宿舍的**【2013年、2023年考过】**

Y. 未对因建设工程施工可能造成损害的毗邻建筑物、构筑物和地下管线等采取专项防护措施的**【2013年考过】**

Z. 使用验收不合格的施工起重机械和整体提升脚手架、模板等自升式架设设施的**【2013年、2018年考过】**

【答案】A、B、C、D、E、F、G

重点难点专项突破

1. 本考点还可以考核的题目有：

（1）下列行为中，属于建设工程施工企业承揽业务不良行为的是（H、I、J、K、L、M）。**【2019年真题题干】**

（2）根据《全国建筑市场各方主体不良行为记录认定标准》，施工单位工程质量不良行为认定标准包括（N、O、P、Q、R、S、T、U）。

（3）根据《全国建筑市场各方主体不良行为记录认定标准》，下列施工企业的行为中，属于工程安全不良行为认定标准的是（V、W、X、Y、Z）。**【2018年真题题干】**

（4）选项V～Z是工程安全不良行为认定标准中的常考项目，由于篇幅所限，其他内容这里就不再讲述了，考生可自行参照考试用书学习。

2. 施工单位的不良行为记录认定标准共分为五大类，在考核某一不良行为记录认定标准时通常会将其他标准作为干扰项。

3. 本考点的记忆难度较大，下面为考生提供一个记忆方法。

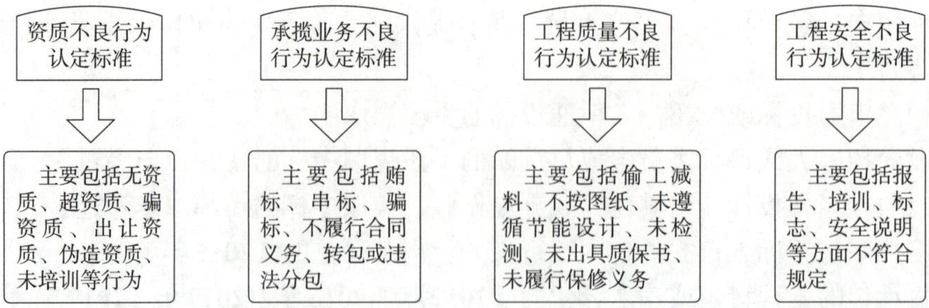

总结

通过上图可以看出资质不良行为认定标准大多是关于资质方面的，工程质量不良行为认定标准大多是工程质量方面的，因此建议考生在记忆的时候按照内容分类记忆。

4. 关于恶意拖欠或克扣劳动者工资的理解，还要掌握如下采分点：

用人单位拖欠农民工工资，具有下列情形之一，经人力资源社会保障行政部门依法责令限期支付工资，逾期未支付的，人力资源社会保障行政部门应当作出列入决定，将该用人单位及其法定代表人或者主要负责人、直接负责的主管人员和其他直接责任人员列入失信联合惩戒名单：

（1）克扣、无故拖欠农民工工资达到认定拒不支付劳动报酬罪数额标准的；

（2）因拖欠农民工工资违法行为引发群体性事件、极端事件造成严重不良社会影响的。

2.5 营商环境制度

专项突破1 《优化营商环境条例》的相关规定

例题：制定《优化营商环境条例》的总体原则是（　　）。

A. 转变政府职能

B. 坚持市场化、法治化、国际化原则

C. 建立营商环境评价制度

D. 保证各类市场主体自主经营权，平等参与竞争

E. 保护市场主体及其经营者的财产权和其他合法权益

F. 保护企业经营者人身和财产安全

G. 深化商事制度改革

H. 放宽市场准入，营造公平竞争环境

I. 严格规范各类收费行为

J. 加强市场主体及政府信用体系建设

K. 推进政务服务标准化

L. 提高政务服务效率

M. 严格控制并逐步精简行政许可

N. 优化投资及工程建设项目审批程序

O. 优化产权登记及权利担保流程

P. 政府监管事权、监管规则和监管标准应公开透明

Q. 构建以信用为基础的新型监管机制

R. 推行“双随机、一公开”监管

S. 政府及其有关部门应当按照鼓励创新的原则

【答案】 A、B、C

重点难点专项突破

1. 本考点还可以考核的题目有：

(1) 根据《优化营商环境条例》的规定，加强市场主体保护的主要措施是(D、E、F)。

(2) 根据《优化营商环境条例》的规定，净化市场环境的主要措施是(G、H、I、J)。

(3) 根据《优化营商环境条例》的规定，优化政务服务的主要措施是(K、L、M、N、O)。

(4) 根据《优化营商环境条例》的规定，规范监管执法的主要措施是(P、Q、R、S)。

2. 还需要我们掌握以下知识点：

(1) 国家推进"证照分离"改革，持续精简涉企经营许可事项，依法采取直接取消审批、审批改为备案、实行告知承诺、优化审批服务等方式，对所有涉企经营许可事项进行分类管理。

(2) 实行全国统一的市场准入负面清单制度。

(3) 政府及其有关部门办理政务服务事项，应当根据实际情况，推行当场办结、一次办结、限时办结等制度，实现集中办理、就近办理、网上办理、异地可办。

(4) 除依法需要保密外，制定与市场主体生产经营活动密切相关的行政法规、规章、行政规范性文件，应当通过报纸、网络等向社会公开征求意见，并建立健全意见采纳情况反馈机制。向社会公开征求意见的期限一般不少于30日。

3. 学习一下2023年真题：

根据《优化营商环境条例》，关于工程建设项目审批事项行政许可的说法，正确的是(　　)。**【2023年真题】**

A. 通过事中事后监管能够解决的事项，一律不得设立行政许可

B. 可以以年检、年报的形式设定或者实施行政许可

C. 对相关管理事项尚未制定法律、行政法规的，地方不得就该事项设定行政许可

D. 已经取消的行政许可，可以转由行业协会组织实施

【答案】A

专项突破2　中小企业款项支付保障

项目	内容
付款期限	机关、事业单位从中小企业采购货物、工程、服务，应当自货物、工程、服务交付之日起30日内支付款项；合同另有约定的，付款期限最长不得超过60日**【2024年考过】**
检验验收要求	机关、事业单位和大型企业与中小企业约定以货物、工程、服务交付后经检验或者验收合格作为支付中小企业款项条件的，付款期限应当自检验或者验收合格之日起算
禁止变相拖欠	不得强制中小企业接受商业汇票等非现金支付方式，不得利用商业汇票等非现金支付方式变相延长付款期限；不得以法定代表人或者主要负责人变更，履行内部付款流程，或者在合同未作约定的情况下以等待竣工验收批复、决算审计等为由，拒绝或者迟延支付中小企业款项
规范保证金收取和结算	除依法设立的投标保证金、履约保证金、工程质量保证金、农民工工资保证金外，工程建设中不得收取其他保证金，不得将保证金限定为现金

续表

项目	内容
明确迟延支付责任	机关、事业单位和大型企业迟延支付中小企业款项的，应当按照合同约定和本条例规定的利率标准支付逾期利息

重点难点专项突破

《保障中小企业款项支付条例》所称中小企业，是指在中华人民共和国境内依法设立，依据国务院批准的中小企业划分标准确定的中型企业、小型企业和微型企业。

我们看一下历年真题：

根据《保障中小企业款项支付条例》，机关、事业单位从中小企业采购货物、工程、服务，应当自（　　）之日起30日内支付款项。**【2024年真题】**

A. 货物、工程、服务交付　　B. 采购合同生效

C. 保修期满　　D. 双方确认结算金额

【答案】A

第3章　建设工程许可法律制度

3.1　建设工程规划许可

专项突破1　规划许可证的申请

<table>
<tr><th>项目</th><th>内容</th></tr>
<tr><td>应当提交的材料</td><td>应当提交使用土地的有关证明文件、建设工程设计方案等材料。需要建设单位编制修建性详细规划的建设项目，还应当提交修建性详细规划</td></tr>
<tr><td rowspan="3">核发建设工程规划许可证</td><td>城市规划区内，对符合控制性详细规划和规划条件的，由城市、县人民政府城乡规划主管部门或者省、自治区、直辖市人民政府确定的镇人民政府核发建设工程规划许可证</td></tr>
<tr><td>在乡、村庄规划区内进行乡镇企业、乡村公共设施和公益事业建设的，建设单位或者个人应当向乡、镇人民政府提出申请，由乡、镇人民政府报城市、县人民政府城乡规划主管部门核发乡村建设规划许可证【2024年考过】</td></tr>
<tr><td>在城市、镇规划区内进行临时建设的，应当经城市、县人民政府城乡规划主管部门批准</td></tr>
</table>

重点难点专项突破

1. 我们看一下2024年是如何考核的：

关于乡村建设规划许可证的说法，正确的是（　　）。**【2024年真题】**

A. 在村庄规划区内进行公益事业建设，申请乡村建设规划许可证的可以是个人

B. 在村庄规划区内进行乡镇企业建设，不必申请乡村建设规划许可证

C. 在乡规划区内使用原有宅基地进行农村村民住宅建设的，统一由城市、县人民政府核发乡村建设规划许可证

D. 在乡规划区内占用农用地进行乡村公共设施建设，直接核发乡村建设规划许可证

【答案】C

2. 本考点还需要掌握以下命题点：

（1）城乡规划主管部门不得在城乡规划确定的建设用地范围以外作出规划许可。

（2）建设单位或者个人在取得乡村建设规划许可证后，方可办理用地审批手续。

（3）临时建设影响近期建设规划或者控制性详细规划的实施以及交通、市容、安全等的，不得批准。临时建设应当在批准的使用期限内自行拆除。

专项突破2　规划变更、验收、补偿和监督检查

项目	内容
变更	建设单位应当按照规划条件进行建设；确需变更的，必须向城市、县人民政府城乡规划主管部门提出申请。变更内容不符合控制性详细规划的，城乡规划主管部门不得批准**【2024年考过】**
验收	县级以上地方人民政府城乡规划主管部门按照国务院规定对建设工程是否符合规划条件予以核实。未经核实或者经核实不符合规划条件的，建设单位不得组织竣工验收**【2024年考过】**
补偿	在选址意见书、建设用地规划许可证、建设工程规划许可证或者乡村建设规划许可证发放后，因依法修改城乡规划给被许可人合法权益造成损失的，应当依法给予补偿
监督检查	县级以上人民政府及其城乡规划主管部门应当加强对城乡规划编制、审批、实施、修改的监督检查。 地方各级人民政府应当向本级人民代表大会常务委员会或者乡、镇人民代表大会报告城乡规划的实施情况，并接受监督

重点难点专项突破

1. 我们看一下2024年是如何考核的：

根据《城乡规划法》，关于规划条件的说法，正确的有（　　）。**【2024年真题】**

A. 变更规划条件必须向城市、县人民政府城乡规划主管部门提出申请

B. 规划条件的变更内容不符合控制性详细规划的，城乡规划主管部门不得批准

C. 县级以上地方人民政府城乡规划主管部门对建设工程是否符合规划条件予以核实

D. 经城乡规划主管部门核实不符合规划条件的，建设单位不得组织竣工验收

E. 建设单位应当参照规划条件进行建设

【答案】A、B、C、D

2. 本考点还需要掌握的命题点：

（1）建设单位应当及时将依法变更后的规划条件报有关人民政府土地主管部门备案。

（2）建设单位应当在竣工验收后6个月内向城乡规划主管部门报送有关竣工验收资料。

（3）经依法审定的修建性详细规划、建设工程设计方案的总平面图不得随意修改；确需修改的，城乡规划主管部门应当采取听证会等形式，听取利害关系人的意见；因修改给利害关系人合法权益造成损失的，应当依法给予补偿。

3.2　建设工程施工许可

专项突破1　开工报告的适用范围

项目	内容
国家审批的大中型项目（1981年）	一切新建的大中型项目，必须正式列入国家年度计划，并由国家建委批准开工报告后，才能正式开工

续表

项目	内容
地方审批的大中型项目、大型技改项目（1984年）	凡新建的基本建设大中型项目、大型技改项目的初步设计、开工报告和在建项目的“五定”、调整概算等业务，不再由国家计划委员会审批；按隶属关系，由各部门、各省、自治区、直辖市负责审批，报国家计划委员会备案
大中型和限额以上项目（1988年）	国家计划委员会还要审批大中型和限额以上项目的开工报告和中央投资的大中型和限额以上项目的设计任务书（可行性研究报告）
重大政府投资项目（2002年）	国务院规定应当审批开工报告的重大政府投资项目，按照规定办理开工报告审批手续后方可开工建设

重点难点专项突破

作为文物保护的纪念建筑物和古建筑等的修缮、军用房屋建筑工程建筑活动虽然无需办理施工许可证和开工报告，但仍须按规定办理有关审批手续。

专项突破2　施工许可证的适用范围

例题：不需要办理施工许可证的建筑工程有（　　）。

A．工程投资额在30万元以下的建筑工程**【2020年考过】**

B．建筑面积在300平方米以下的建筑工程**【2012年考过】**

C．抢险救灾工程**【2012年、2019年考过】**

D．临时性房屋建筑工程**【2019年、2020年考过】**

E．农民自建低层住宅工程**【2020年考过】**

F．按照国务院规定的权限和程序批准开工报告的建筑工程**【2012年、2019年考过】**

G．城镇市政基础设施工程

【答案】A、B、C、D、E、F

重点难点专项突破

1. 本考点还可以考核的题目有：

根据《建筑法》及相关法规，建设单位应当办理施工许可证的工程是（G）。

2. 选项A、B均属于限额以下的小型工程，牢记“30万元以下”以及“300平方米以下”。

3.《建筑法》规定，国务院建设行政主管部门确定的限额以下的小型工程，可以不申请办理施工许可证。

提问：“限额”是固定不变的吗？

答：省、自治区、直辖市人民政府住房城乡建设主管部门可以根据当地的实际情况，对限额进行调整，并报国务院住房城乡建设主管部门备案。

专项突破3　施工许可证的申请主体和申请条件

序号	申请条件
1	依法应当办理用地批准手续的，已经办理该建筑工程用地批准手续【**2011年、2014年、2023年考过**】
2	依法应当办理建设工程规划许可证的，已经取得建设工程规划许可证【**2010年、2011年、2014年、2022年考过**】
3	施工场地已经基本具备施工条件，需要征收房屋的，其进度符合施工要求【**2023年考过**】
4	已经确定施工企业【**2011年、2013年、2019年、2022年、2023年考过**】
5	有满足施工需要的资金安排、施工图纸及技术资料，建设单位应当提供建设资金已经落实承诺书，施工图设计文件已按规定审查合格【**2013年、2022年、2024年考过**】
6	有保证工程质量和安全的具体措施【**2017年、2022年、2023年考过**】

重点难点专项突破

1. 首先我们学习一下2023年的真题：

申请领取施工许可证，应当具备的条件有（　　）。【**2023年真题**】

A. 已经办理该建筑工程用地批准手续

B. 需要征收房屋的，其进度符合施工要求

C. 已经确定建筑施工企业

D. 已经委托监理

E. 有保证工程质量和安全的具体措施

【答案】A、B、C、E

2. 关于“有保证工程质量和安全的具体措施”的知识点拓展：

“保证工程质量和安全的具体措施”包括：施工企业编制的施工组织设计中有根据建筑工程特点制定的相应质量、安全技术措施；建立工程质量安全责任制并落实到人；专业性较强的工程项目编制了专项质量、安全施工组织设计，并按照规定办理了工程质量、安全监督手续。【**2020年考过**】

3. 本考点的另外一个采分点是——施工许可证什么时间进行申领？由谁申领？

《建筑法》规定，建筑工程开工前，建设单位应当按照国家有关规定向工程所在地县级以上人民政府建设行政主管部门申请领取施工许可证。【**2009年考过**】

4. 已经确定施工企业的要求是：在建设工程开工前，建设单位必须依法通过招标或直接发包的方式确定承包该建设工程的施工企业，并签订建设工程承包合同，明确双方的责任、权利和义务。【**2022年考过**】

5. 本考点可能会这样命题：

（1）在申请领取施工许可证应当具备的条件中，关于施工图纸及技术资料的说法，正确的是（　　）。

A. 有施工方案设计即可

B. 有经审合格的施工图设计文件

C. 有初步设计图纸并通过初步设计审查

D. 有注册执业人员签章的施工图

【答案】B

（2）在城市规划区内以划拨方式提供国有土地使用权的建设工程，建设单位在办理用地批准手续前，必须先取得该工程的（　　）。

A. 施工许可证　　B. 建设工程规划许可证

C. 质量安全报建手续　　D. 建设用地规划许可证

【答案】D

专项突破4　延期开工、核验和重新办理批准手续的规定

例题：建设工程应当自领取施工许可证之日起（　　）个月内开工。

A. 1　　B. 3

C. 6　　D. 12

【答案】B

重点难点专项突破

1. 本考点还可以考核的题目有：

（1）《建筑法》规定，建设单位因故不能按期开工的，应当向发证机关申请延期；延期以两次为限，每次不超过（B）个月。

提问：建设单位领取施工许可证后，既不开工又不申请延期或者超过延期时限的，将会产生什么后果呢？

答：施工许可证自行废止。【2016年、2018年、2021年考过】

（2）根据《建筑法》，在建工程因故中止施工的，建设单位应当自中止施工之日起（A）个月内，向施工许可证颁发机关报告，并按照规定做好建筑工程的维护管理工作。【2013年、2022年考过】

提问：建筑工程恢复施工时，应当怎么做呢？

答：建筑工程恢复施工时，应当向发证机关报告。

（3）《建筑法》规定，中止施工满（A）年的工程恢复施工前，建设单位应当报发证机关核验施工许可证。【2024年考过】

（4）《建筑法》规定，按照国务院有关规定批准开工报告的建筑工程，因故不能按期开工或者中止施工的，应当及时向批准机关报告情况。因故不能按期开工超过（C）个月的，应当重新办理开工报告的批准手续。

2. 在恢复施工时，经核验符合条件的，应允许恢复施工，施工许可证继续有效；经核验不符合条件的，应当收回其施工许可证，不允许恢复施工，由建设单位重新申领施工许可证。

3. 选项D为考试时可能会出现的干扰选项。

4. 施工许可证申请延期、核验以及重新办理的规定，通过图解更容易理解。

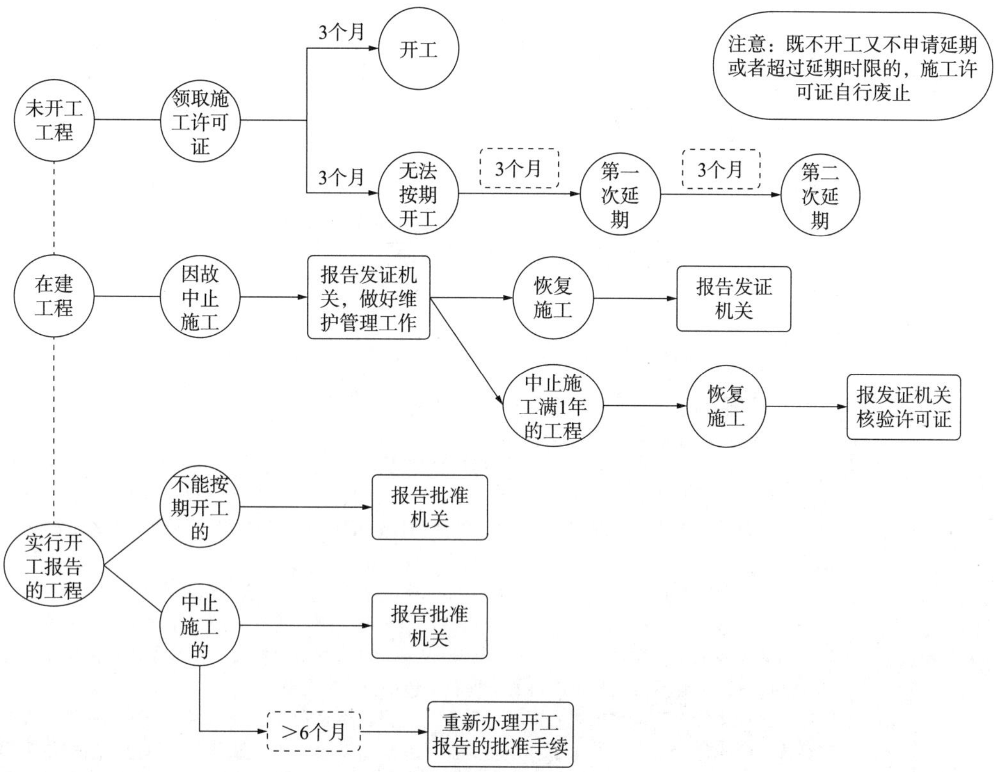

第4章 建设工程发承包法律制度

4.1 建设工程发承包的一般规定

专项突破1 建设工程总承包的规定

项目	内容
工程总承包项目的发包和承包	工程总承包单位应当同时具有与工程规模相适应的工程设计资质和施工资质，或者由具有相应资质的设计单位和施工单位组成联合体。工程总承包单位应当具有相应的项目管理体系和项目管理能力、财务和风险承担能力，以及与发包工程相类似的设计、施工或者工程总承包业绩。 联合体各方应当共同与建设单位签订工程总承包合同，就工程总承包项目承担连带责任。 工程总承包单位不得是工程总承包项目的代建单位、项目管理单位、监理单位、造价咨询单位、招标代理单位。政府投资项目的项目建议书、可行性研究报告、初步设计文件编制单位及其评估单位，一般不得成为该项目的工程总承包单位。 鼓励设计单位申请取得施工资质，已取得工程设计综合资质、行业甲级资质、建筑工程专业甲级资质的单位，可以直接申请相应类别施工总承包一级资质。鼓励施工单位申请取得工程设计资质，具有一级及以上施工总承包资质的单位可以直接申请相应类别的工程设计甲级资质。完成的相应规模工程总承包业绩可以作为设计、施工业绩申报
违法发包的具体情形	（1）建设单位将工程发包给个人的；（2）建设单位将工程发包给不具有相应资质的单位的；（3）依法应当招标未招标或未按照法定招标程序发包的；（4）建设单位设置不合理的招标投标条件，限制、排斥潜在投标人或者投标人的；（5）建设单位将一个单位工程的施工分解成若干部分发包给不同的施工总承包或专业承包单位的
建设单位承担的风险	（1）主要工程材料、设备、人工价格与招标时基期价相比，波动幅度超过合同约定幅度的部分；（2）因国家法律法规政策变化引起的合同价格的变化；（3）不可预见的地质条件造成的工程费用和工期的变化；（4）因建设单位原因产生的工程费用和工期的变化；（5）不可抗力造成的工程费用和工期的变化
质量责任	工程总承包单位应当对其承包的全部建设工程质量负责，分包单位对其分包工程的质量负责，分包不免除工程总承包单位对其承包的全部建设工程所负的质量责任
安全责任	工程总承包单位对承包范围内工程的安全生产负总责。分包单位应当服从工程总承包单位的安全生产管理，分包单位不服从管理导致生产安全事故的，由分包单位承担主要责任，分包不免除工程总承包单位的安全责任

重点难点专项突破

1. 本考点的考核形式举例如下：

（1）已经取得下列资质的设计单位，可以直接申请相应类别施工总承包一级资质的有（　　）。

A. 工程设计综合资质 B. 行业乙级资质

C. 行业甲级资质 D. 建筑工程专业乙级资质

E. 建筑工程专业甲级资质

【答案】A、C、E

（2）关于工程总承包单位责任的说法，正确的有（ ）。

A. 工程总承包单位对其承包的全部建设工程质量负责

B. 工程总承包单位有权以其与分包单位之间的保修责任划分拒绝履行保修责任

C. 工程总承包单位对承包范围内工程的安全生产负总责

D. 工程总承包单位应当依据合同对工期全面负责

E. 分包单位不服从总包单位安全生产管理导致生产安全事故的，免除总承包单位的安全责任

【答案】A、C、D

2. 我们看一下以下几个采分点：

（1）建设单位不得迫使工程总承包单位以低于成本的价格竞标，不得明示或者暗示工程总承包单位违反工程建设强制性标准、降低建设工程质量，不得明示或者暗示工程总承包单位使用不合格的建筑材料、建筑构配件和设备。

（2）工程总承包单位、工程总承包项目经理依法承担质量终身责任。

（3）工程总承包项目经理不得同时在两个或者两个以上工程项目担任工程总承包项目经理、施工项目负责人。

（4）建设单位不得对工程总承包单位提出不符合建设工程安全生产法律、法规和强制性标准规定的要求，不得明示或者暗示工程总承包单位购买、租赁、使用不符合安全施工要求的安全防护用具、机械设备、施工机具及配件、消防设施和器材。

专项突破2 建设工程共同承包

- 共同承包
  - 定义 → 系由两个或两个以上承包单位临时组成联合体，以同一承包人身份共同承揽项目的行为
  - 适用范围 → 大型建筑工程或者结构复杂的建筑工程，可以由两个以上的承包单位联合共同承包
  - 资质 → 两个以上不同资质等级的单位实行联合共同承包的，应当按照资质等级低的单位的业务许可范围承揽工程
  - 责任 → 共同承担连带责任【2014年、2015年考过】

重点难点专项突破

1. 共同承包的采分点包括适用工程范围、资质等级的确定、责任承担。

2. 本考点可能会这样命题：

关于建设工程联合共同承包的说法，正确的有（　　）。

A. 对于中小型或者结构不复杂的工程，无须采用联合共同承包方式

B. 两个以上不同资质等级的单位实行联合共同承包的，可以按照资质等级高的单位的业务许可范围承揽工程

C. 两个以上具备承包资格的单位共同组成的联合体不具有法人资格

D. 联合共同承包的各方应当与建设单位分别订立合同

E. 联合共同承包的各方对承包合同的履行承担连带责任

【答案】A、C、E

专项突破3　违法分包、转包和挂靠行为

例题：根据《建筑工程施工发包与承包违法行为认定查处管理办法》，违法分包的情形包括（　　）。**【2024年考过】**

A. 单位将其承包的工程分包给个人的

B. 施工总承包单位或专业承包单位将工程分包给不具备相应资质单位的

C. 施工总承包单位将施工总承包合同范围内工程主体结构的施工分包给其他单位的，钢结构工程除外

D. 专业分包单位将其承包的专业工程中非劳务作业部分再分包的

E. 承包单位将其承包的全部工程转给其他单位或个人施工的**【2022年考过】**

F. 承包单位将其承包的全部工程肢解以后，以分包的名义分别转给其他单位或个人施工的

G. 施工总承包单位或专业承包单位未派驻项目负责人、技术负责人、质量管理负责人、安全管理负责人等主要管理人员的

H. 施工总承包单位或专业承包单位派驻的项目负责人、技术负责人、质量管理负责人、安全管理负责人中一人及以上与施工单位没有订立劳动合同且没有建立劳动工资和社会养老保险关系的

I. 施工总承包单位或专业承包单位派驻的项目负责人未对该工程的施工活动进行组织管理，又不能进行合理解释并提供相应证明的

J. 合同约定由承包单位负责采购的主要建筑材料、构配件及工程设备或租赁的施工机械设备，由其他单位或个人采购、租赁的

K. 合同约定由承包单位负责采购的主要建筑材料、构配件及工程设备或租赁的施工机械设备，施工单位不能提供有关采购、租赁合同及发票等证明，又不能进行合理解释并提供相应证明的

L. 专业作业承包人承包的范围是承包单位承包的全部工程，专业作业承包人计取的是除上缴给承包单位"管理费"之外的全部工程价款的

M. 承包单位通过采取合作、联营、个人承包等形式或名义，直接或变相将其承包的全部工程转给其他单位或个人施工的

N. 专业工程的发包单位不是该工程的施工总承包或专业承包单位的，但建设单位依约作为发包单位的除外

O. 专业作业的发包单位不是该工程承包单位的

P. 施工合同主体之间没有工程款收付关系的

Q. 承包单位收到款项后又将款项转拨给其他单位和个人，又不能进行合理解释并提供材料证明的

R. 没有资质的单位或个人借用其他施工单位的资质承揽工程的**【2022年考过】**

S. 有资质的施工单位相互借用资质承揽工程的**【2022年考过】**

T. 专业作业承包人将其承包的劳务再分包的

U. 专业作业承包人除计取劳务作业费用外，还计取主要建筑材料款和大中型施工机械设备、主要周转材料费用的**【2024年考过】**

【答案】A、B、C、D、T、U

重点难点专项突破

1. 本考点还可以考核的题目有：

（1）《建筑工程施工发包与承包违法行为认定查处管理办法》规定，除有证据证明属于挂靠或者其他违法行为的除外，应当被认定为转包的情形有（E、F、G、H、I、J、K、L、M、N、O、P、Q）。

（2）《建筑工程施工发包与承包违法行为认定查处管理办法》规定，应当被认定为挂靠的行为有（R、S）。

注意：如果选项G~Q有证据证明属于挂靠的，也应当被认定为挂靠行为。

2. 选项E涉及的情形包括母公司承接建筑工程后将所承接工程交由具有独立法人资格的子公司施工的情形。

3. 本考点记忆难度较大，需要考生多花些时间。

4. 转包、违法分包和挂靠行为可通过下图理解记忆。

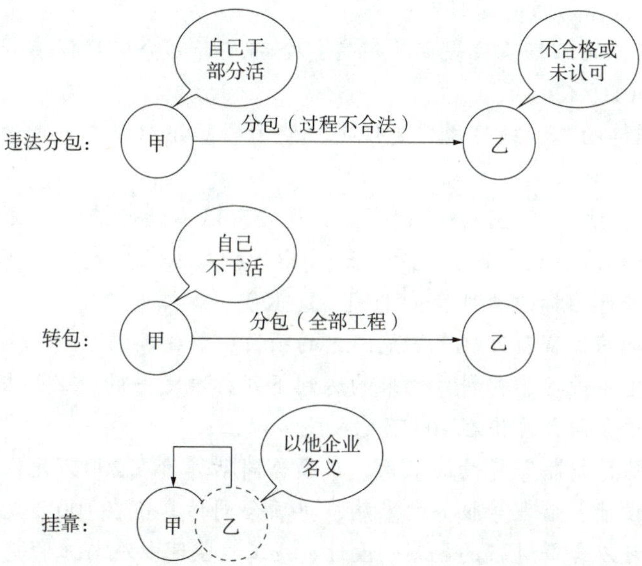

4.2　建设工程招标投标制度

专项突破1　建设工程法定招标的范围

例题：根据《招标投标法》及《必须招标的工程项目规定》，下列项目属于必须进行招标的有（　　）。

A．大型基础设施、公用事业等关系社会公共利益、公众安全的项目**【2022年考过】**

B．使用财政预算资金200万元人民币以上，且该资金占投资额10%以上的项目

C．使用国有企业事业单位资金，并且该资金占控股或者主导地位的项目**【2022年考过】**

D．使用世界银行、亚洲开发银行等国际组织贷款、援助资金的项目**【2022年考过】**

E．使用外国政府及其机构贷款、援助资金的项目

F．涉及国家安全、国家秘密的项目

G．涉及抢险救灾或者属于利用扶贫资金实行以工代赈、需要使用农民工等特殊情况的项目**【2015年考过】**

H．需要采用不可替代的专利或者专有技术的项目

I．采购人依法能够自行建设、生产或者提供的项目

J．已通过招标方式选定的特许经营项目投资人依法能够自行建设、生产或者提供的项目

K．需要向原中标人采购工程、货物或者服务，否则将影响施工或者功能配套要求的项目

【答案】A、B、C、D、E

重点难点专项突破

1. 本考点还可以考核的题目有：

（1）《必须招标的工程项目规定》规定，全部或者部分使用国有资金投资或者国家融资的项目包括（B、C）。

（2）《必须招标的工程项目规定》规定，使用国际组织或者外国政府贷款、援助资金的项目包括（D、E）。

（3）《招标投标法》规定，按照国家有关规定可以不进行招标的项目有（F、G）。

（4）《招标投标法实施条例》规定，除《招标投标法》规定可以不进行招标的特殊情况外，可以不进行招标的项目有（H、I、J、K）。

2.《必须招标的工程项目规定》范围内的项目，其勘察、设计、施工、监理以及与工程建设有关的重要设备、材料等的采购达到下列标准之一的，必须招标：

（1）施工单项合同估算价在400万元人民币以上；

（2）重要设备、材料等货物的采购，单项合同估算价在200万元人民币以上；

（3）勘察、设计、监理等服务的采购，单项合同估算价在100万元人民币以上。

同一项目中可以合并进行的勘察、设计、施工、监理以及与工程建设有关的重要设

备、材料等的采购，合同估算价合计达到以上规定标准的，必须招标。

助记口诀

施工400、货采200、服采100（三个数字的关系是：一半又一半）。

专项突破2　建设工程招标方式

项目		内容
公开招标		以招标公告的方式邀请不特定的法人或者其他组织投标**【2024年考过】**
邀请招标	方式	以投标邀请书的方式邀请特定的法人或者其他组织投标**【2022年、2024年考过】**
	不适宜公开招标	国务院发展计划部门确定的国家重点项目和省、自治区、直辖市人民政府确定的地方重点项目不适宜公开招标的，经国务院发展计划部门或者省、自治区、直辖市人民政府批准，可以进行邀请招标**【2022年、2024年考过】**
	特殊情形	国有资金占控股或者主导地位的依法必须进行招标的项目，应当公开招标；但有下列情形之一的，可以邀请招标： （1）技术复杂、有特殊要求或者受自然环境限制，只有少量潜在投标人可供选择；**【2020年、2023年考过】** （2）采用公开招标方式的费用占项目合同金额的比例过大**【2020年考过】**

重点难点专项突破

1.《招标投标法》规定，招标分为公开招标和邀请招标。

2. 公开招标和邀请招标的不同在于：邀请的对象是否特定。

3. 数量要求：招标人采用邀请招标方式的，应当向3个以上具备承担招标项目的能力、资信良好的特定的法人或者其他组织发出投标邀请书。**【2024年考过】**

4. 关于两阶段招标要掌握如下要点：

（1）对技术复杂或者无法精确拟定技术规格的项目，招标人可以分两阶段进行招标。

（2）第一阶段，投标人按照招标公告或者投标邀请书的要求提交不带报价的技术建议，招标人根据投标人提交的技术建议确定技术标准和要求，编制招标文件。

（3）第二阶段，招标人向在第一阶段提交技术建议的投标人提供招标文件，投标人按照招标文件的要求提交包括最终技术方案和投标报价的投标文件。

5. 2024年是这样考核的：

关于招标方式的说法，正确的是（　　）。**【2024年真题】**

A. 邀请招标必须向5个以上潜在投标人发出邀请

B. 公开招标是招标人以招标公告的方式邀请不特定的法人或者其他组织投标

C. 邀请招标是招标人以投标邀请书的方式邀请不特定的法人或者其他组织投标

D. 省、自治区、直辖市人民政府确定的地方重点项目，均可以进行邀请招标

【答案】B

专项突破3　对资格预审文件编制、发售、澄清和修改的要求

项目	内容
编制	招标人采用资格预审办法对潜在投标人进行资格审查的，应当发布资格预审公告、编制资格预审文件
发售	招标人应当按照资格预审公告规定的时间、地点发售资格预审文件。发售期不得少于5日
澄清或者修改	招标人可以对已发出的资格预审文件进行必要的澄清或者修改。澄清或者修改的内容可能影响资格预审申请文件编制的，招标人应当在提交资格预审申请文件截止时间至少3日前，以书面形式通知所有获取资格预审文件的潜在投标人；不足3日或者15日的，招标人应当顺延提交资格预审申请文件的截止时间
提交资格预审申请文件	招标人应当合理确定提交资格预审申请文件的时间。依法必须进行招标的项目提交资格预审申请文件的时间，自资格预审文件停止发售之日起不得少于5日
预审结果通知	资格预审结束后，招标人应当及时向资格预审申请人发出资格预审结果通知书。未通过资格预审的申请人不具有投标资格
重新招标的情形	通过资格预审的申请人少于3个的，应当重新招标

重点难点专项突破

1. 表中的每一句话都很重要。
2. 要注意时间的表述。

专项突破4　招标文件的编制、澄清或者修改

例题：依法必须进行招标的项目，自招标文件开始发出之日起至投标人提交投标文件截止之日止，最短不得少于（　　）日。**【2020年真题】**

A. 15　　B. 20**【2020年考过】**

C. 3　　D. 10

【答案】B

重点难点专项突破

1. 本考点还可以考核的题目有：

（1）《招标投标法》规定，招标人对已发出的招标文件进行必要的澄清或者修改的，应当在招标文件要求提交投标文件截止时间至少（A）日前，以书面形式通知所有招标文件收受人。

> 注意：澄清或者修改的内容为招标文件的组成部分。

（2）《招标投标法实施条例》规定，招标人可以对已发出的资格预审文件或者招标文件进行必要的澄清或者修改。澄清或者修改的内容可能影响资格预审申请文件或者投标文件编制的，招标人应当在提交资格预审申请文件截止时间至少（C）日前，以书面形式通知所有获取资格预审文件或者招标文件的潜在投标人。

（3）《招标投标法实施条例》规定，招标人可以对已发出的资格预审文件或者招标文件进行必要的澄清或者修改。澄清或者修改的内容可能影响资格预审申请文件或者投标文件编制的，招标人应当在投标截止时间至少（A）日前，以书面形式通知所有获取资格预审文件或者招标文件的潜在投标人。

（4）《招标投标法实施条例》规定，潜在投标人或者其他利害关系人对招标文件有异议的，应当在投标截止时间（D）日前提出。

注意：招标人应当自收到异议之日起3日内作出答复；作出答复前，应当暂停招标投标活动。**【2021年考过】**

2. 招标文件不得要求或者标明特定的生产供应者以及含有倾向或者排斥潜在投标人的其他内容。

3.《招标投标实施条例》规定，招标人应当在招标文件中载明投标有效期。投标有效期从提交投标文件的截止之日起算。**【2012年、2016年考过】**

专项突破5　投标人

- 投标人
  - 性质 → 投标人是响应招标、参加投标竞争的法人或者其他组织
  - 条件要求 → 投标人应当具备承担招标项目的能力（国家有关规定对投标人资格条件或者招标文件对投标人资格条件有规定的，投标人应当具备规定的条件）
  - 投标活动 → 投标人参加依法必须进行招标的项目的投标，不受地区或者部门的限制，任何单位和个人不得非法干涉。单位负责人为同一人或者存在控股、管理关系的不同单位，不得参加同一标段投标或者未划分标段的同一招标项目投标**【2021年考过】**

重点难点专项突破

1. 关于投标人通常会采用说法正确与否的方式进行考查。

2. 本考点可能会这样命题：

关于投标人的说法，正确的有（　　）。

A. 投标人发生合并、分立、破产等重大变化的，其投标无效

B. 投标人参加依法必须进行招标的项目投标，不受地区或部门限制

C. 存在控股关系的不同单位不得参加同一招标项目的投标

D. 单位负责人为同一人的不同单位参加同一标段投标的，相关投标无效

E. 两个以上法人或者其他组织可以组成一个联合体投标

【答案】B、C、D、E

专项突破6　投标文件的提交、修改、撤回与签收

例题：《招标投标法》规定，在招标文件要求提交投标文件的截止时间后送达的投标文件，招标人应当（　　）。**【2021年考过】**

A．拒收　　　　　　　　　　　　　　　B．重新招标

C．推迟开标　　　　　　　　　　　　　D．存档备查

【答案】A

重点难点专项突破

1. 本考点还可以考核的题目有：

（1）《招标投标法》规定，投标人少于3个的，招标人应当依法（B）。

（2）《招标投标法实施条例》规定，未通过资格预审的申请人提交的投标文件，招标人应当（A）。

（3）《招标投标法实施条例》规定，不按照招标文件要求密封的投标文件，招标人应当（A）。

2. 选项C、D为考试时可能会出现的干扰项。

3. 本考点还需要掌握的采分点有：

（1）《招标投标法》规定，投标人应当按照招标文件的要求编制投标文件。投标文件应当对招标文件提出的实质性要求和条件作出响应。**【2021年考过】**

（2）《招标投标法》规定，投标人在招标文件要求提交投标文件的截止时间前，可以补充、修改或者撤回已提交的投标文件，并书面通知招标人。补充、修改的内容为投标文件的组成部分。**【2013年、2021年考过】**

看到这里考生应联想到前面已经提过的招标人对已发出的招标文件进行澄清或修改的时限要求是什么？这两者要注意区分。

（3）《招标投标法》规定，投标人应当在招标文件要求提交投标文件的截止时间前，将投标文件送达投标地点。招标人收到投标文件后，应当签收保存，不得开启。

（4）《招标投标法实施条例》规定，投标人撤回已提交的投标文件，应当在投标截止时间前书面通知招标人。

专项突破7　投标保证金

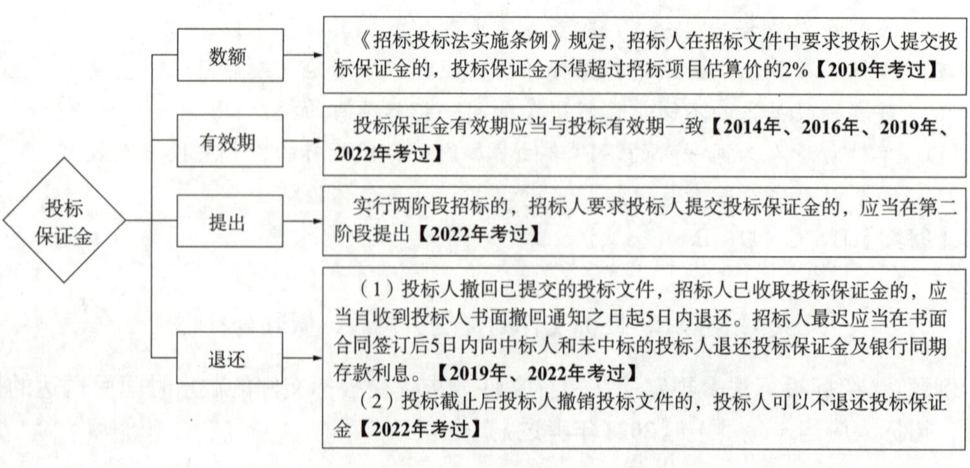

重点难点专项突破

1. 注意：关于投标保证金，《工程建设项目施工招标投标办法》除了2%的规定外，还有最高数额的限制。

《工程建设项目施工招标投标办法》规定，投标保证金不得超过项目估算价的2%，但最高不得超过80万元人民币。**【2015年考过】**

关于投标保证金的数额，可能会考查一道简单的计算题，例如：

某工程施工招标项目估算价为5000万元，其投标保证金不得超过（　　）万元。**【2015年真题】**

A. 80　　B. 100

C. 150　　D. 200

【答案】A

2. 牢记：招标人在签订书面合同后除了要退还投标保证金外还需要退还银行同期存款利息。

3. 知识拓展。

投标保证金与履约保证金均是施工常用的担保种类，两者的区别见下表。

序号	项目	投标保证金	履约保证金
1	作用	避免因投标人在投标有效期内随意撤回、撤销投标或中标后不能提交履约保证金和签署合同等行为而给招标人造成损失	保证施工合同的顺利履行，防止承包人在合同执行过程中违反合同规定或违约，并弥补给发包人造成的经济损失
2	具体形式	现金、银行保函、保兑支票、银行汇票、现金支票	由银行或者担保公司向招标人出具履约保函或者保证书
3	数额要求	不超过招标项目估算价的2%	不超过中标合同金额的10%
4	有效期	与投标有效期一致；从提交投标文件的截止之日起算；截止时间根据招标项目的情况由招标文件规定	从提交履约保证金起，到保修期满并颁发保修责任终止证书后15天或14天止

4. 本考点可能会这样命题：

关于投标保证金的说法，正确的有（　　）。

A. 招标人在招标文件中可以要求投标人提交投标保证金

B. 退还投标保证金时，无须退还保证金利息

C. 投标保证金有效期应当与投标有效期一致

D. 投标保证金不得超过招标项目结算价的2%

E. 中标人无正当理由不与招标人订立合同，取消其中标资格，投标保证金不予退还

【答案】A、C、E

专项突破8　联合体投标

项目	内容
适用	一般适用于大型的或结构复杂的建设项目
联合体各方要求	（1）两个以上法人或者其他组织可以组成一个联合体，以一个投标人的身份共同投标。**【2009年、2010年、2021年考过】** （2）联合体各方均应当具备承担招标项目的相应能力。**【2013年考过】** （3）国家有关规定或者招标文件对投标人资格条件有规定的，联合体各方均应当具备规定的相应资格条件
联合体的组成	招标人接受联合体投标并进行资格预审的，联合体应当在提交资格预审申请文件前组成**【2022年考过】**
联合体的资质等级	由同一专业的单位组成的联合体，按照资质等级较低的单位确定资质等级**【2010年、2023年考过】**
投标协议的签订及提交	联合体各方应当签订共同投标协议，明确约定各方拟承担的工作和责任，并将共同投标协议连同投标文件一并提交招标人
联合体的责任承担	联合体中标的，联合体各方应当共同与招标人签订合同，就中标项目向招标人承担连带责任**【2009年、2010年、2012年、2013年、2017年、2022年、2023年考过】**
其他规定	（1）招标人不得强制投标人组成联合体共同投标，不得限制投标人之间的竞争。 （2）招标人应当在资格预审公告、招标公告或者投标邀请书中载明是否接受联合体投标。 （3）资格预审后联合体增减、更换成员的，其投标无效。 （4）联合体各方在同一招标项目中以自己名义单独投标或者参加其他联合体投标的，相关投标均无效**【2023年考过】**

重点难点专项突破

1.“共同与招标人签订合同”以及“承担连带责任”两个关键词，是本考点最为重要的采分点，属于必考内容。

2. 本考点可能会这样命题：

关于联合体投标的说法，正确的有（　　）。

A. 联合体至少一方应当具备承担招标项目的相应能力

B. 联合体投标一般适用于大型的或者结构复杂的建设项目

C. 由同一专业的单位组成的联合体，按照资质等级较高的单位确定资质等级

D. 联合体中标的，联合体各方就中标项目向招标人承担按份责任

E. 联合体中标的，联合体各方应当共同与招标人订立合同

【答案】B、E

专项突破9　禁止串通投标和其他不正当竞争行为的规定

例题：下列行为中，属于投标人串通投标的有（　　）。

A. 投标人之间协商投标报价等投标文件的实质性内容

B. 投标人之间约定中标人

C. 投标人之间约定部分投标人放弃投标或者中标**【2017年考过】**

D. 属于同一集团、协会、商会等组织成员的投标人按照该组织要求协同投标**【2022年考过】**

E. 不同投标人的投标文件由同一单位或者个人编制**【2022年考过】**

F. 不同投标人委托同一单位或者个人办理投标事宜**【2014年考过】**

G. 不同投标人的投标文件载明的项目管理成员为同一人**【2022年考过】**

H. 不同投标人的投标文件异常一致或者投标报价呈规律性差异**【2022年考过】**

I. 不同投标人的投标文件相互混装**【2014年考过】**

J. 不同投标人的投标保证金从同一单位或者个人的账户转出**【2022年考过】**

K. 招标人在开标前开启投标文件并将有关信息泄露给其他投标人**【2021年考过】**

L. 招标人直接或者间接向投标人泄露标底、评标委员会成员等信息**【2021年考过】**

M. 招标人明示或者暗示投标人压低或者抬高投标报价**【2021年考过】**

N. 招标人授意投标人撤换、修改投标文件

O. 招标人明示或者暗示投标人为特定投标人中标提供方便

P. 投标人在账外给予招标人回扣获取中标

Q. 投标人使用伪造、变造的许可证件**【2017年考过】**

R. 投标人提供虚假的财务状况或者业绩**【2017年考过】**

S. 投标人提供虚假的项目负责人或者主要技术人员简历、劳动关系证明

T. 投标人提供虚假的信用状况

U. 招标人就同一招标项目向潜在投标人或者投标人提供有差别的项目信息**【2017年、2019年考过】**

V. 招标人设定的资格、技术、商务条件与招标项目的具体特点和实际需要不相适应或者与合同履行无关

W. 招标人依法必须进行招标的项目以特定行政区域或者特定行业的业绩、奖项作为加分条件或者中标条件

X. 招标人对潜在投标人或者投标人采取不同的资格审查或者评标标准**【2019年考过】**

Y. 招标人限定或者指定特定的专利、商标、品牌、原产地或者供应商**【2017年、2019年考过】**

Z. 招标人对依法必须进行招标的项目非法限定潜在投标人或者投标人的所有制形式或者组织形式**【2019年考过】**

【答案】A、B、C、D

重点难点专项突破

1. 本考点还可以考核的题目有：

（1）根据《招标投标法实施条例》规定，视为投标人相互串通投标的情形有（E、F、G、H、I、J）。

（2）根据《招标投标法实施条例》规定，属于投标人与招标人串通投标的情形有

（K、L、M、N、O）。

（3）投标人以行贿手段谋取中标的情形有（P）。

（4）根据《招标投标法实施条例》的规定，投标人弄虚作假骗取中标的行为有（Q、R、S、T）。

（5）根据《招标投标法实施条例》规定，招标人以不合理条件限制、排斥潜在投标人或者投标人的情形有（U、V、W、X、Y、Z）。

2. 在建设工程招标投标活动中，投标人的不正当竞争行为共五类，分别是：投标人相互串通投标、招标人与投标人串通投标、投标人以行贿手段谋取中标、投标人以低于成本的报价竞标、投标人以他人名义投标或者以其他方式弄虚作假骗取中标。

3. 本考点的考核频次较高，考核重点集中在联合体的资格条件和责任承担两个方面。难度不大，大家可多做练习，避免失分。

专项突破10　开标

项目	内容
开标时间	在招标文件确定的提交投标文件截止时间的同一时间公开进行**【2020年、2024年考过】**
开标地点	为招标文件中预先确定的地点**【2019年、2020年、2024年考过】**
主持人	由招标人主持，邀请所有投标人参加**【2014年、2020年、2024年考过】**
查密封	由投标人或者其推选的代表检查投标文件的密封情况，也可以由招标人委托的公证机构检查并公证
拆封与唱标	经确认无误后，由工作人员当众拆封，宣读投标人名称、投标价格和投标文件的其他主要内容。 招标人在招标文件要求提交投标文件的截止时间前收到的所有投标文件，开标时都应当当众予以拆封、宣读
记录与存档	开标过程应当记录，并存档备查**【2024年考过】**

重点难点专项突破

1. 如果单独对开标时间进行考查的话，可能会将“在招标文件确定的提交投标文件截止时间之后公开进行”设置为干扰项。

2. 如果单独对开标地点进行考查的话，可能会将“开标地点应由各投标人协商决定”设置为干扰项。

3. 投标文件的密封情况，可以由投标人或其推选的代表检查也可由招标人委托的公证机构检查。如果对这一采分点进行考核的话，可能会将行政监督部门设置为混淆项。

4. 本考点可能会这样命题：

（1）关于开标的说法，正确的是（　　）。

A. 开标应当在招标文件确定的提交投标文件截止时间之后公开进行

B. 开标地点可以不在招标文件中预先确定

C. 开标由招标人以外的人主持，邀请所有投标人参加

D. 开标过程应当记录，并存档备查

【答案】D

（2）根据《招标投标法》规定，在工程建设招标投标过程中，开标的时间应在招标文件规定的（　　）公开进行。

A. 任意时间　　B. 投标有效期内

C. 提交投标文件截止时间的同一时间　　D. 提交投标文件截止时间之后3日内

【答案】C

专项突破11　评标委员会

项目	内容
评标	由招标人依法组建的评标委员会负责**【2022年考过】**
人员组成	由招标人的代表和有关技术、经济等方面的专家组成，成员人数为5人以上单数，其中技术、经济等方面的专家不得少于成员总数的2/3。 与投标人有利害关系的人不得进入相关项目的评标委员会；已经进入的应当更换
名单保密	评标委员会成员的名单在中标结果确定前应当保密
人员行为规范	评标委员会成员不得私下接触投标人，不得收受投标人给予的财物或者其他好处，不得向招标人征询确定中标人的意向，不得接受任何单位或者个人明示或者暗示提出的倾向或者排斥特定投标人的要求，不得有其他不客观、不公正履行职务的行为
工作内容及职责	评标委员会可以要求投标人对投标文件中含义不明确的内容作必要的澄清或说明。**【2014年、2015年考过】** 评标委员会应当按照招标文件确定的评标标准和方法，对投标文件进行评审和比较；设有标底的，应当参考标底。评标委员会完成评标后，应当向招标人提出书面评标报告，并推荐合格的中标候选人。**【2022年考过】** 评标委员会经评审，认为所有投标都不符合招标文件要求的，可以否决所有投标。**【2015年、2016年、2021年考过】** 评标委员会不得暗示或者诱导投标人作出澄清、说明，不得接受投标人主动提出的澄清、说明
报告及名单提交	评标完成后，评标委员会应当向招标人提交书面评标报告和中标候选人名单。中标候选人应当不超过3个，并标明排序。评标报告应当由评标委员会全体成员签字

重点难点专项突破

1. 注意：招标人应当采取必要的措施，保证评标在严格保密的情况下进行。

2. 除了以上知识点外，关于评标委员会还需要掌握评标委员会否决投标的情形都有哪些。

《招标投标法实施条例》规定，有下列情形之一的，评标委员会应当否决其投标：

（1）投标文件未经投标单位盖章和单位负责人签字；**【2017年、2023年考过】**

（2）投标联合体没有提交共同投标协议；**【2023年考过】**

（3）投标人不符合国家或者招标文件规定的资格条件；

（4）同一投标人提交两个以上不同的投标文件或者投标报价，但招标文件要求提交备选投标的除外；

（5）投标报价低于成本或者高于招标文件设定的最高投标限价；**【2023年考过】**

（6）投标文件没有对招标文件的实质性要求和条件作出响应；

（7）投标人有串通投标、弄虚作假、行贿等违法行为。

3. 本考点可能会这样命题：

（1）下列评标委员会成员的行为，合法的是（　　）。

A. 向招标人征询确定招标人的意向　　B. 接受投标人主动提出的澄清

C. 对投标提出否决意见　　D. 接受个人所提出的倾向性意见

【答案】C

（2）关于评标的说法，正确的是（　　）。

A. 招标人可以不向评标委员会提供评标所必需的信息

B. 投标文件未经投标单位盖章和单位负责人签字，评标委员会不应当直接否决其投标

C. 投标报价低于成本或者高于招标文件设定的最高投标限价时，评标委员会应当否决其投标

D. 评标过程中，评标委员会成员不能继续评标被更换后，由更换后的评标委员会成员继续进行评审

【答案】C

（3）下列投标人投标的情形中，评标委员会应当否决的有（　　）。

A. 投标人主动提出了对投标文件的澄清、修改

B. 联合体未提交共同投标协议

C. 投标报价高于招标文件设定的最高投标限价

D. 投标文件未经投标人盖章和单位负责人签字

E. 投标文件未对招标文件的实质性要求和条件作出响应

【答案】B、C、D、E

专项突破12　中标和签订合同

中标人的确定	招标人可根据评标委员会提出的书面评标报告和推荐的中标候选人确定中标人，也可授权评标委员会直接确定中标人**【2018年、2019年、2022年考过】**
签订合同	招标人和中标人应当自中标通知书发出之日起30日内，按照招标文件和中标人的投标文件订立书面合同。招标人和中标人不得再行订立背离合同实质性内容的其他协议。**【2009年、2018年、2022年考过】** 招标人和中标人所签订合同的标的、价款、质量、履行期限等主要条款应当与招标文件和中标人的投标文件的内容一致**【2018年考过】**

重点难点专项突破

1. 牢记可以确定中标人的主体都有哪些。

招标人和中标人订立书面合同的时间，可能会单独考查一道单项选择题，例如：

某项目2008年3月1日确定了中标人，2008年3月8日发出了中标通知书，2008年3月12日中标人收到了中标通知书，则签订合同的日期应该不迟于（　　）。**【2009年真题】**

A. 2008年3月16日　　B. 2008年3月31日

C. 2008年4月7日　　D. 2008年4月11日

【答案】C

2. 本考点可能会这样命题：

根据《招标投标法》，可以确定中标人的主体是（　　）。

A. 经招标人授权的招标代理机构　　B. 经招标人授权的评标委员会

C. 建设行政主管部门　　D. 招标投标有形市场

【答案】B

3. 签订合同的关键点：30日；不得再行订立背离合同实质性内容的其他协议。考核形式举例如下：

关于中标和签订合同的说法，正确的是（　　）。**【2018年真题】**

A. 确定中标人的权利属于招标人

B. 招标人应当授权评标委员会直接确定中标人

C. 招标人与中标人签订合同的标的、价款、质量等主要条款应当与招标文件一致，但履行期限可以另行协商确定

D. 中标人应当自中标通知书送达之日起30日内，按照招标文件与投标人订立书面合同

【答案】A

专项突破13　招标投标投诉处理

项目	内容
投诉的规定	（1）投标人或者其他利害关系人认为招标投标活动不符合法律、行政法规规定的，可以自知道或者应当知道之日起10日内向有关行政监督部门投诉。 （2）对资格预审文件、招标文件、开标以及对依法必须进行招标项目的评标结果有异议的，应当先向招标人提出异议
投诉处理的规定	（1）投诉人就同一事项向两个以上有权受理的行政监督部门投诉的，由最先收到投诉的行政监督部门负责处理。**【2022年考过】** （2）行政监督部门应当自收到投诉之日起3个工作日内决定是否受理投诉，并自受理投诉之日起30个工作日内作出书面处理决定；需要检验、检测、鉴定、专家评审的，所需时间不计算在内**【2022年、2024年考过】**

重点难点专项突破

1. 上述涉及的时限：10日和30日应能够熟练区分。

2. 注意：必要时，行政监督部门可以责令暂停招标投标活动。**【2022年考过】**

3. 行政监督部门的工作人员对监督检查过程中知悉的国家秘密、商业秘密，应当依法予以保密。**【2022年考过】**

4.3 非招标采购制度

专项突破1 政府采购方式

例题：根据《政府采购法》，政府采购采用的方式有（　　）等。

A．公开招标　　B．邀请招标

C．竞争性谈判　　D．单一来源采购

E．询价　　F．竞争性磋商

G．框架协议采购

【答案】 A、B、C、D、E、F、G

重点难点专项突破

1. 本考点还可以考核的题目有：

（1）政府采购的主要采购方式是（A）。

（2）政府采购招标后没有供应商投标或者没有合格标的的情况下，适用的采购方式是（C）。

（3）政府采购经过重新招标未能成立的情况下，适用的采购方式是（C）。

（4）政府采购技术复杂或者性质特殊，不能确定详细规格或者具体要求的情况下，适用的采购方式是（C）。

（5）政府采购项目采用招标所需时间不能满足用户紧急需要的情况下，适用的采购方式是（C）。

（6）政府采购项目不能事先计算出价格总额的情况下，适用的采购方式是（C）。

（7）根据《政府采购法》，只能从唯一供应商处采购的政府采购的货物或者服务，可以采用（D）方式采购。

（8）根据《政府采购法》，发生了不可预见的紧急情况不能从其他供应商处采购的政府采购的货物或者服务，可以采用（D）方式采购。

（9）根据《政府采购法》，必须保证原有采购项目一致性或者服务配套的要求，需要继续从原供应商处添购，且添购资金总额不超过原合同采购金额10%的政府采购的货物或者服务，可以采用（D）方式采购。

（10）根据《政府采购法》，采购的货物规格、标准统一、现货货源充足且价格变化幅度小的政府采购项目，可以采用（E）方式采购。

（11）为了克服竞争性谈判“报价最低”原则确定供应商之不足，对于非价格因素对采购需求满足影响重大的采购项目，可以采用的采购方式是（F）。

2. 还有几个采分点要掌握：

（1）竞争性谈判的谈判小组由采购人的代表和有关专家共三人以上的单数组成，其中专家的人数不得少于成员总数的三分之二。

（2）竞争性谈判的谈判文件应当明确谈判程序、谈判内容、合同草案的条款以及评定成交的标准等事项。

（3）《政府采购竞争性磋商采购方式管理暂行办法》（财库〔2014〕214号）规定，符合下列情形的项目，可以采用竞争性磋商方式开展采购：① 政府购买服务项目；② 技术复杂或者性质特殊，不能确定详细规格或者具体要求的；③ 因艺术品采购、专利、专有技术或者服务的时间、数量事先不能确定等原因不能事先计算出价格总额的；④ 市场竞争不充分的科研项目，以及需要扶持的科技成果转化项目；⑤ 按照招标投标法及其实施条例必须进行招标的工程建设项目以外的工程建设项目。

专项突破2　框架协议采购

例题：根据《政府采购框架协议采购方式管理暂行办法》，可以采用框架协议采购方式采购的情形有（　　）。

A. 集中采购目录以内品目，以及与之配套的必要耗材、配件等，属于小额零星采购

B. 集中采购目录以外，采购限额标准以上，本部门、本系统行政管理所需的法律、评估、会计、审计等鉴证咨询服务，属于小额零星采购的

C. 集中采购目录以外，采购限额标准以上，为本部门、本系统以外的服务对象提供服务的政府购买服务项目，需要确定2家以上供应商由服务对象自主选择的

【答案】A、B、C

重点难点专项突破

1. 本考点还需要掌握以下采分点：

（1）框架协议采购的分类

项目	内容
封闭式框架协议采购	是指通过公开竞争订立框架协议后，除经过框架协议约定的补充征集程序外，不得增加协议供应商的框架协议采购
开放式框架协议采购	是指明确采购需求和付费标准等框架协议条件，愿意接受协议条件的供应商可以随时申请加入的框架协议采购

（2）封闭式框架协议的评审方法

方法	内容
价格优先法	是指对满足采购需求且响应报价不超过最高限制单价的货物、服务，按照响应报价从低到高排序，根据征集文件规定的淘汰率或者入围供应商数量上限，确定入围供应商的评审方法
质量优先法	有政府定价、政府指导价的项目，以及对质量有特别要求的检测、实验等仪器设备，可以采用质量优先法，其他项目应当采用价格优先法

（3）封闭式框架协议采购的合同授予的方式

方式	内容
直接选定	直接选定方式是确定第二阶段成交供应商的主要方式
二次竞价	一般适用于采用价格优先法的采购项目
顺序轮候	一般适用于服务项目

2. 注意表中内容对比理解。

第5章　建设工程合同法律制度

5.1　合同的基本规定

专项突破1　合同订立的形式与内容

项目	内容
形式	可以采用书面形式、口头形式或者其他形式。书面形式是合同书、信件、电报、电传、传真等可以有形地表现所载内容的形式。以电子数据交换、电子邮件等方式能够有形地表现所载内容，并可以随时调取查用的数据电文，视为书面形式
内容条款	（1）当事人的姓名或者名称和住所。（2）标的。（3）数量。（4）质量。（5）价款或者报酬。（6）履行期限、地点和方式。（7）违约责任。（8）解决争议的方法

重点难点专项突破

1. 合同的形式特别是建设工程合同的形式是历年考试的常考点，一定要掌握。

2. 合同的内容在历年考试中考核的频次并不高，重在记忆。

3. 在学习了合同的基本条款后还需要了解施工合同的内容有哪些。

《民法典》规定，施工合同的内容包括工程范围、建设工期、中间交工工程的开工和竣工时间、工程质量、工程造价、技术资料交付时间、材料和设备供应责任、拨款和结算、竣工验收、质量保修范围和质量保证期、相互协作等条款。

4. 本考点可能会这样命题：

（1）根据《民法典》的规定，建设工程合同应当采用的形式是（　　）。

A. 书面形式

B. 口头形式

C. 口头形式为原则，书面形式为例外

D. 书面形式为原则，口头形式为例外

【答案】A

（2）根据《民法典》的规定，合同的内容由当事人约定，一般包括（　　）。

A. 当事人的名称或者姓名和住所　　B. 履行期限和地点

C. 保险条款　　D. 违约责任

E. 标的

【答案】A、B、D、E

专项突破 2　要约、要约邀请、承诺

例题：《民法典》规定，要约邀请是希望他人向自己发出要约的表示。下列文件中，属于要约邀请的是（　　）。**【2012 年考过】**

A．债券募集办法　　　　B．投标文件

C．中标通知书**【2009 年考过】**　　　　D．招标公告

E．寄送的价目表　　　　F．拍卖公告**【2012 年考过】**

G．商业广告**【2012 年考过】**　　　　H．招股说明书

【答案】A、D、E、F、G、H

重点难点专项突破

1．本考点还可以考核的题目有：

（1）根据《民法典》，下列文件中，属于要约的是（B）。**【2023 年考过】**

（2）《民法典》规定，承诺是受要约人同意要约的意思表示。下列文件中，属于承诺的是（C）。

2．要约与承诺还需要掌握其生效、撤回与内容变更等相关知识，这些采分点以表格的形式体现会更直观，具体内容见下表。

项目	要约	承诺
生效时间**【2023 年考过】**	以对话方式作出的意思表示，相对人知道其内容时生效。以非对话方式作出的意思表示，到达相对人时生效。以非对话方式作出的采用数据电文形式的意思表示，相对人指定特定系统接收数据电文的，该数据电文进入该特定系统时生效；未指定特定系统的，相对人知道或者应当知道该数据电文进入其系统时生效	（1）以通知方式作出的承诺的生效时间：以对话方式作出的意思表示，相对人知道其内容时生效。以非对话方式作出的意思表示，到达相对人时生效。以非对话方式作出的采用数据电文形式的意思表示，相对人指定特定系统接收数据电文的，该数据电文进入该特定系统时生效；未指定特定系统的，相对人知道或者应当知道该数据电文进入其系统时生效。 （2）承诺不需要通知的，根据交易习惯或者要约的要求作出承诺的行为时生效
撤回	撤回意思表示的通知应当在意思表示到达相对人前或者与意思表示同时到达相对人**【2022 年考过】**	—
撤销	要约可以撤销，但有下列情形之一的，不得撤销：（1）要约人以确定承诺期限或者其他形式明示要约不可撤销；（2）受要约人有理由认为要约是不可撤销的，并已经为履行合同作了合理准备工作**【2021 年考过】**	—
内容变更	—	受要约人对要约的内容作出实质性变更（有关合同标的、数量、质量、价款或者报酬、履行期限、履行地点和方式、违约责任和解决争议方法等的变更）的，为新要约**【2010 年、2017 年考过】**

专项突破3　合同的成立

例题：甲乙双方签订买卖合同的情形是：2023年11月10日，甲在合同书上签字后寄送乙方；2023年11月20日，乙在合同书上签字，并将双方签字的合同寄还甲，2023年11月30日甲收到该合同书；合同书约定合同于2023年12月10日生效，该合同成立时间是（　　）。

A．2023年11月10日　　B．2023年11月20日

C．2023年11月30日　　D．2023年12月10日

【答案】 B

重点难点专项突破

1. 总结合同成立的时间：

（1）承诺生效时合同成立，但是法律另有规定或者当事人另有约定的除外。

（2）当事人采用合同书形式订立合同的，自当事人均签名、盖章或者按指印时合同成立。

（3）在签名、盖章或者按指印之前，当事人一方已经履行主要义务，对方接受时，该合同成立。

（4）法律、行政法规规定或者当事人约定合同应当采用书面形式订立，当事人未采用书面形式但是一方已经履行主要义务，对方接受时，该合同成立。

（5）当事人采用信件、数据电文等形式订立合同要求签订确认书的，签订确认书时合同成立。

（6）采取招标方式订立合同，当事人请求确认合同自中标通知书到达中标人时成立的，人民法院应予支持。

2. 再看两个题目：

（1）关于合同成立时间的说法，正确的有（　　）。

A. 合同书自双方签字时成立

B. 双方意思表示一致合同即成立

C. 承诺生效时合同成立

D. 口头合同自交付标的物时成立

E. 按照数据电文合同的要求签订确认书时合同成立

【答案】 A、C、E

（2）甲施工单位由于施工需要大量钢材，遂向乙供应商发出要约，要求其在一个月内供货，但数量待定。乙回函表示一个月内可供货2000t，甲未作表示。下列表述正确的是（　　）。

A. 该供货合同成立　　B. 该供货合同已生效

C. 该供货合同效力待定　　D. 该供货合同未成立

【答案】 D

专项突破4 无效合同、可撤销合同和效力待定合同的类型

项目	内容
无效合同	（1）无民事行为能力人订立的合同。 （2）行为人与相对人以虚假的意思表示订立的合同。 （3）违反法律、行政法规的强制性规定的合同无效，但是该强制性规定不导致该合同无效的除外。 （4）违背公序良俗的合同。 （5）行为人与相对人恶意串通，损害他人合法权益订立的合同
可撤销合同	（1）基于重大误解订立的合同。 （2）一方以欺诈手段，使对方在违背真实意思的情况下订立的合同。 （3）一方或者第三人以胁迫手段，使对方在违背真实意思的情况下订立的合同。**【2024年考过】** （4）一方利用对方处于危困状态、缺乏判断能力等情形，致使合同成立时显失公平的合同
效力待定合同	（1）限制行为能力人订立的纯获利益的合同或者与其年龄、智力、精神健康状况相适应的合同以外的其他合同。 （2）无权代理订立的合同

重点难点专项突破

1. 首先我们了解三个概念：

（1）无效合同是指合同内容或者形式违反了法律、行政法规的强制性规定和社会公共利益，因而不能产生法律约束力、不受法律保护的合同。

（2）可撤销合同是指因意思表示不真实，通过有撤销权的机构行使撤销权，使已经生效的意思表示归于无效的合同。

（3）效力待定合同是指合同虽然已经成立，但因其不完全符合有关生效要件的规定，其合同效力能否发生尚未确定，须经法律规定的条件具备才能生效。

2. 可撤销合同当事人有权请求人民法院或者仲裁机构予以撤销。

3. 效力待定合同需要追认后才有效。

4. 合同存在无效或者可撤销的情形，当事人以该合同已在有关行政管理部门办理备案、已经批准机关批准或者已依据该合同办理财产权利的变更登记、移转登记等为由主张合同有效的，人民法院不予支持。

5. 我们来看一个历年真题：

根据《民法典》，下列合同中，属于可撤销合同的是（　　）。**【2024年真题】**

A. 违背公序良俗的合同

B. 行为人与相对人以虚假的意思表示订立的合同

C. 行为人与相对人恶意串通，损害他人合法权益订立的合同

D. 第三人以胁迫手段，使对方在违背真实意思的情况下订立的合同

【答案】D

专项突破5 合同履行的具体要求

例题：根据《民法典》，合同生效后，当事人就价款约定不明确，又未能补充协议

的，合同价款应按（　　）执行。

A．订立合同时履行地市场价格　　B．订立合同时付款方所在地市场价格

C．标的物交付时市场价格　　D．标的物交付时政府指导价

【答案】A

重点难点专项突破

1．我们先了解一下具体要求：

合同生效后，当事人就质量、价款或者报酬、履行地点等内容没有约定或者约定不明确的，可以协议补充；不能达成补充协议的，按照合同相关条款或者交易习惯确定。

当事人就有关合同内容约定不明确，依据前条规定仍不能确定的，适用下列规定：

（1）质量要求不明确的，按照强制性国家标准履行；没有强制性国家标准的，按照推荐性国家标准履行；没有推荐性国家标准的，按照行业标准履行；没有国家标准、行业标准的，按照通常标准或者符合合同目的的特定标准履行。

（2）价款或者报酬不明确的，按照订立合同时履行地的市场价格履行；依法应当执行政府定价或者政府指导价的，依照规定履行。

（3）履行地点不明确，给付货币的，在接受货币一方所在地履行；交付不动产的，在不动产所在地履行；其他标的，在履行义务一方所在地履行。

（4）履行期限不明确的，债务人可以随时履行，债权人也可以随时请求履行，但是应当给对方必要的准备时间。

（5）履行方式不明确的，按照有利于实现合同目的的方式履行。

（6）履行费用的负担不明确的，由履行义务一方负担；因债权人原因增加的履行费用，由债权人负担。

2．再学习几个题目：

（1）合同生效后，当事人就质量、价款或者报酬、履行地点等内容没有约定或者约定不明确的，又不能达成补充协议，则（　　）。

A．按照有利于实现合同目的的方式履行　　B．按照国家标准确定

C．按照符合合同目的的特定标准履行　　D．按照合同相关条款或者交易习惯确定

【答案】D

（2）合同生效后，当事人就履行期限不明确的，不能达成补充协议，又不能根据合同有关条款或者交易习惯确定的，则（　　）。

A．债务人可以随时履行　　B．债权人也可以随时请求履行

C．应当给债务人必要的准备时间　　D．债权人不可以随时请求履行

E．债务人可以不履行

【答案】A、B、C

（3）合同生效后，当事人就履行费用的负担不明确的，不能达成补充协议，又不能根据合同有关条款或者交易习惯确定的，则（　　）。

A. 由履行义务一方负担　　B. 由债权人一方负担

C. 由合同双方负担　　D. 增加的履行费用由债权人负担

【答案】A

专项突破6　合同履行中的抗辩权

例题：应当先履行债务的当事人，有确切证据证明对方（　　），可以中止履行。

A．经营状况严重恶化的

B．丧失商业信誉的

C．有丧失或者可能丧失履行债务能力的其他情形的

D．转移财产、抽逃资金以逃避债务的

E．有大量诉讼及仲裁案件的

【答案】A、B、C、D

重点难点专项突破

1. 以上例题考核的是不安抗辩权。

2. 我们学习一下同时履行抗辩权和先履行抗辩权：

（1）同时履行抗辩权：当事人互负债务，没有先后履行顺序的，应当同时履行。一方在对方履行之前有权拒绝其履行请求。一方在对方履行债务不符合约定时，有权拒绝其相应的履行请求。

（2）先履行抗辩权：当事人互负债务，有先后履行顺序，应当先履行债务一方未履行的，后履行一方有权拒绝其履行请求。先履行一方履行债务不符合约定的，后履行一方有权拒绝其相应的履行请求。

专项突破7　违约责任

例题：违约责任是指合同当事人因违反合同义务所承担的责任。合同当事人违反合同义务，承担违约责任的种类主要有（　　）。

A．继续履行**【2010年、2019年考过】**　　B．采取补救措施**【2013年考过】**

C．停止违约行为**【2013年考过】**　　D．赔偿损失**【2013年、2019年考过】**

E．支付违约金　　F．定金罚则

G．排除妨碍　　H．停止侵害

I．消除危险　　J．返还财产

K．恢复原状　　L．修理、重作、更换

M．消除影响、恢复名誉　　N．赔礼道歉

【答案】A、B、C、D、E、F

重点难点专项突破

1. 本考点还可以考核的题目有：

《民法典》规定，承担民事责任的方式主要有（A、D、E、G、H、I、J、K、L、M、N）。

民事责任的承担方式曾经讲过，这里帮助考生回忆一下同时也提醒各位考生注意区分，毕竟两者是有相同项的（继续履行、赔偿损失、支付违约金）。

2. 继续履行可以与违约金、定金、赔偿损失并用，但不能与解除合同的方式并用。这一采分点可能会采用下题的形式来考查：

施工合同当事人向人民法院主张的诉讼请求中，可以得到支持的是（　　）。

A. 解除合同并赔偿损失　　B. 继续履行并解除合同

C. 支付违约金和双倍返还定金　　D. 确认合同无效并支付违约金

【答案】 A

3. 现在来学习本考点最后一个采分点——违约责任的免除。

《民法典》规定，因不可抗力不能履行合同的，根据不可抗力的影响，部分或者全部免除责任，但法律另有规定的除外。当事人迟延履行后发生不可抗力的，不能免除责任。**【2009年考过】**

来看一下这一采分点会采用怎样的考查形式：

关于违约责任免责的说法，正确的是（　　）。

A. 合同中约定造成对方人身损害的免责条款有效

B. 发生不可抗力后，必然导致全部责任的免除

C. 迟延履行后发生不可抗力的，不免除责任

D. 因不可抗力不能履行合同，不用通知对方

【答案】 C

专项突破8　违约金与定金

例题：甲施工企业向乙水泥厂采购水泥，合同约定总价款300万元，甲施工企业按约定向乙水泥厂支付了定金70万元。后因乙水泥厂供应的水泥不符合强制性国家标准导致该合同解除，甲施工企业可以要求乙水泥厂返还的最高金额为（　　）。**【2024年真题】**

A. 130万元　　B. 140万元

C. 120万元　　D. 70万元

【答案】 A

重点难点专项突破

1. 我们先来解答这个例题：

定金的数额不得超过主合同标的额的20%，超过部分不产生定金的效力。定金中起

法律效力的部分为300×20%＝60万元。

收受定金的一方不履行债务或者履行债务不符合约定，致使不能实现合同目的的，应当双倍返还定金。甲施工企业可以主张的部分：双倍返还定金，并返还超出法律效力部分的定金10万元。

施工企业可以要求乙水泥厂返还的最高金额为：60×2＋10＝130万元。

2. 我们再看一下2019年的真题：

关于违约金的说法，正确的有（　　）。**【2019年真题】**

A. 支付违约金是一种民事责任的承担方式

B. 约定的违约金低于造成的损失的，当事人可以请求人民法院或者仲裁机构予以增加

C. 当事人既约定违约金又约定定金的，一方违约时，对方可以同时适用违约金条款和定金条款

D. 违约方支付违约金后，非违约方有权要求其继续履行

E. 约定的违约金过分高于造成的损失的，当事人可以请求人民法院或者仲裁机构予以适当减少

【答案】A、B、D、E

3. 关于定金的命题点，我们总结如下：

（1）定金合同自实际交付定金时成立。

（2）定金的数额由当事人约定；但是，不得超过主合同标的额的20%，超过部分不产生定金的效力。实际交付的定金数额多于或者少于约定数额的，视为变更约定的定金数额。

（3）定金合同的有效以主合同的有效成立为前提。定金合同以交付为成立要件，如果仅有约定未实际交付的，定金合同不成立。

（4）给付定金的一方不履行债务或者履行债务不符合约定，致使不能实现合同目的的，无权请求返还定金；收受定金的一方不履行债务或者履行债务不符合约定，致使不能实现合同目的的，应当双倍返还定金。

（5）当事人既约定违约金，又约定定金的，一方违约时，对方可以选择适用违约金或者定金条款。定金不足以弥补一方违约造成的损失的，对方可以请求赔偿超过定金数额的损失。

（6）恶意违约的当事人一方请求减少违约金的，人民法院一般不予支持。

5.2　建设工程施工合同的规定

专项突破1　施工合同无效的情形和法律后果

例题：下列建设工程施工合同中，属于无效合同的是（　　）。**【2020年真题】**

A. 工程价款支付条款显失公平的合同

B. 发包人对投标文件有重大误解订立的合同

C. 依法必须进行招标的项目存在中标无效情形的合同

D. 承包人以胁迫手段订立的施工合同

【答案】C

重点难点专项突破

本考点需要掌握的几个采分点：

（1）建设工程施工合同具有下列情形之一的，认定无效：① 承包人未取得建筑业企业资质或者超越资质等级的；② 没有资质的实际施工人借用有资质的建筑施工企业名义的；③ 建设工程必须进行招标而未招标或者中标无效的。承包人因转包、违法分包建设工程与他人签订的建设工程施工合同，应当依据《民法典》认定无效。

（2）《民法典》规定，建设工程施工合同无效，但是建设工程经验收合格的，可以参照合同关于工程价款的约定折价补偿承包人。虽然施工合同无效，但只要工程经竣工验收合格，承包人的工作已经物化为已完工的工程，发包人应按照建设工程价值折价补偿承包人。

（3）建设工程施工合同无效，且建设工程经验收不合格的，按照以下情形处理：① 修复后的建设工程经验收合格的，发包人可以请求承包人承担修复费用。此情形下，修复后的建设工程达到法定、约定质量标准，可以参照合同约定支付工程价款，但需由承包人承担修复费用。② 修复后的建设工程经验收不合格的，承包人无权请求参照合同关于工程价款的约定折价补偿。发包人对因建设工程不合格造成的损失有过错的，应当承担相应的责任。

专项突破2　开工日期的认定

项目	内容
一般规定	发包人或者监理人发出的开工通知载明的开工日期**【2021年考过】**
尚不具备开工条件的	以开工条件具备的时间为开工日期**【2021年考过】**
因承包人原因导致开工时间推迟的	以开工通知载明的时间为开工日期
承包人经发包人同意已经实际进场施工的	以实际进场施工时间为开工日期**【2021年考过】**
发包人或者监理人未发出开工通知，亦无相关证据证明实际开工日期的	综合考虑开工报告、合同、施工许可证、竣工验收报告或者竣工验收备案表等载明的时间，并结合是否具备开工条件的事实，认定开工日期

重点难点专项突破

1. 在不同情况下，开工日期会有所不同，注意对应关系，不要记混。

2. 本考点可能会这样命题：

某建设工程施工合同约定的开工日期为3月1日，发包人于3月10日向承包人发出开工通知，开工通知载明的开工日期为3月20日。接到开工通知后，承包人由于人员、设备未能及时到位，3月30日才正式进场施工。根据《最高人民法院关于审理建设工程施工合同纠纷案件适用法律问题的解释（一）》，该项目开工日期应当为（　　）。

A. 3月1日　　B. 3月20日

C. 3月10日　　D. 3月30日

【答案】B

专项突破3　竣工日期的认定

例题：《最高人民法院关于审理建设工程施工合同纠纷案件适用法律问题的解释（一）》规定，建设工程经竣工验收合格的，以（　　）为竣工日期。**【2010年、2018年考过】**

A. 竣工验收合格之日

B. 承包人提交验收报告之日**【2014年、2019年、2023年考过】**

C. 转移占有建设工程之日

D. 合同约定的计划日期

【答案】A

重点难点专项突破

1. 本考点还可以考核的题目有：

（1）《最高人民法院关于审理建设工程施工合同纠纷案件适用法律问题的解释（一）》规定，承包人已经提交竣工验收报告，发包人拖延验收的，以（B）为竣工日期。**【2010年、2018年、2023年考过】**

（2）《最高人民法院关于审理建设工程施工合同纠纷案件适用法律问题的解释（一）》规定，建设工程未经竣工验收，发包人擅自使用的，以（C）为竣工日期。**【2010年、2018年考过】**

2. D选项为考试时可能会出现的干扰项。

3. 本考点通常会结合具体实例进行考查，例如：

施工单位于6月1日提交竣工验收报告，建设单位因故迟迟不予组织竣工验收。同年10月8日，建设单位组织竣工验收时因监理单位的过错未能正常进行。10月20日建设单位实际使用该工程。则施工单位承担的保修期应于（　　）起计算。

A. 6月1日　　B. 8月30日

C. 10月8日　　D. 10月20日

【答案】A

【分析】本题中的承包人已提交竣工验收报告，而发包人又拖延验收的，应以承包人提交验收报告之日为竣工日期。

专项突破4　工程价款结算纠纷争议的处理

例题：《最高人民法院关于审理建设工程施工合同纠纷案件适用法律问题的解释（一）》规定，利息从应付工程价款之日计付。当事人对付款时间没有约定或者约定不明的，建设工程已实际交付的，应付款时间为（　　）。

A. 工程交付之日**【2022年考过】**　　B. 提交竣工结算文件之日

C. 当事人起诉之日**【2020年考过】**　　D. 提交竣工验收报告之日

【答案】A

重点难点专项突破

1. 本考点还可以考核的题目有：

（1）《最高人民法院关于审理建设工程施工合同纠纷案件适用法律问题的解释（一）》规定，当事人对付款时间没有约定或者约定不明的，建设工程没有交付的，应付款时间为（B）。**【2022年考过】**

（2）《最高人民法院关于审理建设工程施工合同纠纷案件适用法律问题的解释（一）》规定，当事人对付款时间没有约定或者约定不明的，建设工程未交付，工程价款也未结算的，应付款时间为（C）。

2. 选项D为考试时可能会出现的干扰项。

3. 工程价款的应付之日也会结合具体实例进行考查：

某施工合同约定，工程通过竣工验收后2个月内，结清所有工程款。2017年9月1日工程通过竣工验收，但直到2017年9月20日施工企业将工程移交建设单位，之后建设单位一直未支付工程余款。2018年5月1日，施工企业将建设单位起诉至人民法院，要求其支付工程欠款及利息。则利息起算日为（　　）。**【2018年真题】**

A. 2017年9月21日　　B. 2017年11月21日

C. 2017年11月2日　　D. 2018年5月2日

【答案】C

4. 本考点还有一个重要的采分点——工程垫资的处理。

这一采分点只要记住下面两句话即可：

当事人对垫资和垫资利息有约定，承包人请求按照约定返还垫资及其利息的，人民法院应予支持。**【2023年考过】**

> 注意：约定的利息计算标准高于中国人民银行发布的同期同类贷款利率的部分不适用以上规定。

《最高人民法院关于审理建设工程施工合同纠纷案件适用法律问题的解释（一）》规定，当事人对欠付工程价款利息计付标准有约定的，按照约定处理。没有约定的，按照同期同类贷款利率或者同期贷款市场报价利率计息。

专项突破5　建设工程价款优先受偿权

例题：《最高人民法院关于审理建设工程施工合同纠纷案件适用法律问题的解释（一）》规定，装饰装修工程的承包人，请求装饰装修工程价款就该装饰装修工程折价或者拍卖的价款优先受偿的，人民法院（　　）。

A. 应予支持　　B. 不予支持

C. 准许重新鉴定　　　　　　　　　　　　D. 依法发出支付令

【答案】A

重点难点专项突破

1. 本考点还可以考核的题目有：

（1）《最高人民法院关于审理建设工程施工合同纠纷案件适用法律问题的解释（一）》规定，建设工程质量合格，承包人请求其承建工程的价款就工程折价或者拍卖的价款优先受偿的，人民法院（A）。**【2022年考过】**

（2）《最高人民法院关于审理建设工程施工合同纠纷案件适用法律问题的解释（一）》规定，未竣工的建设工程质量合格，承包人请求其承建工程的价款就其承建工程部分折价或者拍卖的价款优先受偿的，人民法院（A）。**【2020年、2022年考过】**

（3）《最高人民法院关于审理建设工程施工合同纠纷案件适用法律问题的解释（一）》规定，承包人就逾期支付建设工程价款的利息、违约金、损害赔偿金等主张优先受偿的，人民法院（B）。**【2022年考过】**

（4）《最高人民法院关于审理建设工程施工合同纠纷案件适用法律问题的解释（一）》规定，发包人与承包人约定放弃或者限制建设工程价款优先受偿权，损害建筑工人利益，发包人根据该约定主张承包人不享有建设工程价款优先受偿权的，人民法院（B）。**【2020年、2022年考过】**

2. 选项C、D为考试时可能会出现的干扰项。

3. 除了以上题目外，关于优先受偿权还可能会考查以下采分点：

承包人应当在合理期限内行使建设工程价款优先受偿权，但最长不得超过18个月，自发包人应当给付建设工程价款之日起算。**【2011年、2015年、2020年、2022年、2023年考过】**

专项突破6　合同内容的变更

项目	内容
合同的变更	当事人协商一致，可以变更合同。当事人对合同变更的内容约定不明确的，推定为未变更。**【2009年、2012年、2019年考过】** 如果双方当事人就变更事项达成一致意见，则变更后的内容取代原合同的内容，当事人应当按照变更后的内容履行合同

重点难点专项突破

1. 本考点属于高频采分点，特别是当事人对合同变更约定不明确时应如何认定的问题，一定要记住。

2. 本考点可能会这样命题：

（1）甲乙双方签订了购货合同。在合同履行过程中，甲方得知乙方公司名称及其法定代表人均发生了变更，于是要求签订合同变更协议，遭到乙方的拒绝。针对该情形，说法正确的是（　　）。

A. 原合同已经终止　　B. 合同主体未变更

C. 必须签订变更协议　　D. 合同内容已变更

【答案】B

（2）下列变更中，属于应当经合同当事人双方协商一致的情形是（　　）。

A. 采购数量变更　　B. 公司名称变更

C. 合同签约人员变更　　D. 公司法定代表人变更

【答案】A

（3）关于施工合同变更的说法，正确的是（　　）。

A. 合同变更内容约定不明确的，推定为未变更

B. 合同变更应当办理批准、登记手续

C. 工程变更必将导致合同变更

D. 合同非实质性条款的变更无须当事人双方协商一致

【答案】A

专项突破7　合同主体的变更

项目	债权转让	债权承担	概括转让
生效条件	债权人转让债权，未通知债务人的，该转让对债务人不发生效力。债权人转让权利的通知不得撤销，但经受让人同意的除外**【2011年、2015年、2016年考过】**	债务人将合同的义务全部或者部分转移给第三人的，应当经债权人同意。债务人或者第三人可以催告债权人在合理期限内予以同意，债权人未做表示的，视为不同意	当事人一方经对方同意，可以将自己在合同中的权利和义务一并转让给第三人
后果	全部转让——原债务人被新的债务人替代。 部分转让——新债务人的加入使原债务人不再完全履行原债务	全部转让——原债务人被新的债务人替代。 部分转让——新债务人的加入使原债务人不再完全履行原债务	原合同关系消灭，第三人取代了转让方的地位，产生出一种新的合同关系

重点难点专项突破

1. 除了以上内容外，还应知道合同权利转让的除外情形：

（1）根据债权性质不得转让；**【2009年考过】**

（2）按照当事人约定不得转让；**【2009年考过】**

（3）依照法律规定不得转让。

2. 牢记：债权转让需通知、债务转让需同意。

3. 本考点可能会这样命题：

（1）合同权利转让未通知债务人，则（　　）。

A. 转让合同无效　　B. 对债务人不发生效力

C. 推定为未转让　　D. 抗辩权发生转移

【答案】B

（2）2024年9月15日，甲材料供应商与丙材料供应商订立书面合同，转让甲对乙施工企业的30万元债权。同年9月25日，乙接到甲关于转让债权的通知。关于该债权转让的说法，正确的是（　　）。

A. 甲与丙之间的债权转让合同9月25日生效

B. 丙于9月15日可以向乙主张30万元债权

C. 甲与丙之间的债权转让行为于9月25日对乙生效

D. 乙拒绝清偿30万元债务的，丙可以要求甲和乙承担连带责任

【答案】C

（3）根据《民法典》，下列合同转让产生法律效力的是（　　）。

A. 施工企业将施工合同中主体结构的施工转让给第三人

B. 施工企业将其对建设单位的债权转让给了水泥厂，并通知了建设单位

C. 建设单位到期不能支付工程款，书面通知施工企业将债务转让给第三人

D. 监理单位将监理合同一并转让给其他具有相应监理资质的监理单位

【答案】B

专项突破8　合同权利义务终止和合同解除的情形

例题：合同的解除分为约定解除与法定解除。《民法典》规定，当事人可以解除合同的情形有（　　）。

A. 因不可抗力致使不能实现合同目的**【2010年、2013年考过】**

B. 在履行期限届满之前，当事人一方明确表示不履行主要债务

C. 在履行期限届满之前，当事人一方以自己的行为表明不履行主要债务

D. 当事人一方延迟履行主要债务，经催告后在合理期限内仍未履行**【2010年考过】**

E. 当事人一方延迟履行债务或者有其他违约行为致使不能实现合同目的

F. 债务已经履行**【2024年考过】**

G. 债务相互抵消

H. 债务人依法将标的物提存

I. 债权人免除债务

J. 债权债务同归于一人**【2024年考过】**

【答案】A、B、C、D、E

重点难点专项突破

1. 本考点还可以考核的题目有：

根据《民法典》的规定，引起合同权利义务终止的情形有（F、G、H、I、J）。**【2024年考过】**

2. 合同的解除，是指合同有效成立后，当具备法律规定的合同解除条件时，因当事人一方或双方的意思表示而使合同关系归于消灭的行为。合同解除具有如下特征：

（1）合同的解除适用于合法有效的合同，而无效合同、可撤销合同不发生合同解除。

（2）合同解除须具备法律规定的条件。

（3）合同解除须有解除的行为。

（4）合同解除使合同关系自始消灭或者向将来消灭，可视为当事人之间未发生合同关系，或者合同尚存的权利义务不再履行。

3. 我们可以看一下2024年是如何考核的：

下列情形中，导致施工合同权利义务终止的有（　　）。**【2024年真题】**

A. 发包人被处以罚款

B. 施工合同已经履行

C. 施工合同因故解除

D. 承包人通知发包人将部分工程款支付给第三人

E. 施工过程中发包人与承包人合并

【答案】B、C、E

专项突破9　施工合同解除的特别规定

例题：根据《民法典》，下列情形中，发包人可以请求人民法院解除建设工程施工合同的有（　　）。

A. 将承包的建设工程非法转包、违法分包的**【2015年、2020年、2021年考过】**

B. 提供的主要建筑材料、建筑构配件和设备不符合强制性标准的

C. 不履行合同约定的协助义务的

【答案】A

重点难点专项突破

1. 本考点还可以考核的题目有：

《民法典》规定，发包人（B、C）致使承包人无法施工，经催告后在合理期限内仍未履行相应义务的，承包人可以解除合同。

2. 在知道了施工合同的解除情形有哪些后，还需要知道解除施工后将会产生怎样的法律后果。

《民法典》规定，合同解除后，已经完成的建设工程质量合格的，发包人应当按照约定支付相应的工程价款；已经完成的建设工程质量不合格的，参照施工合同无效的规定处理。

5.3　相关合同制度

专项突破1　买卖合同当事人的权利义务

例题：《民法典》规定，买卖合同是出卖人转移标的物的所有权于买受人，买受人支付价款的合同。在买卖合同中，出卖人的主要义务包括（　　）。

A．按照合同约定交付标的物或者提取标的物单证**【2018年考过】**

B．转移标的物所有权**【2018年考过】**

C．瑕疵担保**【2018年考过】**

D．按照约定支付价款

E．受领标的物

F．在约定的检验期间内检验收到的标的物

G．发现标的物的数量或质量不符合约定后及时通知

【答案】A、B、C

重点难点专项突破

1. 本考点还可以考核的题目有：

《民法典》规定，买卖合同中，买受人的义务包括（D、E、F、G）。

2. 来了解一下买卖合同的法律特征：

（1）买卖合同是有偿、双务、诺成合同；

（2）买卖合同是一种转移财产所有权的合同。

3. 再来思考一个问题：买卖合同买受人对价款数额没有约定或者约定不明确的，应如何处理呢？

① 协议补充。（如不能达成→②）

② 按照合同有关条款或者交易习惯确定。（如无法确定→③）

③ 按照订立合同时履行地的市场价格履行；依法应当执行政府定价或者政府指导价的，按照规定履行。**【2010年考过】**

对于执行政府定价或者政府指导价的：

①在合同约定的交付期限内政府价格调整时，按照交付时的价格计价。

②逾期交付标的物的：遇价格上涨时按原价格；遇价格下降时按新价格。

③逾期提取标的物或者逾期付款的：遇价格上涨时按新价格；遇价格下降时按原价格。

记忆技巧：有违约行为的，按照不利于违法方的方式执行。

专项突破2　买卖合同标的物毁损、灭失风险的承担

例题：根据《民法典》的规定，买卖合同标的物毁损、灭失的风险，在标的物交付之前由（　　）承担。**【2019年考过】**

A．出卖人　　B．买受人

C．承运人　　D．第三人

【答案】A

重点难点专项突破

1. 本考点还可以考核的题目有：

（1）根据《民法典》的规定，买卖合同标的物毁损、灭失的风险，在标的物交付之后由（B）承担。**【2016年、2019年考过】**

（2）根据《民法典》的规定，买卖合同因买受人的原因致使标的物不能按照约定的期限交付的，（B）应当自违反约定时起承担标的物毁损、灭失的风险。**【2020年考过】**

（3）根据《民法典》的规定，买卖合同的出卖人出卖交由承运人运输的在途标的物，除当事人另有约定的以外，毁损、灭失的风险自合同成立时起由（B）承担。**【2015年、2024年考过】**

注意：如果在合同成立时出卖人知道或者应当知道标的物已经毁损、灭失却未告知买受人的，出卖人应当负担标的物毁损、灭失的风险。

（4）根据《民法典》的规定，对于买卖合同需要运输的标的物，当事人没有约定交付地点或者约定不明确，出卖人将标的物交付给第一承运人后，标的物毁损、灭失的风险由（B）承担。**【2020年考过】**

（5）根据《民法典》的规定，买卖合同中的出卖人依约将标的物置于交付地点，买受人违反约定没有收取的，标的物毁损、灭失的风险自违反约定时起由（B）承担。

（6）根据《合同法》的规定，因标的物质量不符合质量要求，买受人拒绝接受标的物或者解除合同的，标的物毁损、灭失的风险由（A）承担。**【2011年、2024年考过】**

2. 选项D为考试时可能会出现的干扰项。

3. 关于时限的起算时间，很可能会以单项选择题的形式来单独考查，也需要考生掌握。

专项突破3　买卖合同解除的规则

项目	特殊规则
买卖合同的解除	（1）因标的物的主物不符合约定而解除合同的，解除合同的效力及于从物。 （2）标的物为数物，其中一物不符合约定的，买受人可以就该物解除，但是，该物与他物分离使标的物的价值显受损害的，买受人可以就数物解除合同。**【2022年考过】** （3）出卖人不交付其中一批标的物或者交付不符合约定，致使之后其他各批标的物的交付不能实现合同目的的，买受人可以就该批以及之后其他各批标的物解除。 （4）买受人如果就其中一批标的物解除，该批标的物与其他各批标的物相互依存的，可以就已经交付和未交付的各批标的物解除。**【2022年考过】** （5）分期付款的买受人未支付到期价款的数额达到全部价款的五分之一，经催告后在合理期限内仍未支付到期价款的，出卖人可以请求买受人支付全部价款或者解除合同**【2022年考过】**

重点难点专项突破

1. 关于买卖合同解除的上述要点，理解方法：可以部分解除便能解决问题的，部分解除即可。对其他相互依存的部分或致使之后其他各批标的物的交付不能实现合同目的的，才批量解除。

2. 五分之一的限制也是考核的要点。

3. 本考点的命题方式易为：关于买卖合同解除的说法，正确/错误的是（　　）。

专项突破4　借款合同

例题：《民法典》规定，借款合同是借款人向贷款人借款，到期返还借款并支付利息的合同。下列属于借款合同中的贷款人义务的是（　　）。

A．按照合同约定提供借款**【2023年考过】**

B．借款的利息不得预先在本金中扣除**【2013年、2023年考过】**

C．按照要求提供与借款有关的业务活动和财务状况的真实情况

D．按照约定定期提供有关财务会计报表等资料

E．按照约定的期限支付利息

F．按照约定收取借款

G．按照约定用途使用借款**【2013年考过】**

H．按期归还本金

【答案】A、B

重点难点专项突破

1. 本考点还可以考核的题目有：

根据《民法典》的规定，借款合同中，借款人的义务包括（C、D、E、F、G、H）。

2. 下面来看一下借款合同的法律特征：

（1）借款合同的标的物是货币。

（2）借款合同一般为要式合同（书面形式），但自然人之间借款另有约定的除外。

（3）借款合同原则上为有偿合同，也可以是无偿合同。

（4）借款合同一般是诺成合同。

3. 本考点还需要掌握以下要点：

【要点1】自然人之间的借款合同，自贷款人提供借款时成立。

【要点2】《最高人民法院关于审理民间借贷案件适用法律若干问题的规定》规定，出借人请求借款人按照合同约定利率支付利息的，人民法院应予支持，但是双方约定的利率超过合同成立时1年期贷款市场报价利率4倍的除外。**【2023年考过】**

下面来看两道典型题目：

（1）关于借款合同，说法正确的是（　　）。

A. 自然人之间的借款合同应当采用书面形式

B. 借款的利息可以预先在本金中扣除

C. 自然人之间的借款合同，自贷款人提供借款时成立

D. 借款人未按照约定的借款用途使用借款的，贷款人可以停止发放借款，但不得解除合同**【2023年考过】**

【答案】C

（2）关于借款合同利息的说法，正确的是（　　）。

A. 借款的利息可以预先在本金中扣除

B. 对支付利息的期限没有约定的，应当在返还借款时一并支付

C. 借款合同对支付利息方式没有约定的，视为没有利息

D. 借款人提前返还借款的，应当按照借款合同约定的期间支付利息

【答案】C

专项突破5 保证合同的内容及当事人

序号	保证合同的内容
1	被保证的主债权种类**【2014年考过】**
2	被保证的主债权数额
3	债务人履行债务的期限
4	保证的方式**【2014年考过】**
5	保证的范围**【2014年考过】**
6	保证的期间**【2014年考过】**

重点难点专项突破

1. 本考点共两个采分点：一是保证合同的内容；二是保证合同的当事人。第一个采分点相信考生看过上题后已经掌握了，第二个采分点的考查要点见下图。

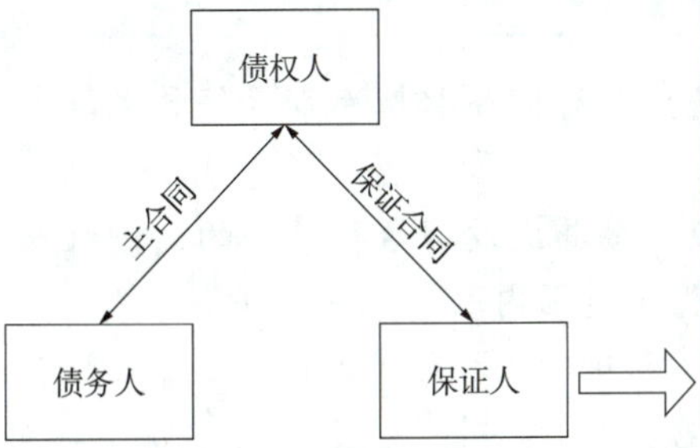

不得作为保证人的情形有：**【2022年考过】**

（1）机关法人不得为保证人，但是经国务院批准为使用外国政府或者国际经济组织贷款进行转贷的除外。

（2）以公益为目的的非营利法人、非法人组织不得为保证人。登记为营利法人的学校、幼儿园、医疗机构、养老机构等法人可以作为保证人。**【2024年考过】**

（3）居民委员会、村民委员会不得为保证人，但是依法代行村集体经济组织职能的村民委员会，依照村民委员会组织法规定的讨论决定程序对外提供担保的除外。

2. 在建设工程活动中，由于担保的标的额较大，因此保证人往往是银行或是担保公司，也有信用较高的其他担保人，如担保公司。**【2022年考过】**

3. 本考点可能会这样命题：

（1）保证合同的订立主体包括（　　）。

A. 债权人与债务人　　B. 债权人与保证人

C. 债务人与保证人　　D. 保证人与被保证人

【答案】B

（2）根据《民法典》，除双方认定需要约定的其他事项外，下列条款中，属于保证合同应当包含的内容有（　　）。

A. 被保证的主债权种类　　B. 保证人的资产状况

C. 保证的期间　　D. 保证的方式

E. 保证担保的范围

【答案】A、C、D、E

专项突破6 保证方式与责任

例题：在建设工程活动中，保证是最为常用的一种担保方式。保证的方式包括（　　）。

A．一般保证　　B．连带责任保证

C．特别保证　　D．无效保证

【答案】 A、B

重点难点专项突破

1. 本考点还可以考核的题目有：

（1）当事人在保证合同中约定，债务人不能履行债务时，由保证人承担保证责任的是（A）。

（2）（A）的保证人在主合同纠纷未经审判或者仲裁，并就债务人财产依法强制执行仍不能履行债务前，有权拒绝向债权人承担保证责任。

上题所述情形并不绝对，考生还应知道以下除外情形：

①债务人下落不明，且无财产可供执行；

②人民法院已经受理债务人破产案件；

③债权人有证据证明债务人的财产不足以履行全部债务或者丧失履行债务能力；

④保证人书面表示放弃先诉抗辩权。

（3）当事人在保证合同中约定保证人与债务人对债务承担连带责任的保证方式是（B）。

（4）（B）的债务人在主合同规定的债务履行期届满没有履行债务的，债权人可以要求债务人履行债务，也可以要求保证人在其保证范围内承担保证责任。

（5）当事人对保证方式没有约定或者约定不明确的，按照（A）承担保证责任。

2. 选项C、D为考试时可能会出现的干扰项。

3. 关于保证还有一个非常重要的采分点——主合同变更对保证合同的影响。

（1）债权人和债务人未经保证人书面同意，协商变更主债权债务合同内容，减轻债务的，保证人仍对变更后的债务承担保证责任；加重债务的，保证人对加重的部分不承担保证责任。债权人和债务人变更主债权债务合同的履行期限，未经保证人书面同意的，保证期间不受影响。

（2）债权人转让全部或者部分债权，未通知保证人的，该转让对保证人不发生效力。保证人与债权人约定禁止债权转让，债权人未经保证人书面同意转让债权的，保证人对受让人不再承担保证责任。债权人未经保证人书面同意，允许债务人转移全部或者部分债务，保证人对未经其同意转移的债务不再承担保证责任，但是债权人和保证人另有约定的除外。第三人加入债务的，保证人的保证责任不受影响。**【2022年考过】**

专项突破7　租赁合同的类型

例题：租赁合同根据合同中是否约定了期限，可分为（　　）。

A．动产租赁合同　　B．不动产租赁合同

C．定期租赁合同　　D．不定期租赁合同

【答案】C、D

重点难点专项突破

下面讲解一下定期租赁合同和不定期租赁合同。

合同类型	考核要点
定期租赁合同	（1）租赁期限6个月以上的，应当采用书面形式。**【2011年、2020年考过】** （2）租赁期限不得超过20年（超过20年的，超过部分无效）。**【2011年、2015年、2020年考过】** （3）租赁期限届满，当事人可以续订租赁合同，但约定的租赁期限自续订之日起不得超过20年 『注意：当事人未依照法律、行政法规规定办理租赁合同登记备案手续的，不影响合同的效力**【2021年考过】**』
不定期租赁合同	（1）当事人没有约定租赁期限的合同为不定期租赁合同。 （2）定期租赁合同期限届满，承租人继续使用租赁物，出租人没有提出异议的，原租赁合同继续有效，但租赁期限为不定期。 （3）租赁合同应采用书面形式而当事人未采用的，视为不定期租赁**【2020年考过】**

以上表格中的内容非常重要，可考采分点也很多，来看一下考查题型：

（1）关于租赁合同的说法，正确的是（　　）。**【2021年真题】**

A. 租赁合同的最长租赁期限，法律没有限制

B. 当事人未依照法律、行政法规的规定办理租赁合同登记备案手续的，不影响合同的效力

C. 租赁合同应当采用书面形式

D. 定期租赁合同期限届满，承租人继续使用租赁物，出租人没有提出异议的，原租赁合同继续有效，租赁期限为原租赁合同的期限

【答案】B

（2）关于租赁合同的说法，正确的是（　　）。**【2020年真题】**

A. 租赁期限超过6个月的，可以采用书面形式

B. 租赁合同应当采用书面形式，当事人未采用的，视为租赁合同未生效

C. 租赁期限超过20年的，超过部分无效

D. 租赁物在租赁期间发生所有权变动的，租赁合同解除

【答案】C

专项突破8　租赁合同当事人的权利义务

例题：《民法典》规定，租赁合同是出租人将租赁物交付承租人使用、收益，承租人支付租金的合同。租赁合同中，出租人的义务包括（　　）。

A．交付出租物　　B．维修租赁物
C．权利瑕疵担保　　D．支付租金
E．按照约定使用租赁物　　F．妥善保管租赁物
G．第三人主张权利通知　　H．返还租赁物

【答案】A、B、C

重点难点专项突破

1．本考点还可以考核的题目有：

《民法典》规定，租赁合同中，承租人的义务包括（D、E、F、G、H）。

2．关于租赁合同还需要记住：

（1）租赁合同的承租人应妥善保管租赁物，因保管不善造成租赁物毁损、灭失的，应当承担赔偿责任。

（2）租赁物在承租人按照租赁合同占有期限内，不影响租赁合同的效力。**【2020年考过】**

（3）承租人转租的，承租人与出租人之间的租赁合同继续有效；第三人造成租赁物损失的，承租人应当赔偿损失。承租人未经出租人同意转租的，出租人可以解除合同。

3．本考点的考核形式举例如下：

关于租赁合同中承租人转租的说法，正确的是（　　）。

A．承租人转租的，承租人与出租人之间的租赁合同继续有效

B．承租人可以决定是否转租

C．承租人转租的，转租合同的内容可以突破租赁合同的内容

D．转租合同订立后，租赁合同自动解除

【答案】A

专项突破9　承揽合同

例题：承揽合同中承揽人的主要义务包括（　　）。

A．亲自完成合同约定的主要工作的义务**【2023年考过】**

B．按约向定作人交付工作成果的义务

C．工作成果的瑕疵担保义务

D．按约提供材料并接受定作人检验的义务**【2023年考过】**

E．对定作人提供材料及时检验并不得擅自更换的义务

F．及时通知的义务**【2015年、2018年考过】**

G．接受定作人必要监督检验的义务

H．材料及工作成果的保管义务

I．保密义务

J．共同承揽人的连带责任义务

K．按月支付报酬及材料费等价款的义务**【2014年考过】**

L．受领并验收工作成果的义务

M. 按约提供材料的义务

N. 协助承揽人完成工作的义务

O. 及时答复承揽人的义务

P. 对中途变更承揽工作要求的损失赔偿义务

Q. 不得滥用监督检验权利的义务

【答案】A、B、C、D、E、F、G、H、I、J

重点难点专项突破

1. 本考点还可以考核的题目有：

承揽合同中定作人的主要义务包括（K、L、M、N、O、P、Q）。

2. 我们学习一个真题：

承揽合同中，承揽人的义务包括（　　）。**【2023年真题】**

A. 按照合同约定完成承揽工作

B. 对定作人提供的材料及时进行检验

C. 发现定作人的技术要求不合理的，及时通知定作人

D. 验收工作成果

E. 接受定作人必要的监督检查

【答案】A、B、C、E

3. 我们再学习几个采分点：

（1）承揽合同具有以下特征：

① 承揽合同的标的是完成特定的工作。**【2023年考过】**

② 承揽人向定作人交付的标的物是定作物。

③ 承揽合同具有一定的人身性质。

④ 承揽人向定作人交付的必须是以自己的设备、技术和劳力，完成主要工作的工作成果，非经定作人同意，承揽人不得将其承揽的主要工作交由第三人完成。**【2014年、2022年考过】**

（2）承揽合同的内容一般包括承揽的标的、数量、质量、报酬，承揽方式，材料的提供，履行期限，验收标准和方法等条款。

（3）承揽合同的解除权：

① 定作人不履行协助义务的，承揽人可催告其在合理的期限内履行，定作人逾期仍不履行的，承揽人可以解除合同。**【2024年考过】**

② 承揽人未经定作人同意将主要承揽工作交由第三人完成的，定作人可以解除合同。**【2024年考过】**

③ 定作人在承揽人完成工作前可以随时解除合同，造成承揽人损失的，应当赔偿损失。**【2024年考过】**

专项突破10　运输合同的法律特征

项目	内容
合同性质	双务、有偿、诺成合同；定型化合同
合同标的	运输行为
合同当事人的特殊性	货运合同的收货人和托运人可以是同一人，但在大多数情况下不是同一人。在第三人为收货人的情况下，收货人虽不是订立合同的当事人，但却是合同的利害关系人**【2021年考过】**

重点难点专项突破

1. 本考点通常会以说法正确与否的方式提问。
2. 本考点可能会这样命题：

关于运输合同法律特征的说法，正确的是（　　）

A. 运输合同是单务、有偿合同

B. 运输合同是实践合同

C. 运输合同的收货人和托运人可以是同一人，也可以不是同一人**【2023年考过】**

D. 运输合同的标的是货物**【2023年考过】**

【答案】C

专项突破11　运输合同当事人的权利与义务

例题：运输合同中，托运人的主要权利包括（　　）。

A. 任意变更、解除权

B. 有条件的拒付运费权

C. 有条件的拒绝支付增加部分运费的权利

D. 有条件的运输费用给付拒绝权

E. 损害赔偿请求权

F. 特定条件下的拒绝运输权

G. 运送物的留置权

H. 货物的提存权

I. 支付运费的义务

J. 如实告知义务

K. 提交审批文件义务

L. 妥善包装货物义务

M. 托运危险物品时的特殊义务

N. 及时提货义务

O. 及时检验义务

P. 合同有约定时的支付运费义务

Q. 从事公共运输的承运人的强制缔约义务

R. 及时、安全的送达义务

S. 按照约定或通常运输路线运输的义务

T. 通知义务

【答案】A、B、C

重点难点专项突破

1. 本考点还可以考核的题目有：

（1）运输合同中，收货人的主要权利包括（D、E）。

（2）运输合同中，承运人的主要权利包括（F、G、H）。

（3）运输合同中，托运人的主要义务包括（I、J、K、L、M）。

（4）运输合同中，收货人的主要义务包括（N、O、P）。

（5）运输合同中，承运人的主要义务包括（Q、R、S、T）。

2. 我们通过2024年的真题来理解：

甲建材供应商与乙承运人签订了货运合同，约定由乙承运人运输一批建材到异地，收货人为丙施工企业，运费由丙施工企业支付。关于乙承运人相关权利的说法，正确的有（　　）。**【2024年真题】**

A. 乙承运人有权拒绝甲建材供应商通常、合理的运输要求

B. 如果甲建材供应商不按照约定或者法定方式包装建材，乙承运人有权拒绝运输

C. 建材运输到达目的地后，乙承运人有权要求丙施工企业及时受领

D. 如果丙施工企业不支付运费，乙承运人有权留置该批建材

E. 如果丙施工企业无故拒接收，乙承运人有权提存该批建材

【答案】B、C、D、E

【解析】由于公共运输的特殊性，法律赋予了承运人不得拒绝托运人通常、合理的运输要求的强制缔约义务，选项A错误。

托运人不按照约定或法定方式包装货物，承运人可以拒绝运输，选项B正确。

货物运输到达后，承运人知道收货人的，应当及时通知收货人，选项C正确。

托运人或者收货人不支付运费、保管费或者其他费用的，承运人对相应的运输货物享有留置权，但是当事人另有约定的除外，选项D正确。

收货人不明或者收货人无正当理由拒绝受领货物的，承运人依法可以提存货物，选项E正确。

专项突破12　仓储合同

例题：《民法典》规定，仓储合同是保管人储存存货人交付的仓储物，存货人支付仓储费的合同。仓储合同中，保管人的义务包括（　　）。

A. 按照约定对入库仓储物进行验收

B. 出具仓单

C. 允许检查或提取样品

D. 发现入库仓储物有变质或其他损坏的，及时通知存货人或者仓单持有人**【2019年考过】**

E. 催告或做出必要处置

F. 因保管不善造成仓储物毁损、灭失的，应承担损害赔偿责任**【2019年、2024年考过】**

G. 支付仓储费用

H. 储存易燃、易爆、有毒、有腐蚀性、有放射性等危险物品或易变质物品时，应说明该物品的性质

I. 按时提取仓储物

【答案】A、B、C、D、E、F

重点难点专项突破

1. 本考点还可以考核的题目有：

根据《民法典》的规定，仓储合同中，存货人的义务包括（G、H、I）。

2. 按照约定对入库仓储物进行验收（选项A）是保管人的义务，当保管人对入库仓储物进行验收时，发现入库仓储物与约定不符合的，应当及时通知存货人。**【2019年考过】**

3. 关于选项B还应掌握：存货人或者仓单持有人在仓单上背书并经保管人签名或者盖章的，可以转让提取仓储物的权利。**【2022年考过】**

4. 选项F有一个例外情形：因仓储物的性质、包装不符合约定或者超过有效储存期造成仓储物变质、损坏的，保管人不承担赔偿责任。**【2022年考过】**

5. 关于仓储合同共有两个采分点：一是仓储合同当事人的义务；二是仓储合同的特征。第一个采分点上文已经讲解过了，下面来学习一下仓储合同的第二个采分点。

仓储合同是一种特殊的保管合同，具有如下法律特征：

（1）仓储合同自成立时生效，不以仓储物是否交付为要件。（这是区别于保管合同的显著特征）

（2）仓储合同保管的对象必须是动产。

（3）仓储合同是双务、有偿、诺成合同。

6. 2024年是这样考核的：

某施工企业与某仓储中心签订了建材仓储合同，并按照合同约定交付了建材后施工企业提取建材时发现部分建材因保管不善潮湿损坏，双方发生争议。关于该仓储合同的说法，正确的是（　　）。**【2024年真题】**

A. 施工企业向仓储中心交付建材时合同成立

B. 施工企业逾期提取建材，仓储中心可以直接提存建材

C. 仓储中心应当对潮湿损坏的建材承担赔偿责任

D. 施工企业提前提取建材，仓储中心应当减收仓储费

【答案】C

专项突破13　委托合同的特征及终止

项目	内容
法律特征	（1）委托合同以为他人处理事务为目的。 （2）委托合同是一种典型的提供劳务的合同。 （3）委托合同以当事人之间的互相信任为前提。 （4）委托合同是诺成、不要式、双务合同。 （5）委托合同可以是有偿合同，也可以是无偿合同
终止	委托人或者受托人可以随时解除委托合同。**【2021年考过】**

重点难点专项突破

1. 本考点只在2021年考查了一道单项选择题，记住上表中的内容即可。

2. 本考点可能会这样命题：

关于委托合同法律特征的说法，正确的是（　　）。

A. 应当是有偿合同

B. 委托事务只能是法律行为

C. 受托人不得转委托

D. 是一种典型的提供劳务的合同

【答案】D

专项突破14　委托合同当事人的权利义务

例题：《民法典》规定，委托合同是委托人和受托人约定，由受托人处理委托人事务的合同。委托合同中，委托人的义务包括（　　）。

A. 预付处理委托事务的费用　　B. 支付报酬

C. 赔偿损失　　D. 按指示处理委托事务

E. 亲自处理委托事务　　F. 委托事务报告

G. 转交受托事务所得利益　　H. 及时接受委托事务结果

【答案】A、B、C、H

重点难点专项突破

1. 本考点还可以考核的题目有：

委托合同中，受托人的义务包括（C、D、E、F、G）。

2. 大家思考一个问题：委托合同中的受托人是不是一定要亲自处理委托事务？

受托人应当亲自处理委托事务。经委托人同意，受托人可以转委托。转委托经同意或者追认的，委托人可以就委托事务直接指示转委托的第三人，受托人仅就第三人的选任及其对第三人的指示承担责任。转委托未经同意或者追认的，受托人应当对转委托的第三人的行为承担责任，但在紧急情况下受托人为了维护委托人的利益需要转委托第三人的除外。

再来看一下，这一采分点会采用怎样的考查形式：

甲委托乙采购一种新材料并签订了材料采购委托合同，经甲同意，乙将新材料采购事务转委托给丙。关于该转委托中责任承担的说法，正确的是（　　）。

A. 乙对丙的行为承担责任

B. 甲与乙对丙的行为承担连带责任

C. 乙仅对丙的选任及其对丙的指示承担责任

D. 乙对丙的选任及其对丙的指示，由甲与乙承担连带责任

【答案】C

专项突破15　保险合同当事人及关系人

例题：保险合同是指投保人与保险人约定保险权利义务关系的协议。与保险人订立保险合同，并按照保险合同负有支付保险费义务的人被称为（　　）。

A. 投保人**【2010年考过】**　　B. 保险人

C. 被保险人　　D. 受益人

【答案】A

重点难点专项突破

1. 本考点还可以考核的题目有：

（1）与投保人订立保险合同，并承担赔偿或者给付保险金责任的保险公司是（B）。

（2）其财产或者人身受保险合同保障，享有保险金请求权的人是（C）。

提问：投保人、被保险人可以是同一人吗？

答：可以。

（3）人身保险合同中由被保险人或者投保人指定的享有保险金请求权的人是（D）。**【2018年考过】**

提问：投保人、被保险人、受益人可以是同一人吗？

答：可以。

（4）可以为受益人的是（A、C）。**【2022年考过】**

2. 牢记：保险合同的订立主体是投保人与保险人。

第6章　建设工程安全生产法律制度

6.1　建设单位和相关单位的安全责任制度

专项突破　建设单位和相关单位的安全责任

例题：下列安全责任中，属于建设单位应当承担的有（　　）。

A．依法办理有关批准手续**【2020年考过】**

B．向施工单位提供真实、准确和完整的有关资料**【2009年、2010年、2013年、2016年、2017年考过】**

C．不得压缩合同约定的工期**【2011年、2023年考过】**

D．确定建设工程安全作业环境及安全施工措施所需费用**【2020年考过】**

E．不得要求购买、租赁和使用不符合安全施工要求的用具设备**【2020年考过】**

F．在申领施工许可证时，提供建设工程有关安全施工措施的资料**【2009年考过】**

G．涉及建筑主体和承重结构变动的装修工程，在施工前委托原设计单位或具有相应资质条件的设计单位提出设计方案**【2009年考过】**

H．严格落实安全设施“三同时”制度

I．勘察文件满足建设工程安全生产的需要

J．勘查作业严格执行操作规程

K．加强职工技术培训和职业道德教育

L．按照法律、法规和工程建设强制性标准进行设计**【2014年考过】**

M．明确施工安全关键点并提出指导意见

N．对“三新”等工程的施工安全提出措施建议**【2014年、2019年、2024年考过】**

O．对工程设计成果负责

P．对建设工程安全生产的总体监督

Q．审查安全技术措施或专项施工方案**【2011年、2013年、2019年考过】**

R．依法处理施工安全事故隐患**【2011年考过】**

S．承担建设工程安全生产的监理责任

T．按照安全施工的要求配备齐全有效的保险、限位等安全设施和装置

U．采购质量性能合格的机械设备和施工机具及配件

V．出租检测合格的机械设备和施工机具及配件**【2015年考过】**

W．具备相应的企业资质和安全生产许可证

X．编制安装、拆卸方案和措施，并进行现场监督与定期巡查**【2012年、2013年、2017年考过】**

Y. 应当自检，出具自检合格证明，并向施工单位进行安全使用说明，办理验收手续并签字**【2010年、2016年、2020年、2022年考过】**

Z. 按期检测合格方可继续使用

【答案】 A、B、C、D、E、F、G、H

重点难点专项突破

1. 本考点还可以考核的题目有：

（1）勘察单位的安全责任包括（I、J、K）。

（2）设计单位的安全责任包括（L、M、N、O）。**【2024年考过】**

（3）监理单位的安全责任包括（P、Q、R、S）。

（4）提供机械设备和配件单位的安全责任包括（T）。

（5）出租机械设备和施工机具及配件单位的安全责任包括（U、V）。

（6）施工起重机械和自升式架设设施安装、拆卸单位的安全责任包括（W、X、Y、Z）。

2. 选项B中的“有关资料”指的是：施工现场及毗邻区域内供水、排水、供电、供气、供热、通信、广播电视等地下管线资料，气象和水文观测资料，相邻建筑物和构筑物、地下工程的有关资料。

3. 对于选项F还需要再补充两个要点：

【要点1】 提供资料的时间：依法批准开工报告的建设工程，建设单位应当自开工报告批准之日起15日内，将保证安全施工的措施报送建设工程所在地的县级以上地方人民政府建设行政主管部门或者其他有关部门备案。**【2012年、2018年考过】**

【要点2】 建设单位在申请领取施工许可证时，应当提供的建设工程有关安全施工措施资料，一般包括：中标通知书，工程施工合同，施工现场总平面布置图，临时设施规划方案和已搭建情况，施工现场安全防护设施搭设（设置）计划、施工进度计划、安全措施费用计划，专项安全施工组织设计（方案、措施），拟进入施工现场使用的施工起重机械设备（塔式起重机、物料提升机、外用电梯）的型号、数量，工程项目负责人、安全管理人员及特种作业人员持证上岗情况，建设单位安全监督人员名册、工程监理单位人员名册，以及其他应提交的材料。**【2012年考过】**

4. 对于选项R，我们来思考一个问题：监理单位对施工安全事故隐患如何进行处理？

答：工程监理单位在实施监理过程中，发现存在安全事故隐患的，应当要求施工单位整改；情况严重的，应当要求施工单位暂时停止施工，并及时报告建设单位。施工单位拒不整改或者不停止施工的，工程监理单位应当及时向有关主管部门报告。**【2009年、2010年、2013年、2014年考过】**

5. 再来看一个高频采分点——建筑起重机械不得出租、使用的情形。

建筑起重机械不得出租、使用的情形	历年考查情况
（1）属国家明令淘汰或者禁止使用的	**【2016年、2018年考过】**
（2）超过安全技术标准或者制造厂家规定的使用年限的	**【2016年、2018年、2021年考过】**

续表

建筑起重机械不得出租、使用的情形	历年考查情况
（3）经检验达不到安全技术标准规定的	**【2016年、2018年、2021年考过】**
（4）没有完整安全技术档案的	**【2021年考过】**
（5）没有齐全有效的安全保护装置的	**【2021年考过】**
注意：建筑起重机械有以上第（1）（2）（3）项情形之一的，出租单位或者自购建筑起重机械的使用单位应当予以报废，并向原备案机关办理注销手续	

6. 学习一下机械设备检验检测机构的安全责任。

（1）一般设备检验检测机构的安全责任：

① 出具安全合格证明文件，并对检测结果负责；

② 服务信息公开，诚信经营检测。

（2）特种设备检验检测机构的安全责任：

① 检测人员考核合格且不得多处执业；

② 遵守法规和安全技术规范；

③ 公正检测，对检测结果负责；

④ 及时报告检测中的严重事故隐患；

⑤ 保守商业秘密，不得从事特种设备经营等活动。

6.2 施工安全生产许可证制度

专项突破1 安全生产许可证的申请条件

序号	安全生产许可证的申请条件
1	建立、健全安全生产责任制，制定完备的安全生产规章制度和操作规程**【2014年、2020年、2021年考过】**
2	保证本单位安全生产条件所需资金的投入**【2011年、2017年、2021年、2023年考过】**
3	设置安全生产管理机构，按照国家有关规定配备专职安全生产管理人员**【2021年考过】**
4	主要负责人、项目负责人、专职安全生产管理人员经建设主管部门或者其他有关部门考核合格**【2009年、2010年、2019年、2020年考过】**
5	特种作业人员经有关业务主管部门考核合格，取得特种作业操作资格证书**【2015年、2020年、2022年考过】**
6	管理人员和作业人员每年至少进行1次安全生产教育培训并考核合格**【2011年、2017年、2022年考过】**
7	依法参加工伤保险，依法为施工现场从事危险作业的人员办理意外伤害保险，为从业人员交纳保险费**【2017年考过】**
8	施工现场的办公、生活区及作业场所和安全防护用具、机械设备、施工机具及配件符合有关安全生产法律、法规、标准和规程的要求**【2022年考过】**
9	有职业危害防治措施，并为作业人员配备符合国家标准或者行业标准的安全防护用具和安全防护服装**【2011年、2017年、2022年考过】**
10	有对危险性较大的分部分项工程及施工现场易发生重大事故的部位、环节的预防、监控措施和应急预案**【2022年考过】**
11	有生产安全事故应急救援预案、应急救援组织或者应急救援人员，配备必要的应急救援器材、设备**【2020年考过】**

重点难点专项突破

1. 关于“三类人员”，可能会单独考查一道题目，例如：

根据《建筑施工企业安全生产许可证管理规定》，建筑施工企业取得安全生产许可证应当经过住房城乡建设主管部门或者其他有关部门考核合格的人员是（　　）。**【2019年真题】**

A. 主要负责人、部门负责人和项目负责人

B. 主要负责人、项目负责人和专职安全生产管理人员

C. 部门负责人、项目负责人和专职安全生产管理人员

D. 主要负责人、项目负责人和从业人员

【答案】B

2. 考生在记忆安全生产许可证的申领条件时应与施工许可证的申领条件区分开，因为在考试时曾多次将施工许可证的申领条件设置为错误项。

3. 考生还需要知道实行安全生产许可制度的企业都有哪些。

《安全生产许可证条例》规定，国家对矿山企业、建筑施工企业和危险化学品、烟花爆竹、民用爆炸物品生产企业实行安全生产许可制度。**【2013年考过】**

4. 本考点可能会这样命题：

下列建筑施工条件中，属于建筑施工企业取得安全生产许可证应当具备的条件是（　　）。

A. 为职工办理了意外伤害保险

B. 依法参加工伤保险，为从业人员缴纳保险费

C. 保证本单位生产经营条件所需资金的投入

D. 管理人员和作业人员每年至少进行2次安全生产教育培训并考核合格

【答案】B

专项突破2　安全生产许可证的申请时间及部门

项目	内容
申请时间	建筑施工企业从事建筑施工活动前
申请部门	企业注册所在地省、自治区、直辖市人民政府住房城乡建设主管部门**【2021年考过】**
提供材料	建筑施工企业申请安全生产许可证时，应当向住房城乡建设主管部门提供下列材料： （1）建筑施工企业安全生产许可证申请表； （2）企业法人营业执照；**【2020年考过】** （3）证明企业符合安全生产条件规定的相关的文件、材料

重点难点专项突破

1. 重点记忆安全生产许可证的申请时间及部门。

2. 本考点可能会这样命题：

根据《建筑施工企业安全生产许可证管理规定》，建筑施工企业从事建筑施工活动前，应当依照规定向企业注册所在地（　　）申请领取安全生产许可证。

A. 县级以上人民政府

B. 省、自治区、直辖市人民政府住房城乡建设主管部门

C. 县级以上人民政府建设主管部门

D. 省、自治区、直辖市人民政府

【答案】 B

专项突破3　安全生产许可证的有效期、延期与变更

例题：安全生产许可证的有效期为（　　）年。**【2011年、2024年考过】**

A. 3 **【2011年考过】**

B. 10 **【2016年考过】**

C. 15

D. 20

【答案】 A

重点难点专项突破

1. 本考点还可以考核的题目有：

（1）建筑施工企业安全生产许可证有效期满需要延期的，应当于期满前（A）个月向原安全生产许可证颁发管理机关办理延期手续。**【2010年真题、2024年考过】**

（2）企业在安全生产许可证有效期内，严格遵守有关安全生产的法律法规，未发生死亡事故的，安全生产许可证有效期届满时，经原安全生产许可证颁发管理机关同意，不再审查，安全生产许可证有效期延期（A）年。**【2009年、2024年考过】**

（3）建筑施工企业变更名称、地址、法定代表人等，应当在变更后（B）日内，到原安全生产许可证颁发管理机关办理安全生产许可证变更手续。**【2016年考过】**

> 上题题干中的变更内容也是一个很好的采分点，如果对其进行考查的话，题目可能会这样设置："施工企业必须在变更10日内到原安全生产许可证颁发管理机关办理安全生产许可证变更手续的情形有（　　）。"**【2013年真题题干】**

2. 选项C、D为考试时可能会出现的干扰项。

专项突破4　安全生产许可证的注销、遗失补办及撤销

项目	内容
注销	建筑施工企业破产、倒闭、撤销的，应当将安全生产许可证交回原安全生产许可证颁发管理机关予以注销**【2016年、2022年考过】**
遗失补办	建筑施工企业安全生产许可证遗失补办，由申请人告知资质许可机关，由资质许可机关在官网发布信息

续表

项目	内容
撤销 **【2024年考过】**	安全生产许可证颁发管理机关或者其上级行政机关发现有下列情形之一的，可以撤销已经颁发的安全生产许可证：（1）安全生产许可证颁发管理机关工作人员滥用职权、玩忽职守颁发安全生产许可证的；（2）超越法定职权颁发安全生产许可证的；（3）违反法定程序颁发安全生产许可证的；（4）对不具备安全生产条件的建筑施工企业颁发安全生产许可证的；（5）依法可以撤销已经颁发的安全生产许可证的其他情形

重点难点专项突破

1. 一般情况下，本考点会采用说法正确与否的方式考查。

2. 本考点可能会这样命题：

关于安全生产许可证的说法，错误的是（　　）。

A. 没有取得施工许可证的不得颁发安全生产许可证

B. 未取得安全生产许可证的企业，不得从事建筑施工活动

C. 建设主管部门在颁发施工许可证时，应当对已经确定的建筑施工企业是否有安全生产许可证进行审查

D. 安全生产许可证遗失补办，由资质许可机关在官网发布信息

【答案】A

3. 2024年就考核了安全生产许可证的撤销：

下列情形中，安全生产许可证颁发管理机关或者其上级行政机关可以撤销已经颁发的安全生产许可证的有（　　）。**【2024年真题】**

A. 安全生产许可证颁发管理机关工作人员玩忽职守颁发安全生产许可证的

B. 超越法定职权颁发安全生产许可证的

C. 安全生产许可证颁发管理机关发现企业不再具备安全生产条件的

D. 企业转让、冒用安全生产许可证的

E. 违反法定程序颁发安全生产许可证的

【答案】A、B、E

专项突破5　安全生产许可证违法行为的法律责任

例题：根据《建筑施工企业安全生产许可证管理规定》，已经取得安全生产许可证的施工企业发生重大安全事故所产生的法律后果是（　　）。**【2018年真题题干】**

A．没收违法所得

B．吊销安全生产许可证

C．处10万元以上50万元以下的罚款**【2020年、2022年考过】**

D．给予警告

E．构成犯罪的，依法追究刑事责任

F．1年内不得申请安全生产许可证**【2013年考过】**

G．暂扣安全生产许可证**【2017年、2018年、2021年考过】**

H. 限期整改**【2017年、2018年、2021年考过】**

I. 处5万元以上10万元以下的罚款**【2020年、2022年考过】**

【答案】G、H

重点难点专项突破

1. 本考点还可以考核的题目有：

（1）根据《建筑施工企业安全生产许可证管理规定》规定，建筑施工企业转让安全生产许可证的法律后果（A、B、C、E）。**【2022年考过】**

（2）根据《建筑施工企业安全生产许可证管理规定》，建筑施工企业隐瞒有关情况或者提供虚假材料申请安全生产许可证的，可能承担的法律责任有（D、F）。

（3）根据《安全生产许可证条例》规定，安全生产许可证有效期满未办理延期手续，继续进行生产的，责令停止生产，限期补办延期手续，没收违法所得，并（I）。**【2022年考过】**

（4）根据《安全生产许可证条例》规定，转让安全生产许可证的，没收违法所得，（C）并吊销其安全生产许可证。**【2022年考过】**

2. 在考试时除了会考查违法行为应承担的法律责任外，还可能会反过来考查违法行为，例如：

（1）根据《建筑施工企业安全生产许可证管理规定》，下列安全生产许可证违法行为中，罚款额度区间最小的是（　　）。

A. 未取得安全生产许可证擅自从事施工活动

B. 转让安全生产许可证

C. 冒用安全生产许可证

D. 安全生产许可证有效期满未办理延期手续继续从事施工活动

【答案】D

（2）下列建筑施工企业安全生产许可证违法行为中，应当承担“吊销安全生产许可证”法律责任的违法行为是（　　）。**【2016年真题】**

A. 取得安全生产许可后，发生较大安全事故的

B. 转让安全生产许可证擅自进行生产的

C. 未取得安全生产许可证擅自进行生产的

D. 安全生产许可有效期满未办理延期手续，继续从事建筑施工活动的

【答案】B

3. 冒用安全生产许可证或者使用伪造的安全生产许可证的，依照未取得安全生产许可证擅自进行生产的规定处罚。**【2022年考过】**

6.3 施工单位安全生产责任制度

专项突破1 施工单位的安全生产责任

例题:《安全生产法》规定，生产经营单位的主要负责人对本单位安全生产工作负有的职责包括（　　）。

A. 建立、健全本单位安全生产责任制**【2023年考过】**

B. 组织制定本单位安全生产规章制度和操作规程**【2023年考过】**

C. 保证本单位安全生产投入的有效实施

D. 督促、检查本单位的安全生产工作

E. 组织制定并实施本单位的生产安全事故应急救援预案**【2023年考过】**

F. 及时、如实报告生产安全事故

G. 组织制定并实施本单位安全生产教育和培训计划

H. 及时消除生产安全事故隐患

I. 宣传和贯彻国家有关安全生产法律法规和标准**【2020年考过】**

J. 编制并适时更新安全生产管理制度并监督实施**【2015年考过】**

K. 组织开展安全教育培训与交流**【2020年考过】**

L. 协调配备项目专职安全生产管理人员**【2015年考过】**

M. 制订企业安全生产检查计划并组织实施

N. 监督在建项目安全生产费用的使用

O. 参与危险性较大工程安全专项施工方案专家论证会

P. 通报在建项目违规违章查处情况

Q. 参加生产安全事故的调查和处理工作**【2015年、2020年考过】**

R. 检查危险性较大工程安全专项施工方案落实情况**【2015年考过】**

S. 监督作业人员安全防护用品的配备及使用情况**【2015年考过】**

T. 对发现的安全生产违章违规行为或安全隐患，有权当场予以纠正或作出处理决定**【2015年考过】**

U. 对不符合安全生产条件的设施、设备、器材，有权当场作出查封的处理决定**【2015年考过】**

【答案】A、B、C、D、E、F、G、H

重点难点专项突破

1. 本考点还可以考核的题目有：

（1）根据《建筑施工企业安全生产管理机构设置及专职安全生产管理人员配备办法》，建筑施工企业安全生产管理机构的职责有（I、J、K、L、M、N、O、P、Q）。**【2020年真题】**

（2）根据《建筑施工企业安全生产管理机构设置及专职安全生产管理人员配备办法》，建筑施工企业安全生产管理机构专职安全生产管理人员应当履行的职责有（R、

S、T、U）。**【2015年真题】**

2. 本考点还需要掌握以下要点：

【要点1】《建筑法》规定，建筑施工企业的法定代表人对本企业的安全生产负责。**【2010年考过】**

【要点2】矿山、金属冶炼、建筑施工、运输单位和危险物品的生产、经营、储存、装卸单位，应当设置安全生产管理机构或者配备专职安全生产管理人员。**【2022年考过】**

【要点3】专职安全生产管理人员的配备要求，见下表。

专职安全生产管理人员的配备要求

企业类型	配备人数		
	特级	一级	二级和二级以下
建筑施工总承包资质序列企业	≥6人**【2018年考过】**	≥4人	≥3人
建筑施工专业承包资质序列企业	—	≥3人	≥2人**【2018年考过】**
建筑施工劳务分包资质序列企业	≥2人**【2018年考过】**		
建筑施工企业的分公司、区域公司等较大的分支机构	≥2人		

专项突破2　风险分级管控与安全事故隐患排查治理制度

例题：下列情形中，应当判定为施工安全管理重大事故隐患的是（　　）。**【2024年真题】**

A. 建筑施工特种作业人员未取得特种作业人员操作资格证书上岗作业

B. 施工企业未取得安全生产许可证

C. 施工从业人员未取得安全生产考核合格证书从事相关工作

D. 分部分项工程未编制、未审核专项施工方案

【答案】A

重点难点专项突破

本考点可以考命题的采分点有：

（1）施工企业强化安全预防措施主要通过建立健全风险分级管控制度与生产安全事故隐患排查治理制度实现。

（2）企业及工程项目的主要负责人对重大隐患排查治理工作全面负责。

（3）施工安全管理有下列情形之一的，应判定为重大事故隐患：①建筑施工企业未取得安全生产许可证擅自从事建筑施工活动；②施工单位的主要负责人、项目负责人、专职安全生产管理人员未取得安全生产考核合格证书从事相关工作；③建筑施工特种作业人员未取得特种作业人员操作资格证书上岗作业；④危险性较大的分部分项工程未编制、未审核专项施工方案，或未按规定组织专家对“超过一定规模的危险性较大的分部分项工程范围”的专项施工方案进行论证。

（4）重大事故隐患排查治理情况应当及时向负有安全生产监督管理职责的部门和职工大会或者职工代表大会报告。

（5）建筑施工企业应当依法为职工参加工伤保险缴纳工伤保险费。

（6）属于国家规定的高危行业、领域的生产经营单位，应当投保安全生产责任保险。

专项突破3　施工总承包和分包单位的安全生产责任

项目	内容
总承包单位应当承担的法定安全生产责任	（1）分包合同应当明确总分包双方的安全生产责任。 （2）统一组织编制建设工程生产安全应急救援预案。**【2010年、2012年、2017年考过】** （3）实行施工总承包的建设工程，由总承包单位负责上报事故。**【2009年、2011年、2017年、2024年考过】** （4）总承包单位和分包单位对分包工程的安全生产承担连带责任**【2012年、2020年、2022年考过】**
分包单位应当承担的法定安全生产责任	《建筑法》规定，分包单位向总承包单位负责，服从总承包单位对施工现场的安全生产管理。 《建设工程安全生产管理条例》规定，分包单位应当服从总承包单位的安全生产管理，分包单位不服从管理导致生产安全事故的，由分包单位承担主要责任**【2012年考过】**

重点难点专项突破

1. 对外：总承包单位与分包单位对建设工程的安全生产承担的是连带责任。

2. 对内：分包单位应服从总承包单位的安全生产管理，如因不服从导致生产安全事故的，将由分包单位承担主要责任。下面来看一下历年真题是如何对这一采分点进行考查的：

甲公司是某项目的总承包单位，乙公司是该项目的建设单位指定的分包单位。在施工过程中，乙公司拒不服从甲公司的安全生产管理，最终造成安全生产事故，则（　　）。

A. 甲公司负主要责任　　B. 乙公司负主要责任

C. 乙公司负全部责任　　D. 监理公司负主要责任

【答案】B

3. 本考点可能会这样命题：

（1）建设工程施工总承包单位依法将建设工程分包给其他单位的，关于安全生产责任的说法，正确的是（　　）。

A. 分包合同中应当明确总、分包单位各自的安全生产方面的权利和义务

B. 分包单位的安全生产责任由分包单位独立承担

C. 总承包单位对分包单位的安全生产承担全部责任

D. 总承包单位和分包单位对施工现场安全生产承担同等责任

【答案】A

（2）总承包项目工地大型塔吊倾倒造成伤亡事故的，负责上报事故的单位是（　　）。

A. 施工总承包单位　　B. 建设单位

C. 监理单位　　　　　　　　　　　　　　D. 项目经理

【答案】A

专项突破4　施工单位负责人和项目负责人施工现场带班制度

例题：根据《建筑施工企业负责人及项目负责人施工现场带班暂行办法》，关于施工企业负责人施工现场带班制度的说法，正确的是（　　）。**【2018年真题】**

A. 建筑施工企业负责人要定期带班检查，每月检查时间不少于其工作日的25%

B. 建筑施工企业负责人带班检查时，应认真做好检查记录，并分别在企业和工程项目存档备查**【2018年考过】**

C. 工程项目进行超过一定规模的危险性较大的分部分项工程施工时，建筑施工企业负责人应到施工现场进行带班检查**【2014年、2016年考过】**

D. 对于有分公司（非独立法人）的企业集团，集团负责人因故不能到现场的，可书面委托工程所在地的分公司负责人对施工现场进行带班检查

E. 项目负责人带班生产时，要加强对重点部位、关键环节的控制，及时消除隐患**【2014年考过】**

F. 项目负责人每月带班生产时间不得少于本月施工时间的80%**【2015年、2023年考过】**

【答案】A、B、C、D

重点难点专项突破

1. 选项E、F是项目负责人对施工现场带班的规定。

2. 选项A、F中的“25%”“80%”可能会单独以单项选择题的形式来考查，也可能会将其改错使其所在选项变为错项。

3. 选项E中的“项目负责人”是工程项目质量安全管理的第一责任人，应对工程项目落实带班制度负责；对建设工程项目的安全施工负责。

4. 知识拓展。

三类负责人的区分

项目	内容
施工单位主要负责人	包括法定代表人、总经理（总裁）、分管安全生产的副总经理（副总裁）、分管生产经营的副总经理（副总裁）、技术负责人、安全总监等
施工单位负责人	包括企业的法定代表人、总经理、主管质量安全和生产工作的副总经理、总工程师和副总工程师
施工项目负责人	项目经理

专项突破5　施工作业人员安全生产的权利和义务

例题：施工作业人员享有的主要安全生产权利有（　　）。

A．施工安全生产的知情权和建议权**【2013年考过】**

B．施工安全防护用品的获得权**【2015年考过】**

C．对危险行为的批评、检举、控告权及拒绝违章指挥权**【2012年、2013年、2015年考过】**

D．紧急避险权**【2009年、2013年、2015年、2024年考过】**

E．获得工伤保险和意外伤害保险赔偿的权利**【2012年、2015年考过】**

F．获得救治和请求民事赔偿权

G．依靠工会维护合法权益

H．遵守有关的规章制度

I．正确使用安全防护用具

J．接受安全生产教育培训**【2011年考过】**

K．报告施工安全事故隐患

【答案】A、B、C、D、E、F、G

重点难点专项突破

1．本考点还可以考核的题目有：

施工作业人员应履行的安全生产义务有（H、I、J、K）。

2．本考点通常会以多项选择题的形式考查，且对于作业人员的安全生产权利考核的最多，大家在复习时应有所侧重。

3．选项A中的"知情权"指的是生产经营单位的从业人员有权了解其作业场所和工作岗位存在的危险因素、防范措施及事故应急措施。**【2019年考过】**

4．看过选项K后请考生思考一个问题：从业人员发现事故隐患或者其他不安全因素，应当向谁报告？

答：从业人员发现事故隐患或者其他不安全因素，应当立即向现场安全生产管理人员或者本单位负责人报告。**【2019年考过】**

5．下面是2024年的真题：

施工作业人员发现直接危及人身安全的紧急情况时，有权停止作业或者采取可能的应急措施后撤离作业场所，体现了作业人员的主要权利是（　　）。**【2024年真题】**

A．施工作业危险的知情权　　B．紧急避险权

C．对危险行为的检举权　　D．请求民事赔偿权

【答案】B

专项突破6　施工单位安全生产教育培训

例题：根据《建设工程安全生产管理条例》，施工单位的（　　）应当经建设行政主管部门或者其他有关部门考核合格后方可任职。

A．主要负责人　　B．专职安全生产管理人员

C．项目负责人　　D．特种作业人员

E．从业人员

【答案】A、B、C

重点难点专项突破

1. 本考点还可以考核的题目有：

（1）《建筑施工企业主要负责人、项目负责人和专职安全生产管理人员安全生产管理规定》规定，企业（A、B、C）应通过其受聘企业，向企业工商注册地的省、自治区、直辖市人民政府住房城乡建设主管部门申请安全生产考核，并取得安全生产考核合格证书。**【2021年考过】**

（2）《安全生产法》规定，生产经营单位的（D）必须按照国家有关规定经专门的安全作业培训，取得相应资格，方可上岗作业。

（3）《安全生产法》规定，生产经营单位应当对（E）进行安全生产教育和培训，保证其具备必要的安全生产知识，熟悉有关的安全生产规章制度和安全操作规程，掌握本岗位的安全操作技能，了解事故应急处理措施，知悉自身在安全生产方面的权利和义务。

2. 施工单位安全生产教育培训除了施工单位“安管人员”和特种作业人员的培训考核、施工单位全员的安全生产教育培训外还包括：

（1）进入新岗位或者新施工现场前的安全生产教育培训；

（2）采用新技术、新工艺、新设备、新材料前的安全生产教育培训。**【2011年考过】**

3.《建筑施工特种作业人员管理规定》对选项D中的“特种作业”有明确的规定：

建筑施工特种作业包括：① 建筑电工；② 建筑架子工；③ 建筑起重信号司索工；④ 建筑起重机械司机；⑤ 建筑起重机械安装拆卸工；⑥ 高处作业吊篮安装拆卸工；⑦ 经省级以上人民政府建设主管部门认定的其他特种作业。**【2012年、2013年、2014年考过】**

4. 再来看最后一个采分点——安全教育培训可采取哪几种形式？

安全教育培训可采取多种形式，包括安全形势报告会、事故案例分析会、安全法制教育、安全技术交流、安全竞赛、师傅带徒弟等。

6.4 施工现场安全防护制度

专项突破1 安全专项施工方案

问题	答案
达到一定规模的危险性较大的分部分项工程有哪些？	基坑支护与降水工程；土方开挖工程；模板工程；起重吊装工程；脚手架工程；拆除、爆破工程等
谁组织编写？谁组织论证？	施工单位（总承包单位）**【2012年、2013年考过】**
哪两个人签字？	施工单位技术负责人、总监理工程师**【2011年、2022年考过】**
谁进行现场监督？	专职安全生产管理人员**【2022年、2023年考过】**
哪三类工程需论证？	深基坑工程、地下暗挖工程、高大模板工程**【2023年考过】**

重点难点专项突破

1. 应编制专项施工方案的达到一定规模的危险性较大的分部分项工程范围有哪些呢?

根据《建设工程安全生产管理条例》的规定,应编制专项施工方案的“达到一定规模的危险性较大的分部分项工程”包括:

(1)基坑支护与降水工程;**【2020年考过】**

(2)土方开挖工程;

(3)模板工程;**【2020年考过】**

(4)起重吊装工程;

(5)脚手架工程;**【2020年考过】**

(6)拆除、爆破工程;**【2020年考过】**

(7)国务院建设行政主管部门或者其他有关部门规定的其他危险性较大的工程。

再来看一下,这一采分点在考试中采用了怎样的形式进行考查:

根据《建设工程安全生产管理条例》,下列分部分项工程中,属于达到一定规模的危险性较大的需要编制专项施工方案并附具安全验算结果的有(　　)。**【2020年真题】**

A. 基坑支护与降水工程　　B. 模板工程

C. 脚手架工程　　D. 装饰装修工程

E. 拆除、爆破工程

【答案】A、B、C、E

2. 再来思考一个问题:对于超过一定规模的危险性较大的分部分项工程,实行施工总承包的,应由谁组织召开专家论证会呢?

答:应由施工总承包单位组织召开。

3. 本考点可能会这样命题:

(1)根据《建设工程安全生产管理条例》,关于对达到一定规模、危险性较大的分部分项工程编制的专项施工方案的说法,正确的有(　　)。**【2022年真题】**

A. 应当附具安全验算结果

B. 应当经施工企业技术负责人签字

C. 应当经总监理工程师签字

D. 由专职安全生产管理人员进行现场监督

E. 应当经建设单位负责人签字

【答案】A、B、C、D

(2)基坑支护工程专项施工方案应经(　　)签字后实施。

A. 施工企业项目经理和现场监理工程师

B. 施工企业负责人和建设单位负责人

C. 建设单位负责人和总监理工程师

D. 施工企业技术负责人和总监理工程师

【答案】D

（3）根据《危险性较大的分部分项工程安全管理规定》，关于危大工程专项施工方案的说法，正确的是（　　）。

A. 危大工程实行分包的，专项施工方案应当由相关专业分包单位组织编制

B. 分包单位组织编制的专项施工方案应当由分包单位负责人签字并加盖单位公章

C. 超过一定规模的危大工程，建设单位应当组织专家会议论证专项施工方案

D. 危大工程实行施工总承包的，专项施工方案中应当由施工总承包单位编制

【答案】D

专项突破2　危大工程安全专项施工方案的编制、审查及实施

项目	内容
编制、审查	（1）施工单位应当在危大工程施工前组织工程技术人员编制专项施工方案。实行施工总承包的，专项施工方案应当由施工总承包单位组织编制。危大工程实行分包的，专项施工方案可以由相关专业分包单位组织编制。 （2）专项施工方案应当由施工单位技术负责人审核签字、加盖单位公章，并由总监理工程师审查签字、加盖执业印章后方可实施。 危大工程实行分包并由分包单位编制专项施工方案的，专项施工方案应当由总承包单位技术负责人及分包单位技术负责人共同审核签字并加盖单位公章。 （3）对于超过一定规模的危大工程，施工单位应当组织召开专家论证会对专项施工方案进行论证。实行施工总承包的，由施工总承包单位组织召开专家论证会。专家论证前专项施工方案应当通过施工单位审核和总监理工程师审查
实施	施工单位应当在施工现场显著位置公告危大工程名称、施工时间和具体责任人员，并在危险区域设置安全警示标志。 专项施工方案实施前，编制人员或者项目技术负责人应当向施工现场管理人员进行方案交底。施工现场管理人员应当向作业人员进行安全技术交底，并由双方和项目专职安全生产管理人员共同签字确认。 工程项目进行超过一定规模的危险性较大的分部分项工程施工时，建筑施工企业负责人应到施工现场进行带班检查。 监理单位应当结合危大工程专项施工方案编制监理实施细则，并对危大工程施工实施专项巡视检查。监理单位发现施工单位未按照专项施工方案施工的，应当要求其进行整改；情节严重的，应当要求其暂停施工，并及时报告建设单位。施工单位拒不整改或者不停止施工的，监理单位应当及时报告建设单位和工程所在地住房城乡建设主管部门。 需要验收的危大工程验收合格的，经施工单位项目技术负责人及总监理工程师签字确认后，方可进入下一道工序。 危大工程验收合格后，施工单位应当在施工现场明显位置设置验收标识牌，公示验收时间及责任人员

重点难点专项突破

1. 先看几个题目：

（1）对于超过一定规模的危险性较大的分部分项工程的专项施工方案，需要由（　　）组织召开专家论证会。

A. 建设单位　　　　B. 监理单位

C. 施工单位　　　　D. 分包单位

【答案】C

（2）实行工程总承包的工程，专项施工方案可由专业分包单位组织编制的有（　　）。

A. 起重机械安装　　B. 起重机械拆卸

C. 附着式升降脚手架　　D. 主体结构工程施工

E. 深基坑开挖

【答案】A、B、C、E

2. 关于专家论证的采分点：

专家应当从地方人民政府住房城乡建设主管部门建立的专家库中选取，符合专业要求且人数不得少于5名。与本工程有利害关系的人员不得以专家身份参加专家论证会。

专家论证会后，应当形成论证报告，对专项施工方案提出通过、修改后通过或者不通过的一致意见。专家对论证报告负责并签字确认。

专项施工方案经论证需修改后通过的，施工单位应当根据论证报告修改完善后，专项施工方案应当由施工单位技术负责人审核签字、加盖单位公章，并由总监理工程师审查签字、加盖执业印章后方可实施。专项施工方案经论证不通过的，施工单位修改后应当按照本规定的要求重新组织专家论证。

专项突破3　施工现场安全防范措施

例题：根据《建设工程安全生产管理条例》，在施工现场使用的装配式活动房屋，应当具有（　　）。**【2017年真题】**

A．产品合格证**【2011年、2012年、2017年考过】**

B．生产（制造）许可证**【2011年考过】**

C．安全警示标志

D．应急预案

【答案】A

重点难点专项突破

1. 本考点还可以考核的题目有：

（1）施工企业采购、租赁的安全防护用具、机械设备、施工机具及配件，应当具有（A、B）并在进入施工现场前进行检查。**【2011年真题题干】**

（2）《建设工程安全生产管理条例》规定，施工单位应当在施工现场入口处、施工起重机械、临时用电设施、脚手架、出入通道口、楼梯口、电梯井口、孔洞口、桥梁口、隧道口、基坑边沿、爆破物及有害危险气体和液体存放处等危险部位，设置明显的（C）。**【2015年考过】**

上题中的题干部分也要掌握，这部分内容曾在2015年考查过一道多项选择题，题目是这样设置的："根据《建设工程安全生产管理条例》，施工单位应在施工现场（　　）设置明显的安全警示标志。"

（3）《危险化学品安全管理条例》规定，进行可能危及危险化学品管道安全的施工作业时，施工单位应当在开工的7日前书面通知管道所属单位，并与管道所属单位共同制定（D），采取相应的安全防护措施。**【2016年考过】**

2. 在对选项A、B进行考查的时候可能会将“销售许可证、安装许可证、施工资质证书、施工许可证”等设置为干扰项。

3. 对施工现场周边的安全防护措施需要了解如下两点：

（1）在城市市区内的建设工程，施工单位应当对施工现场实行封闭围挡。

（2）未经许可进入高度危险活动区域或者高度危险物存放区域受到损害，管理人能够证明已经采取足够安全措施并尽到充分警示义务的，可以减轻或者不承担责任。

专项突破4　施工单位安全生产费用的提取管理

例题：《企业安全生产费用提取和使用管理办法》规定，建设工程施工企业以建筑安装工程造价为计提依据，（　　）工程的安全费用提取标准为3.5%。**【2018年、2019年考过】**

A. 矿山　　B. 房屋建筑

C. 水利水电　　D. 电力

E. 铁路　　F. 城市轨道交通

G. 市政公用　　H. 冶炼

I. 机电安装　　J. 化工石油

K. 港口与航道　　L. 公路

M. 通信

【答案】A

重点难点专项突破

1. 本考点还可以考核的题目有：

（1）根据《企业安全生产费用提取和使用管理办法》的规定，（B、E、F）工程的企业安全生产费用提取标准为3%。

（2）根据《企业安全生产费用提取和使用管理办法》的规定，（C、D）工程的企业安全生产费用提取标准为2.5%。

（3）根据《企业安全生产费用提取和使用管理办法》的规定，（H、I、J、M）工程的安全费用提取标准为2.0%。

（4）根据《企业安全生产费用提取和使用管理办法》的规定，（G、K、L）工程的安全费用提取标准为1.5%。

2. 关于施工单位安全费用的提取管理还需要掌握以下要点：

【要点1】建设工程施工企业提取的安全费用列入工程造价，在竞标时，不得删减，列入标外管理。

【要点2】总承包单位应当将安全费用按比例直接支付分包单位并监督使用，分包单位不再重复提取。

6.5　施工生产安全事故的应急救援与调查处理

专项突破1　生产安全事故的等级划分标准

例题：根据《生产安全事故报告和调查处理条例》，事故等级的划分包括一般事故、较大事故、重大事故、特别重大事故。下列生产安全事故情形中，属于《生产安全事故报告和调查处理条例》规定的一般事故的有（　　）。**【2021年考过】**

A．造成30人以上死亡的事故

B．造成10人以上30人以下死亡的事故

C．造成3人以上10人以下死亡的事故**【2011年、2022年、2023年考过】**

D．造成3人以下死亡的事故

E．造成100人以上重伤的事故

F．造成50人以上100人以下重伤的事故

G．造成10人以上50人以下重伤的事故**【2011年、2022年、2023年考过】**

H．造成10人以下重伤的事故

I．造成1亿元以上直接经济损失的事故

J．造成5000万元以上1亿元以下直接经济损失的事故

K．造成1000万元以上5000万元以下直接经济损失的事故**【2022年、2023年考过】**

L．造成1000万元以下直接经济损失的事故

【答案】D、H、L

重点难点专项突破

1. 本考点还可以考核的题目有：

（1）根据《生产安全事故报告和调查处理条例》，下列生产安全事故中，属于较大生产安全事故的有（C、G、K）。**【2022年、2023年考过】**

（2）根据《生产安全事故报告和调查处理条例》，下列生产安全事故中，属于重大生产安全事故的有（B、F、J）。

（3）根据《生产安全事故报告和调查处理条例》，下列生产安全事故中，属于特别重大生产安全事故的有（A、E、I）。

2. 例题题干部分还包含一个可考采分点，题目可能会这样设置："根据《生产安全事故报告和调查处理条例》，事故等级可划分为（　　）。"

3. 根据《安全生产法》的规定，生产安全事故的划分标准由国务院规定，那么在划分事故等级时需要考虑哪些因素呢？

事故等级的划分考虑了人身、经济和社会3个要素。**【2012年考过】**

4. 对于事故等级，考生可通过下图理解记忆：

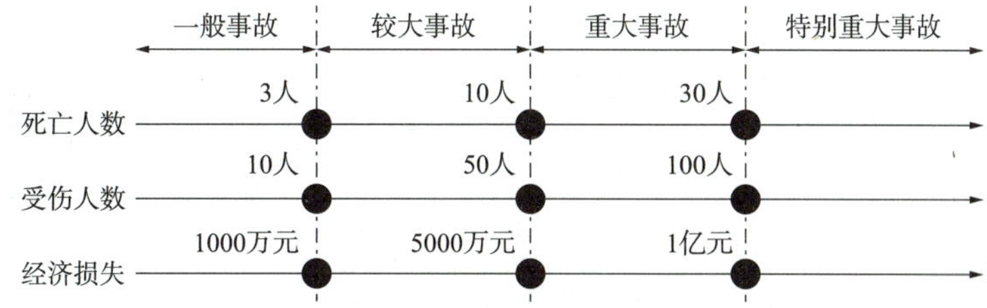

注意：图中所示如3人以上，10人以下，所称的“以上”包括本数，“以下”不包括本数。

专项突破2　施工生产安全事故应急救援预案的分类

例题：根据《生产安全事故应急预案管理办法》，生产经营单位应急预案分为(　　)。**【2020年真题题干】**

A．综合应急预案**【2020年考过】**　　B．专项应急预案**【2020年考过】**

C．现场处置方案**【2020年考过】**　　D．总体应急预案

【答案】A、B、C

重点难点专项突破

1．本考点还可以考核的题目有：

(1)生产经营单位为应对各种生产安全事故而制定的综合性工作方案是(A)。

(2)根据《生产安全事故应急预案管理办法》，(A)是应对生产安全事故的总体工作程序、措施和应急预案体系的总纲。

(3)生产经营单位为应对某一种或者多种类型生产安全事故，或者针对重要生产设施、重大危险源、重大活动防止生产安全事故而制定的专项性工作方案是(B)。

(4)生产经营单位根据不同生产安全事故类型，针对具体场所、装置或者设施所制定的应急处置措施是(C)。

2．选项D为可能会出现的干扰选项。

本考点的可考采分点共两个：一是考查生产经营单位应急预案的分类；二是考查三类预案的概念。

专项突破3　施工生产安全事故应急救援预案的修订与演练

项目		内容
修订情形		(1)制定预案所依据的法律、法规、规章、标准发生重大变化的。**【2021年考过】** (2)应急指挥机构及其职责发生调整。**【2021年考过】** (3)安全生产面临的风险发生重大变化。 (4)重要应急资源发生重大变化的。**【2021年考过】** (5)在预案演练或者应急救援中发现需要修订预案的重大问题。**【2021年考过】** (6)其他应当修订的其他情形
演练	施工单位	至少每半年组织1次生产安全事故应急救援预案演练，并将演练情况报送所在地县级以上地方人民政府负有安全生产监督管理职责的部门

续表

项目		内容
演练	县级以上地方人民政府负有安全生产监督管理职责的部门	对本行政区域内重点生产经营单位的生产安全事故应急救援预案演练进行抽查；发现演练不符合要求的，应当责令限期改正

重点难点专项突破

1. 应急救援预案的修订情形是一个非常好的采分点，今后再次考查的可能性很大。

2. 本考点可能会这样命题：

《生产安全事故应急条例》规定，施工单位应当至少每（　　）组织1次生产安全事故应急救援预案演练，并将演练情况报送所在地县级以上地方人民政府负有安全生产监督管理职责的部门。

A. 1个月　　B. 3个月

C. 半年　　D. 1年

【答案】C

专项突破4　施工生产安全事故报告制度

例题：2017年7月1日，某工程施工过程中发生坍塌事故，造成人员伤亡，次日在救援中找到2具尸体，另有10人受伤。根据《生产安全事故报告和调查处理条例》，该事故造成的伤亡人数发生变化应当补报的最迟日期为（　　）。**【2018年真题】**

A. 2017年7月6日　　B. 2017年7月8日

C. 2017年7月15日　　D. 2017年7月31日

【答案】D

重点难点专项突破

1. 解答该例题的依据是：

《生产安全事故报告和调查处理条例》规定，事故报告后出现新情况的，应当及时补报。自事故发生之日起30日内，事故造成的伤亡人数发生变化的，应当及时补报。道路交通事故、火灾事故自发生之日起7日内，事故造成的伤亡人数发生变化的，应当及时补报。

2. 事故报告的内容：

（1）事故发生单位概况；

（2）事故发生的时间、地点以及事故现场情况；

（3）事故的简要经过；

（4）事故已经造成或者可能造成的伤亡人数（包括下落不明的人数）和初步估计的直接经济损失；

（5）已经采取的措施；

（6）其他应当报告的情况。

3. 实行施工总承包的建设工程，由总承包单位负责上报事故。

4.《安全生产法》规定的事故报告流程：事故现场有关人员应当立即报告本单位负责人。单位负责人接到事故报告后，应当迅速采取有效措施，组织抢救，并按照国家有关规定立即如实报告当地负有安全生产监督管理职责的部门，不得隐瞒不报、谎报或者迟报，不得故意破坏事故现场、毁灭有关证据。负有安全生产监督管理职责的部门接到事故报告后，应当立即按照国家有关规定上报事故情况。负有安全生产监督管理职责的部门和有关地方人民政府对事故情况不得隐瞒不报、谎报或者迟报。

5. 最后再看一个历年真题：

关于分包工程生产安全事故报告的说法，正确的是（　　）。**【2024年真题】**

A. 事故现场有关人员应当在合理时间内报告本单位负责人

B. 单位负责人应当立即如实报告当地负有安全生产监督管理职责的部门

C. 由分包单位负责逐级上报事故

D. 事故报告后应当每4小时补报一次

【答案】B

专项突破5　施工生产安全事故调查制度

例题：事故调查报告应当包括的内容有（　　）。

A. 事故发生单位概况

B. 事故发生经过和事故救援情况

C. 事故造成的人员伤亡和直接经济损失

D. 事故发生的原因和事故性质

E. 事故责任的认定以及对事故责任者的处理建议

F. 事故防范和整改措施

【答案】A、B、C、D、E、F

重点难点专项突破

1. 我们先学习一下事故调查的主体：

事故等级	调查的主体
特别重大事故	由国务院或者国务院授权有关部门组织事故调查组进行调查
重大事故	由事故发生地省级人民政府直接组织事故调查组进行调查，也可以授权或者委托有关部门组织事故调查组进行调查
较大事故	由设区的市级人民政府直接组织事故调查组进行调查，也可以授权或者委托有关部门组织事故调查组进行调查
一般事故	由县级人民政府直接组织事故调查组进行调查，也可以授权或者委托有关部门组织事故调查组进行调查
未造成人员伤亡的一般事故	县级人民政府也可以委托事故发生单位组织事故调查组进行调查

上级人民政府认为必要时，可以调查由下级人民政府负责调查的事故。自事故发生之日起30日内（道路交通事故、火灾事故自发生之日起7日内），因事故伤亡人数变化导致事故等级发生变化，依照本条例规定应当由上级人民政府负责调查的，上级人民政府可以另行组织事故调查组进行调查。

特别重大事故以下等级事故，事故发生地与事故发生单位不在同一个县级以上行政区域的，由事故发生地人民政府负责调查，事故发生单位所在地人民政府应当派人参加。

2. 事故调查组的组成

事故调查组由有关人民政府、安全生产监督管理部门、负有安全生产监督管理职责的有关部门、监察机关、公安机关以及工会派人组成，并应当邀请人民检察院派人参加。事故调查组组长由负责事故调查的人民政府指定。事故调查组组长主持事故调查组的工作。

3. 事故调查组履行的职责：

（1）查明事故发生的经过、原因、人员伤亡情况及直接经济损失；

（2）认定事故的性质和事故责任；

（3）提出对事故责任者的处理建议；

（4）总结事故教训，提出防范和整改措施；

（5）提交事故调查报告。

4. 提交事故调查报告的时限

事故调查组应当自事故发生之日起60日内提交事故调查报告；特殊情况下，经负责事故调查的人民政府批准，提交事故调查报告的期限可以适当延长，但延长的期限最长不超过60日。

专项突破6　施工生产安全事故处理

例题：负责重大事故调查的人民政府应当自收到事故调查报告之日起（　　）日内做出批复。

A. 15　　　　B. 30

C. 45　　　　D. 60

【答案】A

重点难点专项突破

1. 本考点可以考核的题目有：

（1）负责较大事故调查的人民政府应当自收到事故调查报告之日起（A）日内做出批复。

（2）负责一般事故调查的人民政府应当自收到事故调查报告之日起（A）日内做出批复。

（3）负责特别重大事故调查的人民政府应当自收到事故调查报告之日起（B）日内

做出批复。

2. 特殊情况下，批复时间可以适当延长，但延长的时间最长不超过30日。

6.6 政府主管部门安全生产监督管理

专项突破 建设工程安全生产的监督管理体制

项目	内容
监督主体	国务院负责安全生产监督管理的部门对全国建设工程安全生产工作实施综合监督管理。县级以上地方人民政府负责安全生产监督管理的部门对本行政区域内建设工程安全生产工作实施综合监督管理。 国务院建设行政主管部门对全国的建设工程安全生产实施监督管理
施工安全监督机构应当具备的条件	（1）具有完整的组织体系，岗位职责明确；（2）具有符合规定的施工安全监督人员，人员数量满足监督工作需要且专业结构合理，其中监督人员应当占监督机构总人数的75%以上；（3）具有固定的工作场所，配备满足监督工作需要的仪器、设备、工具及安全防护用品；（4）有健全的施工安全监督工作制度，具备与监督工作相适应的信息化管理条件
施工安全监督人员应当具备的条件	（1）具有工程类相关专业大专及以上学历或初级及以上专业技术职称；（2）具有两年及以上施工安全管理经验；（3）熟悉掌握相关法律法规和工程建设标准规范；（4）经业务培训考核合格，取得相关执法证书；（5）具有良好的职业道德
施工安全监督主要包括的内容	（1）抽查工程建设责任主体履行安全生产职责情况；（2）抽查工程建设责任主体执行法律、法规、规章、制度及工程建设强制性标准情况；（3）抽查建筑施工安全生产标准化开展情况；（4）组织或参与工程项目施工安全事故的调查处理；（5）依法对工程建设责任主体违法违规行为实施行政处罚；（6）依法处理与工程项目施工安全相关的投诉、举报
监督机构实施施工安全监督的程序	（1）受理建设单位申请并办理工程项目安全监督手续；（2）制定工程项目施工安全监督工作计划并组织实施；（3）实施工程项目施工安全监督抽查并形成监督记录；（4）评定工程项目安全生产标准化工作并办理终止施工安全监督手续；（5）整理工程项目施工安全监督资料并立卷归档

重点难点专项突破

1. 本考点主要以多项选择题的形式来考核。
2. 尤其要重视施工安全监督主要包括的内容。

第7章　建设工程质量法律制度

7.1　工程建设标准

专项突破1　标准的分类

例题：根据《标准化法》的规定，标准包括（　　）。**【2023年考过】**

A．强制性国家标准　　B．推荐性国家标准

C．行业标准　　D．地方标准

E．企业标准　　F．团体标准

【答案】A、B、C、D、E、F

重点难点专项突破

1．本考点还可以考核的题目有：

（1）《标准化法》规定，国家标准分为（A、B）。

（2）《标准化法》规定，（C、D）是推荐性标准。

（3）《标准化法》规定，对没有推荐性国家标准、需要在全国某个行业范围内统一的技术要求，可以由国务院有关行政主管部门制定（C）。**【2022年考过】**

（4）《标准化法》规定，为满足地方自然条件、风俗习惯等特殊技术要求，可以制定（D）。

（5）《标准化法》规定，企业可以根据需要或者与其他企业联合制定（E）。

（6）《团体标准管理规定》规定，（F）是依法成立的社会团体为满足市场和创新需要，协调相关市场主体共同制定的标准。

2．牢记：只有强制性国家标准必须执行。

专项突破2　工程建设国家标准与行业标准的制定

例题：《标准化法》规定，对保障人身健康和生命财产安全、国家安全、生态环境安全以及满足经济社会管理基本需要的技术要求，应当制定（　　）。

A．强制性国家标准　　B．推荐性国家标准

C．行业标准　　D．企业标准

【答案】A

重点难点专项突破

1. 本考点还可以考核的题目有：

（1）《标准化法》规定，对满足基础通用、与强制性国家标准配套、对各有关行业起引领作用等需要的技术要求，可以制定（B）。**【2022年考过】**

（2）《标准化法》规定，国务院有关行政主管部门依据职责负责（A）的项目提出、组织起草、征求意见和技术审查和组织实施。

（3）《标准化法》规定，国务院标准化行政主管部门负责（A）的立项、编号和对外通报和依据授权批准发布。**【2020年、2021年考过】**

（4）《标准化法》规定，省、自治区、直辖市人民政府标准化行政主管部门可以向国务院标准化行政主管部门提出（A）的立项建议，由国务院标准化行政主管部门会同国务院有关行政主管部门决定。

（5）《标准化法》规定，（B）由国务院标准化行政主管部门制定。**【2020年考过】**

（6）《标准化法》规定，（A）由国务院批准发布或者授权批准发布。**【2022年考过】**

（7）《标准化法》规定，（A、B、C）的复审周期一般为5年。**【2020年考过】**

（8）《标准化法》规定，（C）由国务院有关行政主管部门制定，并报国务院标准化行政主管部门备案。**【2022年考过】**

（9）《标准化法》规定，（A）应当免费向社会公开。**【2022年考过】**

2. 选项D为考试时可能会出现的干扰项。

3. 注意：强制性国家标准的解释与标准具有同等效力。

专项突破3　工程建设国家标准与行业标准的范围

工程建设国家标准的范围	工程建设行业标准的范围
（1）工程建设勘察、规划、设计、施工（包括安装）及验收等通用的质量要求。**【2015年、2017年、2022年考过】** （2）工程建设通用的有关安全、卫生和环境保护的技术要求。**【2013年、2015年、2017年、2022年考过】** （3）工程建设通用的术语、符号、代号、量与单位、建筑模数和制图方法。**【2017年、2022年考过】** （4）工程建设通用的试验、检验和评定等方法。**【2013年、2015年、2017年、2022年考过】** （5）工程建设通用的信息技术要求。**【2014年、2022年考过】** （6）国家需要控制的其他工程建设通用的技术要求	（1）工程建设勘察、规划、设计、施工（包括安装）及验收等行业专用的质量要求。 （2）工程建设行业专用的有关安全、卫生和环境保护的技术要求。 （3）工程建设行业专用的术语、符号、代号、量与单位和制图方法。 （4）工程建设行业专用的试验、检验和评定等方法。 （5）工程建设行业专用的信息技术要求。 （6）其他工程建设行业专用的技术要求

重点难点专项突破

1. 通过上表可以看出，国家标准的范围与行业标准的范围还是很容易进行区分的。国家标准是“通用的”而行业标准是“行业的”。

2. 本考点还需要掌握以下采分点：

行业标准在相应的国家标准实施后，应当及时修订或废止。**【2020年考过】**

3. 本考点可能会这样命题：

下列属于工程建设国家标准的有（　　）。

A. 工程建设通用的试验、检验和评定等方法

B. 工程建设勘察、规划、设计、施工（包括安装）及验收等行业专用的质量要求

C. 工程建设行业专用的有关安全、卫生和环境保护的技术要求

D. 工程建设通用的信息技术要求

E. 工程建设行业专用的术语、符号、代号、量与单位

【答案】A、D

专项突破4　工程建设团体标准与企业标准

例题：《标准化法》规定，制定（　　），应当遵循开放、透明、公平的原则，保证各参与主体获取相关信息，反映各参与主体的共同需求，并应当组织对标准相关事项进行调查分析、实验、论证。

A. 团体标准　　B. 企业标准

C. 行业标准　　D. 地方标准

【答案】A

重点难点专项突破

1. 本考点还可以考核的题目有：

（1）《标准化法》规定，国家支持在重要行业、战略性新兴产业、关键共性技术等领域利用自主创新技术制定（A、B）。**【2019年、2020年考过】**

（2）《团体标准管理规定》规定，禁止利用（A）实施妨碍商品、服务自由流通等排除、限制市场竞争的行为。

（3）《团体标准管理规定》规定，制定（A）的一般程序包括提案、立项、起草、征求意见、技术审查、批准、编号、发布、复审。**【2020年考过】**

（4）《标准化法》规定，国家鼓励社会团体、企业制定高于推荐性标准相关技术要求的（A、B）。**【2020年考过】**

（5）《标准化法》规定，国家实行（A、B）自我声明公开和监督制度。**【2019年、2021年考过】**

（6）《标准化法》规定，企业应当公开其执行的强制性标准、推荐性标准、（A、B）的编号和名称。

（7）《标准化法》规定，企业执行自行制定的（B）的，应当公开产品、服务的功能指标和产品的性能指标。**【2021年考过】**

（8）《标准化法》规定，国家鼓励（A、B）通过标准信息公共服务平台向社会公开。

2. C、D选项为考试时可能会出现的干扰选项。

3. 注意：推荐性国家标准、行业标准、地方标准、团体标准、企业标准的技术要求不得低于强制性国家标准的相关技术要求。

专项突破5　对工程建设强制性标准的监督检查

例题：根据《实施工程建设强制性标准监督规定》，(　　)负责全国实施工程建设强制性标准的监督管理工作。

A．国务院住房城乡建设主管部门

B．县级以上地方人民政府住房城乡建设主管部门

C．建设项目规划审查机构

D．施工图设计文件审查单位

E．建筑安全监督管理机构

F．工程质量监督机构

G．工程建设标准批准部门

【答案】A

重点难点专项突破

1．本考点还可以考核的题目有：

(1)根据《实施工程建设强制性标准监督规定》，(B)负责本行政区域内实施工程建设强制性标准的监督管理工作。

(2)根据《实施工程建设强制性标准监督规定》，(C)应当对工程建设规划阶段执行强制性标准的情况实施监督。

(3)根据《实施工程建设强制性标准监督规定》，(D)应当对工程建设勘察、设计阶段执行强制性标准的情况实施监督。

(4)根据《实施工程建设强制性标准监督规定》，(E)应当对工程建设施工阶段执行施工安全强制性标准的情况实施监督。

(5)根据《实施工程建设强制性标准监督规定》，(F)应当对工程建设施工、监理、验收等阶段执行强制性标准的情况实施监督。

(6)根据《实施工程建设强制性标准监督规定》，(G)应当对工程项目执行强制性标准情况进行监督检查。**【2017年考过】**

2．本考点需要重点掌握的内容有两项：一是监督管理机构都有哪些；二是对什么内容进行监督管理。以上题目均是对监督管理机构的考查，下面再来看一下监督检查的内容都有哪些。

工程建设强制性标准的监督检查内容	历年考查情况
(1)工程技术人员是否熟悉、掌握强制性标准	**【2016年、2019年考过】**
(2)工程项目的规划、勘察、设计、施工、验收等是否符合强制性标准的规定	**【2010年、2016年、2019年考过】**
(3)工程项目采用的材料、设备是否符合强制性标准的规定	**【2010年、2016年、2019年考过】**
(4)工程项目的安全、质量是否符合强制性标准的规定	**【2010年考过】**
(5)工程项目采用的导则、指南、手册、计算机软件的内容是否符合强制性标准的规定	**【2019年考过】**

专项突破6 建设工程抗震相关主体的责任和义务

例题：《建设工程抗震管理条例》规定，（ ）应当对建设工程勘察、设计和施工全过程负责，在勘察、设计和施工合同中明确拟采用的抗震设防强制性标准，按照合同要求对勘察设计成果文件进行核验，组织工程验收，确保建设工程符合抗震设防强制性标准。

A. 建设单位　　B. 勘察单位

C. 设计单位　　D. 施工单位

E. 工程监理单位　　F. 工程总承包单位

G. 工程质量检测机构　　H. 建设工程所有权人

【答案】 A

重点难点专项突破

本考点还可以考核的题目有：

（1）《建设工程抗震管理条例》规定，建设单位不得明示或者暗示（B、C、D）等单位和从业人员违反抗震设防强制性标准，降低工程抗震性能。

（2）《建设工程抗震管理条例》规定，（A）应当将建筑的设计使用年限、结构体系、抗震设防烈度、抗震设防类别等具体情况和使用维护要求记入使用说明书，并将使用说明书交付使用人或者买受人。

（3）《建设工程抗震管理条例》规定，（A）应当组织勘察、设计、施工、工程监理单位建立隔震减震工程质量可追溯制度，利用信息化手段对隔震减震装置采购、勘察、设计、进场检测、安装施工、竣工验收等全过程的信息资料进行采集和存储，并纳入建设项目档案。

（4）《建设工程抗震管理条例》规定，（D、E、F）应当建立建设工程质量责任制度，加强对建设工程抗震设防措施施工质量的管理。

（5）《建设工程抗震管理条例》规定，国家鼓励（D、F）采用信息化手段采集、留存隐蔽工程施工质量信息。施工单位应当按照抗震设防强制性标准进行施工。

（6）《建设工程抗震管理条例》规定，隔震减震装置用于建设工程前，施工单位应当在建设单位或者工程监理单位监督下进行取样，送（A）委托的具有相应建设工程质量检测资质的机构进行检测。禁止使用不合格的隔震减震装置。

（7）《建设工程抗震管理条例》规定，实行施工总承包的，隔震减震装置属于建设工程主体结构的施工，应当由（F）自行完成。

（8）《建设工程抗震管理条例》规定，（G）应当建立建设工程过程数据和结果数据、检测影像资料及检测报告记录与留存制度，对检测数据和检测报告的真实性、准确性负责，不得出具虚假的检测数据和检测报告。

（9）《建设工程抗震管理条例》规定，（H）应当对存在严重抗震安全隐患的建设工程进行安全监测，并在加固前采取停止或者限制使用等措施。

（10）《建设工程抗震管理条例》规定，对抗震性能鉴定结果判定需要进行抗震加固且具备加固价值的已经建成的建设工程，（H）应当进行抗震加固。

7.2　无障碍环境建设制度

专项突破1　各参建单位的无障碍环境建设义务

例题：《无障碍环境建设法》规定，（　　）应当将无障碍设施建设经费纳入工程建设项目概预算。

A．工程建设单位　　B．住房城乡建设等主管部门
C．工程设计单位　　D．工程施工单位
E．工程监理单位　　F．施工图审查机构
G．工程质量检测机构　　H．建设工程所有权人

【答案】 A

重点难点专项突破

1．本考点还可以考核的题目有：

（1）《无障碍环境建设法》规定，（A）不得明示或者暗示设计、施工单位违反无障碍设施工程建设标准；不得擅自将未经验收或者验收不合格的无障碍设施交付使用。

（2）《无障碍环境建设法》规定，（C）应当按照无障碍设施工程建设标准进行设计。

（3）《无障碍环境建设法》规定，依法需要进行施工图设计文件审查的，（F）应当按照法律、法规和无障碍设施工程建设标准，对无障碍设施设计内容进行审查；不符合有关规定的，不予审查通过。

（4）《无障碍环境建设法》规定，（B）对未按照法律、法规和无障碍设施工程建设标准开展无障碍设施验收或者验收不合格的，不予办理竣工验收备案手续。

2．无障碍设施经验收交付后，所有权人或者管理人应当对无障碍设施履行维护和管理责任，保障无障碍设施功能正常和使用安全：（1）对损坏的无障碍设施和标识进行维修或者替换；（2）对需改造的无障碍设施进行改造；（3）纠正占用无障碍设施的行为；（4）进行必要的维护和保养。所有权人、管理人和使用人之间有约定的，由约定的责任人负责维护和管理。

专项突破2　无障碍环境建设保障措施

例题：无障碍环境建设保障措施包括（　　）。

A．经费落实　　B．宣传教育
C．标准与法律建设　　D．认证和评测制度
E．创优与表彰

【答案】 A、B、C、D、E

重点难点专项突破

1. 关于“经费落实”的采分点：

（1）《无障碍环境建设法》规定，县级以上人民政府应当将无障碍环境建设纳入国民经济和社会发展规划，将所需经费纳入本级预算，建立稳定的经费保障机制。具体通过在城市更新、乡村振兴、国家综合立体交通网、数字中国、健康老龄化、基本公共服务等相关规划中统筹纳入无障碍环境建设，落实经费保障。

（2）国家通过经费支持、政府采购、税收优惠等方式，促进新科技成果在无障碍环境建设中的运用，鼓励无障碍技术、产品和服务的研发、生产、应用和推广，支持无障碍设施、信息和服务的融合发展。

2. 关于“创优与表彰”的采分点：

文明城市、文明村镇、文明单位、文明社区、文明校园等创建活动，应当将无障碍环境建设情况作为重要内容。**【2024年考过】**

3. 我们学习一下2024年的真题：

根据《无障碍环境建设法》，关于无障碍环境建设保障措施的说法，正确的是（　　）。**【2024年真题】**

A. 文明城市创建活动，应当将无障碍环境建设情况作为重要内容

B. 残疾人联合会有权修改涉及无障碍环境建设的标准

C. 地方结合本地实际制定的地方无障碍环境建设标准应当高于国家标准的相关技术要求

D. 中等职业学校应当开设无障碍环境建设相关专业和课程

【答案】A

7.3 建设单位及相关单位的质量责任和义务

专项突破1 建设单位及相关单位的质量责任和义务

例题：施工单位的质量责任和义务包括（　　）。

A. 对工程的施工质量负责

B. 按照工程设计图纸和施工技术标准施工，不得偷工减料

C. 对建筑材料、设备等进行检验检测

D. 对施工质量进行检验和返修

E. 建立健全职工教育培训制度

F. 依法发包工程

G. 依法向有关单位提供原始资料

H. 限制不合理的干预行为**【2022年考过】**

I. 将施工图设计文件报县级以上人民政府建设行政主管部门或者其他有关部门审查

J. 将需要监理的工程委托给具有相应资质等级的工程监理单位进行监理**【2015年、2019年考过】**

K. 在开工报告前，按照国家有关规定办理工程质量监督手续

L. 涉及建筑主体和承重结构变动的装修工程，委托原设计单位或者具有相应资质等级的设计单位提出设计方案**【2012年考过】**

M. 从事建设工程勘察的单位应当依法取得相应等级的资质证书

N. 按照工程建设强制性标准进行勘察

O. 设计单位不得转包或者违法分包所承揽的工程**【2013年考过】**

P. 对因设计导致的工程质量事故或质量问题承担责任**【2016年考过】**

Q. 设计文件应当符合国家规定的设计深度要求，注明工程合理使用年限**【2020年、2022年考过】**

R. 在设计文件中选用的建筑材料、建筑构配件和设备，应当注明规格、型号、性能等技术指标**【2019年、2020年考过】**

S. 依法对设计文件进行技术交底**【2014年、2022年考过】**

T. 除有特殊要求的建筑材料、专用设备、工艺生产线等外，不得指定生产厂、供应商**【2011年、2017年考过】**

U. 在资质等级许可的监理范围内，承担工程监理业务

V. 不得转让工程监理业务

W. 不得与被监理工程的施工承包单位以及建筑材料、建筑构配件和设备供应单位有隶属关系**【2011年、2012年、2013年、2020年、2021年考过】**

X. 选派具备相应资格的总监理工程师和监理工程师进驻施工现场

Y. 依照法律、法规以及有关技术标准、设计文件和建设工程承包合同，代表建设单位对施工质量实施监理，并对施工质量承担监理责任

Z. 不得明示或暗示施工单位使用不合格的建筑材料、建筑构配件和设备**【2022年考过】**

【答案】A、B、C、D、E

重点难点专项突破

1. 本考点还可以考核的题目有：

（1）建设单位的质量责任和义务包括（F、G、H、I、J、K、L、Z）。

（2）勘察单位的质量责任和义务包括（M、N）。**【2023年、2024年考过】**

（3）设计单位的质量责任和义务包括（O、P、Q、R、S、T）。**【2024年考过】**

（4）监理单位的质量责任和义务包括（U、V、W、X、Y）。

2. 按工程设计图纸施工，是保证工程实现设计意图的前提，也是明确划分设计、施工单位质量责任的前提。如果施工单位在施工过程中发现设计文件和图纸中存在差错时，应当如何处理呢？

答：《建设工程质量管理条例》规定，施工单位在施工过程中发现设计文件和图纸有差错的，应当及时提出意见和建议。**【2009年、2010年、2012年、2013年、2016年、2017年、2019年考过】**

3. 选项G中的“有关单位”指的是有关的勘察、设计、施工、工程监理等单位，注意这一采分点可能会进行考查。

4. 2024年考核了勘察、设计单位质量责任和义务，我们来学习一下：

关于勘察、设计单位质量责任和义务的说法，正确的有（　　）。**【2024年真题】**

A. 注册建筑师、注册结构工程师等注册执业人员应当在设计文件上签字，对设计文件负责

B. 未经注册的建设工程勘察人员，可以借用已注册执业人员的名义从事建设工程勘察活动

C. 对有特殊要求的建筑材料，设计单位可以指定生产厂、供应商

D. 勘察、设计单位可以转包所承揽的工程

E. 设计单位应当就审查合格的施工图设计文件向施工企业作出详细说明

【答案】A、C、E

5. 注意：建设单位依法实行监理并不只有选项J所述一种方法，建设单位也可以委托具有工程监理相应资质等级并与被监理工程的施工承包单位没有隶属关系或者其他利害关系的该工程的设计单位进行监理。

6. 对于选项K需要注意两个要点：

【要点1】工程质量监督手续可以与施工许可证或者开工报告合并办理。**【2020年考过】**

【要点2】建设单位办理工程质量监督手续时，应提供的文件和资料有哪些？

答：《建设工程质量管理条例》规定，按照合同约定，由建设单位采购建筑材料、建筑构配件和设备的，建设单位应当保证建筑材料、建筑构配件和设备符合设计文件和合同要求。建设单位不得明示或者暗示施工单位使用不合格的建筑材料、建筑构配件和设备。**【2012年、2018年、2019年考过】**

7. 选项Q中的“工程合理使用年限”是指从工程竣工验收合格之日起，工程的地基基础、主体结构能保证在正常情况下安全使用的年限。**【2014年、2018年考过】**

8. 哪几类建设工程必须实行监理？

答：（1）国家重点建设工程；（2）大中型公用事业工程；（3）成片开发建设的住宅小区工程；（4）利用外国政府或者国际组织贷款、援助资金的工程；（5）国家规定必须实行监理的其他工程。**【2022年考过】**

专项突破2　工程监理

项目	内容
监理工作的主要依据	法律法规及工程建设标准；建设工程勘察设计文件；建设工程监理合同及其他合同文件**【2009年、2010年考过】**
工程监理的职责和权限	（1）未经监理工程师签字，建筑材料、建筑构配件和设备不得在工程上使用或者安装，施工单位不得进行下一道工序的施工。**【2024年考过】** （2）未经总监理工程师签字，建设单位不拨付工程款，不进行竣工验收。**【2013年、2017年、2021年、2024年考过】**

续表

项目	内容
工程监理的职责和权限	注意：在做题时要注意区分题干中问的是监理工程师还是总监理工程师，两者产生的后果是不同的。 （3）工程监理实行总监理工程师负责制
工程监理的形式	旁站、巡视和平行检验**【2021年、2023年考过】**

重点难点专项突破

1. 重点掌握工程监理的职责和权限。

2. 本考点可能会这样命题：

（1）必须经总监理工程师签字确认后方可实施的工作是（　　）。

A. 工程控制网测量复核　　B. 分项工程质量验收

C. 下一道工序施工　　D. 建设工程竣工验收

【答案】 D

（2）项目监理机构在实施工程监理时，其主要的监理依据有（　　）。

A. ISO质量管理体系　　B. 工程建设国家强制性标准

C. 工程设计文件　　D. 施工企业管理制度

E. 建设工程施工合同

【答案】 B、C、E

7.4　施工单位的质量责任和义务

专项突破1　施工总承包单位和分包单位的质量责任和义务

项目	内容
总承包单位的质量责任	建筑工程实行总承包的，工程质量由工程总承包单位负责，总承包单位将建筑工程分包给其他单位的，应当对分包工程的质量与分包单位承担连带责任。**【2020年、2021年考过】** 分包工程总承包发生质量问题时，建设单位有权向总承包单位主张权利**【2010年、2011年、2013年、2014年、2019年考过】**
分包单位的质量责任	分包单位应当接受总承包单位的质量管理，按照分包合同的约定对其分包工程的质量向总承包单位负责。**【2012年考过】** 分包工程总承包发生质量问题时，建设单位有权向分包单位主张权利**【2011年、2014年考过】**

重点难点专项突破

1. 总承包单位与分包单位在施工质量上承担的是连带责任。正确理解“连带责任”是得分的关键，此处的连带责任，简单说就是当分包工程发生了质量责任或者违约责任时，建设单位此时可以向总承包单位或分包单位任意一方追责，亦可向双方同时追责（只要总和不超过其权利范围即可）。下面来看一道典型例题：

施工企业乙经建设单位甲同意，将部分非主体工程分包给施工企业丙，丙又将其中部分工程违法分包给施工企业丁。后丁因工作失误致使工程不合格，甲欲索赔。关于责任承担的说法，正确的有（　　）。**【2011年真题】**

A. 甲有权要求乙承担民事责任

B. 甲有权要求丙承担民事责任

C. 甲无权要求丁承担民事责任

D. 乙向甲承担民事责任后，有权向丙追偿

E. 丙向乙承担民事责任后，有权向丁追偿

【答案】A、B、D、E

2. 本考点可能会这样命题：

（1）关于总分包单位的质量责任的说法，正确的是（　　）。

A. 分包工程质量由分包单位自行向建设单位负责

B. 总承包单位与分包单位对分包工程的质量各自向建设单位承担相应的责任

C. 分包单位应当接受总承包单位的质量管理

D. 分包工程发生质量问题，建设单位只能向总承包单位请求赔偿

【答案】C

（2）关于建设工程总分包责任，说法正确的是（　　）。

A. 总承包单位应当对分包工程的质量与分包单位向建设单位承担连带责任

B. 分包工程出现质量问题，建设单位仅能要求分包单位承担责任

C. 经建设单位同意分包的工程，总承包单位对分包工程的质量可以不承担责任

D. 总承包单位与分包单位对分包工程的质量各自向建设单位承担相应责任

【答案】A

专项突破2　工程质量检测单位的资质和检测规定

项目	内容
检测机构	工程质量检测机构是具有独立法人资格的中介机构。检测机构资质按照其承担的检测业务内容分为专项检测机构资质和见证取样检测机构资质。**【2013年、2020年考过】** 检测机构不得与行政机关，法律、法规授权的具有管理公共事务职能的组织以及所检测工程项目相关的设计单位、施工单位、监理单位有隶属关系或者其他利害关系。**【2020年考过】** 检测机构应将检测过程中发现的建设单位、监理单位、施工单位违反有关法律、法规和工程建设强制性标准的情况，以及涉及结构安全检测结果的不合格情况，及时报告工程所在地建设主管部门。**【2014年考过】** 检测机构不得转包检测业务。检测机构应当对其检测数据和检测报告的真实性和准确性负责。**【2011年、2018年考过】** 检测机构应当建立档案管理制度，并应当单独建立检测结果不合格项目台账**【2012年、2014年、2021年考过】**
检测人员	检测人员不得同时受聘于两个或者两个以上的检测机构。**【2011年、2021年考过】** 检测机构和检测人员不得推荐或者监制建筑材料、构（配）件和设备**【2018年考过】**

续表

项目	内容
检测报告	检测报告经检测人员签字、检测机构法定代表人或者其授权的签字人签署，并加盖检测机构公章或者检测专用章后方可生效。**【2011年、2014年考过】** 如果检测结果利害关系人对检测结果发生争议的，由双方共同认可的检测机构复检，复检结果由提出复检方报当地建设主管部门备案。**【2018年考过】** 检测报告经建设单位或者工程监理单位确认后，由施工单位归档**【2020年考过】**

重点难点专项突破

1. 本考点基本每年都会考到，一定要掌握。

2. 本考点可能会这样命题：

（1）检测结果利害关系人对检测结果发生争议，由（　　）复检。

A. 双方共同认可的检测机构　　B. 原检测机构

C. 上级检测机构　　D. 建设行政主管部门

【答案】A

（2）关于工程质量检测的说法，正确的是（　　）。

A. 检测机构应当建立档案管理制度，并应当单独建立检测结果不合格项目台账

B. 应当由施工企业委托具有相应资质的检测机构进行检测

C. 检测机构可以监制建筑材料、构配件和设备

D. 检测报告经设计单位或者工程监理单位确认后，由建设单位归档

【答案】A

（3）关于工程质量检测的说法，正确的是（　　）。

A. 检测报告必须由检测机构法定代表人签署

B. 检测机构可以是不具有独立法人资格的非营利性中介机构

C. 检测人员不得同时受聘于两个或两个以上检测机构

D. 检测数据和检测报告仅供施工企业参考

【答案】C

专项突破3　见证取样和送检

项目	内容
送检比例	涉及结构安全的试块、试件和材料见证取样和送检的比例不得低于有关技术标准中规定应取样数量的30%
送检范围	下列试块、试件和材料必须实施见证取样和送检： （1）用于承重结构的混凝土试块；**【2013年、2015年考过】** （2）用于承重墙体的砌筑砂浆试块；**【2013年、2019年、2022年考过】** （3）用于承重结构的钢筋及连接接头试件；**【2013年、2017年考过】** （4）用于承重墙的砖和混凝土小型砌块； （5）用于拌制混凝土和砌筑砂浆的水泥；**【2017年、2022年考过】** （6）用于承重结构的混凝土中使用的掺加剂；

续表

项目	内容
送检范围	（7）地下、屋面、厕浴间使用的防水材料；**【2013年、2017年考过】** （8）国家规定必须实行见证取样和送检的其他试块、试件和材料
取样送检过程	在施工过程中，见证人员应按照见证取样和送检计划，对施工现场的取样和送检进行见证。取样人员应在试样或其包装上作出标识、封志。标识和封志应标明工程名称、取样部位、取样日期、样品名称和样品数量，并由见证人员和取样人员签字。见证人员和取样人员应对试样的代表性和真实性负责**【2015年、2020年、2023年考过】**

重点难点专项突破

1. 必须实施见证取样送检的试块、试件和材料范围的记忆口诀：5承重＋1水泥＋1防水。

2. 本考点可能会这样命题：

（1）施工人员对涉及结构安全的试块，应当现场采样并提交检测，负责见证监督的单位是（　　）。

A. 设计单位或者监理单位

B. 建设工程质量监督机构或者监理单位

C. 施工图审查机构或者建设单位

D. 监理单位或者建设单位

【答案】D

（2）根据《房屋建筑工程和市政基础设施工程实行见证取样和送检的规定》，涉及结构安全的试块、试件和材料见证取样和送检的最低比例是有关技术标准中规定应取样数量的（　　）。

A. 20%　　B. 30%

C. 25%　　D. 40%

【答案】B

（3）关于建设工程见证取样的说法，正确的是（　　）。

A. 施工人员对工程涉及结构安全的试块、试件和材料，应当在建设单位或工程监理单位监督下现场取样

B. 取样人员和见证人员应当在试样或其包装上作出标识、封志

C. 墙体保温材料应当根据建设单位的实际需要决定是否实施见证取样和送检

D. 见证人员应当由施工企业中具备施工试验知识的专业技术人员担任

【答案】A

（4）根据《房屋建筑工程和市政基础设施工程实行见证取样和送检的规定》，必须实施见证取样和送检的试块、试件和材料是（　　）。**【2022年真题】**

A. 用于拌制混凝土和砌筑砂浆的水泥

B. 用于非承重墙体的砌筑砂浆试块

C. 用于抹灰的水泥砂浆

D. 外墙装饰材料

【答案】A

专项突破4　建设工程的返修和保修

例题：《建设工程质量管理条例》规定，（　　）对施工中出现质量问题的建设工程或者竣工验收不合格的建设工程，应当负责返修。

A. 施工单位　　　　B. 建设单位

C. 责任单位　　　　D. 设计单位

【答案】A

重点难点专项突破

1. 本考点还可以考核的题目有：

（1）《民法典》规定，因施工人的原因致使建设工程质量不符合约定的，（B）有权要求施工人在合理期限内无偿修理或者返工、改建。

（2）对于非施工单位原因造成的质量问题，（A）应当负责返修。

（3）对于非施工单位原因造成的质量问题的损失及返修费用由（C）承担。

（4）建设工程竣工经验收后，在规定的保修期限内，因勘察、设计、施工、材料等原因造成的质量缺陷，由（A）负责维修、返工或更换，由（C）负责赔偿损失的法律制度。

2. 选项D为考试时可能会出现的干扰选项。

3. 隐蔽工程在隐蔽前，施工单位应当通知建设单位和建设工程质量监督机构。

【2022年考过】

4. 返修和保修这两个概念较为相似，考生可从下面三个要点对比理解和记忆。

【要点1】发生时间

返修	保修
① 施工过程中出现质量问题时。 ② 建设工程竣工验收不合格时	建设工程竣工经验收后的保修期限内

【要点2】返修/保修主体

返修	保修
施工单位	施工单位

【要点3】损失及费用承担人

返修	保修
责任单位	责任单位

相信考生看完上面三个表格后就会完全理解建设工程返修和保修这两个概念了。

7.5 建设工程竣工验收制度

专项突破1 建设工程竣工验收的主体和法定条件

序号	建设工程竣工验收应具备的法定条件	记忆关键词
1	完成建设工程设计和合同约定的各项内容【2011年、2013年、2016年、2021年考过】	“实体硬件”
2	有完整的技术档案和施工管理资料【2011年、2013年、2016年、2021年考过】	“软件”
3	有工程使用的主要建筑材料、建筑构配件和设备的进场试验报告【2016年考过】	试验报告
4	有勘察、设计、施工、工程监理等单位分别签署的质量合格文件【2011年、2013年考过】	质量合格文件
5	有施工单位签署的工程保修书【2016年、2021年考过】	保修书

重点难点专项突破

1. “技术档案和施工管理资料”包括：工程项目竣工验收报告；分项、分部工程和单位工程技术人员名单；图纸会审和技术交底记录；设计变更通知单，技术变更核实单；工程质量事故发生后调查和处理资料；隐蔽验收记录及施工日志；竣工图；质量检验评定资料等；合同约定的其他资料。**【2012年考过】**

2. 本考点共两个采分点：一是建设工程竣工验收的主体有哪些；二是建设工程竣工验收的条件。上述例题是对建设工程竣工验收条件的考查，下面来讲一下建设工程竣工验收的主体有哪些。

《建设工程质量管理条例》规定，建设单位收到建设工程竣工验收报告后，应当组织设计、施工、工程监理等有关单位进行竣工验收。**【2012年、2015年、2018年考过】**

通过这一条文规定我们可以得到两个要点：

【要点1】组织建设工程竣工验收的主体是：建设单位。**【2023年、2024年考过】**

【要点2】参加建设工程竣工验收的主体有：建设、设计、施工、工程监理等单位。

3. 本考点可能会这样命题：

建设工程竣工验收应当具备的条件有（　　）。

A. 有完整的技术档案和施工管理资料

B. 有施工企业签署的工程保修书

C. 有工程使用的主要建筑材料、建筑构配件和设备的进场试验报告

D. 有勘察、设计、施工、监理等单位分别签署的质量合格文件

E. 已经办理工程竣工资料归档手续

【答案】A、B、C、D

专项突破2 建设工程的规划、消防、节能和环保验收

例题：《城乡规划法》规定，建设单位应当在竣工验收后6个月内向城乡规划主管部门报送有关竣工验收资料。（　　）应当按照规定对建设工程是否符合规划条件予以核实。未经核实或者经核实不符合规划条件的，建设单位不得组织竣工验收。**【2020年**

考过】

A．县级以上地方人民政府城乡规划主管部门

B．住房和城乡建设主管部门

C．国务院环境保护行政主管部门

D．公安机关消防机构

【答案】A

重点难点专项突破

1．本考点还可以考核的题目有：

（1）《消防法》规定，国务院住房和城乡建设主管部门规定应当申请消防验收的建设工程竣工，建设单位应当向（B）申请消防验收。

提问：《消防法》对于国务院住房和城乡建设主管部门规定应当申请消防验收的建设工程以外的其他建设工程是如何规定的呢？

答：建设单位在验收后应当报住房城乡建设主管部门备案，住房城乡建设主管部门应当进行抽查。

（2）《建设项目环境保护管理条例》规定，编制环境影响报告书、环境影响报告表的建设项目竣工后，建设单位应当按照（C）规定的标准和程序，对配套建设的环境保护设施进行验收，编制验收报告。

2．上述例题的题干部分涉及一个单项选择题的采分点，即“6个月内”。

3．考生还需要掌握以下可考采分点：

（1）建设工程竣工后，建设单位应当依法向城乡规划行政主管部门提出竣工规划验收申请。对于验收合格的，由城乡规划行政主管部门出具规划认可文件或核发建设工程竣工规划验收合格证。**【2019年、2020年考过】**

（2）建设单位应当自建设工程竣工验收合格之日起15日内，将建设工程竣工验收报告和规划、公安消防、环保等部门出具的认可文件或者准许使用文件报建设行政主管部门或者其他有关部门备案。

4．关于节能验收的知识点，我们学习一下2024年的真题：

关于建筑工程节能的说法，正确的有（　　）。**【2024年真题】**

A．建设单位组织竣工验收，应当对民用建筑是否符合民用建筑节能强制性标准进行查验

B．单位工程竣工验收应当在建筑节能分部工程验收合格后进行

C．政府投资项目不符合强制性节能标准的，不得批准建设

D．不符合强制性节能标准的项目，可以进行开工建设

E．建筑节能分部工程的质量验收，施工企业应当先行自检合格

【答案】A、B、C、E

专项突破3　建设工程竣工验收备案

例题：《房屋建筑和市政基础设施工程竣工验收备案管理办法》规定，建设单位应当自工程竣工验收合格之日起15日内，向工程所在地的县级以上地方人民政府建设主管部门备案。建设单位办理工程竣工验收备案应当提交的文件有（　　）。**【2012年、2013年考过】**

A．工程竣工验收备案表**【2013年考过】**

B．工程竣工验收报告**【2012年、2013年考过】**

C．法律、行政法规规定应由规划、环保等部门出具的认可文件或准许使用文件

D．施工单位签署的工程质量保修书**【2012年、2013年考过】**

E．住宅工程的住宅质量保证书、住宅使用说明书**【2012年考过】**

F．地下管线工程项目准备阶段文件、监理文件、施工文件、竣工验收文件和竣工图

G．地下管线竣工测量成果

H．地下管线工程项目准备阶段文件、监理文件、施工文件、竣工验收文件和竣工图

【答案】A、B、C、D、E、F

重点难点专项突破

1．本考点还可以考核的题目有：

《城市地下管线工程档案管理办法》规定，建设单位在地下管线工程竣工验收备案前，应当向城建档案管理机构移交的档案资料有（G、H）。

2．例题的题干部分也可独立成题进行考核，考核点是“15日”“工程所在地的县级以上地方人民政府建设主管部门”。

7.6　建设工程质量保修制度

专项突破1　建设工程质量保修书

<table>
<tr><th colspan="2">项目</th><th>内容</th></tr>
<tr><td colspan="2">提交主体</td><td>承包单位</td></tr>
<tr><td colspan="2">提交时间</td><td>向建设单位提交工程竣工验收报告时【2011年、2013年、2015年考过】</td></tr>
<tr><td rowspan="3">主要内容</td><td>保修范围【2012年考过】</td><td>应包括地基基础工程、主体结构工程、屋面防水工程和其他土建工程，以及电气管线、上下水管线的安装工程，供热、供冷系统工程等项目</td></tr>
<tr><td>保修期限</td><td>自竣工验收合格之日起计算【2012年、2022年考过】</td></tr>
<tr><td>保修责任【2012年考过】</td><td>施工单位在保修书中应向建设单位承诺保修范围、保修期限和有关具体实施保修的措施、不履行保修责任的罚则等内容。
施工单位在建设工程质量保修书中，应当对建设单位合理使用建设工程有所提示。如果是因建设单位或者用户使用不当或擅自改动结构、设备位置以及不当装修等造成质量问题的，施工单位不承担保修责任；由此而造成的质量受损或者其他用户损失，应当由责任人承担相应的责任。
因保修人未及时履行保修义务，导致建筑物损毁或者造成人身、财产损害的，保修人应当承担赔偿责任【2021年考过】</td></tr>
</table>

重点难点专项突破

1. 本考点需要着重掌握两个采分点：一是质量保修书的内容；二是质量保修书的提交主体及时间。

2. 本考点可能会这样命题：

（1）建设工程承包单位应当向建设单位出具质量保修书，其内容包括建设工程的（　　）。

A. 保修范围
B. 工程简况和施工管理要求
C. 保修期限
D. 保修责任
E. 超过合理使用年限继续使用的条件

【答案】A、C、D

（2）根据《建设工程质量管理条例》，法定质量保修范围有（　　）。

A. 土石方工程
B. 地基基础工程
C. 电气管线工程
D. 景观绿化工程
E. 屋面防水工程

【答案】B、C、E

专项突破2　建设工程质量的最低保修期限

例题：《建设工程质量管理条例》规定，在正常使用条件下，最低保修期限为5年的工程范围有（　　）。

A. 房屋建筑的基础设施工程**【2022年考过】**
B. 房屋建筑的地基基础工程
C. 房屋建筑的主体结构工程**【2022年考过】**
D. 屋面防水工程**【2022年考过】**
E. 有防水要求的卫生间工程
F. 房间和外墙面的防渗漏工程
G. 供热与供冷系统工程**【2022年考过】**
H. 电气管线工程
I. 设备安装工程**【2022年考过】**
J. 给排水管道工程**【2021年考过】**
K. 装修工程**【2022年考过】**

【答案】D、E、F

重点难点专项突破

1. 本考点还可以考核的题目有：

（1）《建设工程质量管理条例》规定，在正常使用条件下，最低保修期限为设计文件规定的合理使用年限的工程范围是（A、B、C）。**【2023年考过】**

（2）《建设工程质量管理条例》规定，在正常使用条件下，最低保修期限为2个采暖期、供冷期的工程是（G）。

（3）《建设工程质量管理条例》规定，在正常使用条件下，最低保修期限为2年的工程范围有（H、I、J、K）。

2. 关于保修期还需要掌握以下要点：

【要点1】建设工程的保修期应从工程竣工验收合格之日起计算。（注：与缺陷责任期的起始日相同）**【2012年、2016年考过】**

【要点2】建设单位与施工单位经平等协商另行签订保修合同的，其保修期限可以高于法定的最低保修期限，但不能低于最低保修期限，否则视作无效。

3. 除了要掌握各类工程的最低保修期限外还需要注意《建设工程质量管理条例》规定最低保修期限的工程有哪些，这一采分点曾采用下题的形式考查：

根据《建设工程质量管理条例》，具有法定最低保修期限的有（　　）。**【2011年真题】**

A. 基础设施工程　　B. 设备安装、装修工程

C. 门禁监控系统　　D. 电气管线、给水排水管道工程

E. 供热与供冷系统

【答案】A、B、D、E

4. 现在来讲一下本考点最后一个采分点——建设工程超过合理使用年限后需要继续使用的规定。

> 先来思考一个问题：
> 建设工程在超过合理使用年限后是否可以继续使用呢？如果要继续使用应采取怎样的措施呢？

《建设工程质量管理条例》规定，建设工程在超过合理使用年限后需要继续使用的，产权所有人应当委托具有相应资质等级的勘察、设计单位鉴定，并根据鉴定结果采取加固、维修等措施，重新界定使用期。**【2013年、2017年、2022年考过】**

专项突破3　缺陷责任期

例题：缺陷责任期可由发承包双方在合同中约定，一般为（　　）年。

A. 1　　B. 2

C. 90　　D. 30

【答案】A

重点难点专项突破

1. 本考点还可以考核的题目有：

（1）缺陷责任期最长不得超过（B）年。

（2）由于发包人原因导致工程无法按规定期限进行竣工验收的，在承包人提交竣工

验收报告（C）天后，工程自动进入缺陷责任期。**【2022年考过】**

2. D选项为考试时可能会出现的干扰项。

3. 除了以上题目所涉及的知识点外，还需要知道缺陷责任期从何时起计算：

缺陷责任期从工程通过竣工验收之日起计。由于承包人原因导致工程无法按规定期限进行竣工验收的，缺陷责任期从实际通过竣工验收之日起计。**【2018年、2020年考过】**

专项突破4　建设工程质量保证金

项目	内容
预留	应从应付的工程款中预留。 在工程项目竣工前，已经缴纳履约保证金的，发包人不得同时预留工程质量保证金。**【2019年、2020年、2021年、2024年考过】** 采用工程质量保证担保、工程质量保险等保证方式的，发包人不得再预留保证金。**【2020年、2024年考过】** 保证金总预留比例不得高于工程价款结算总额的3%。**【2024年考过】** 由承包人以银行保函替代预留保证金的，保函金额不得高于工程价款结算总额的3%**【2020年、2024年考过】**
作用	用以保证承包人在缺陷责任期内对出现的缺陷进行维修
管理	缺陷责任期内，实行国库集中支付的政府投资项目，保证金的管理应按国库集中支付的有关规定执行。**【2018年考过】** 缺陷责任期内，如发包方被撤销，保证金随交付使用资产一并移交使用单位管理。 社会投资项目采用预留保证金方式的，可将保证金交由第三方金融机构托管**【2020年考过】**
返还	承包人认真履行合同责任，缺陷责任期到期后，承包人向发包人申请返还保证金。 发包人接到承包人返还保证金申请后，应在核实无异议后14日内将保证金返还

重点难点专项突破

1. 本考点在历年考试中的考查频次很高，一定要掌握。

2. 对建筑业企业在工程建设中需缴纳的保证金，除依法依规设立的投标保证金、履约保证金、工程质量保证金、农民工工资保证金外，其他保证金一律取消。**【2022年、2023年考过】**

3. 除了以上知识点外，还应掌握建设工程缺陷维修的相关知识。

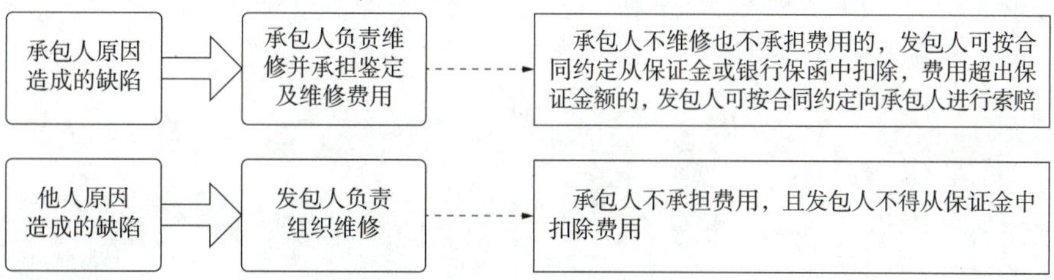

4. 本考点可能会这样命题：

关于建设工程领域保证金的说法，正确的是（　　）。

A. 省级住房城乡建设主管部门有权新设保证金项目

B. 未按规定返还保证金，保证金收取方无需向建筑业企业支付逾期返还违约金

C. 保证金只能以现金方式提交

D. 工程项目竣工前，已经提交履约保证金的，建设单位不得同时预留工程质量保证金

【答案】D

第8章　建设工程环境保护和历史文化遗产保护法律制度

8.1　建设工程环境保护制度

专项突破1　建设工程大气污染的防治

例题：暂时不能开工的建设用地，超过（　　）个月的，应当进行绿化、铺装或者遮盖。

A．1.8　　　　B．2.5

C．3　　　　D．6

【答案】C

重点难点专项突破

1. 本考点还可以考核的题目有：

（1）城市范围内主要路段的施工工地应设置高度不小于（B）m的封闭围挡。

（2）城市范围内一般路段的施工工地应设置高度不小于（A）m的封闭围挡。

2. 以上是关于大气污染防治所有数字类的采分点，除了以上采分点外，还应掌握以下可考内容：

（1）国家大气污染防治重点区域内新建、改建、扩建用煤项目的，应当实行煤炭的等量或者减量替代。

（2）建设单位应当将防治扬尘污染的费用列入工程造价，并在施工承包合同中明确施工单位扬尘污染防治责任。

（3）施工单位应当在施工工地设置硬质围挡，并采取覆盖、分段作业、择时施工、洒水抑尘、冲洗地面和车辆等有效防尘降尘措施。

（4）工程渣土、建筑垃圾应当进行资源化处理。

（5）施工单位应当在施工工地公示扬尘污染防治措施、负责人、扬尘监督管理主管部门等信息。

（6）裸露的场地和堆放的土方应采取覆盖、固化或绿化等措施。

（7）土方和建筑垃圾的运输应采用封闭式运输车辆或采取覆盖措施。建筑物内施工垃圾的清运，应采用器具或管道运输，严禁随意抛掷。施工现场严禁焚烧各类废弃物。

（8）装卸物料应当采取密闭或者喷淋等方式防治扬尘污染。

专项突破2 施工现场水污染的防治

项目	内容
禁止排放	禁止向水体排放油类、酸液、碱液或者剧毒废液。 禁止向水体排放、倾倒工业废渣、城镇垃圾和其他废弃物。 禁止利用渗井、渗坑、裂隙、溶洞，私设暗管，篡改、伪造监测数据，或者不正常运行水污染防治设施等逃避监管的方式排放水污染物。 禁止利用无防渗漏措施的沟渠、坑塘等输送或者存贮含有毒污染物的废水、含病原体的污水和其他废弃物**【2017年考过】**
排水许可证	各类施工作业需要排水的，由建设单位申请领取排水许可证。 因施工作业需要向城镇排水设施排水的，排水许可证的有效期，由城镇排水主管部门根据排水状况确定，但不得超过施工期限**【2018年考过】**
不得收取费用	城镇排水主管部门实施排水许可不得收费**【2016年考过】**
发生事故或者其他突发性事件的规定	企事业单位发生事故或者其他突发性事件，造成水污染事故的，应立即启动本单位的应急方案，采取应急措施，并向事故发生地的县级以上地方人民政府或者环境保护主管部门报告**【2015年考过】**

重点难点专项突破

1. 关于施工现场水污染防治措施的可考采分点很多，要将其作为重点内容来备考。

2. 本考点可能会这样命题：

关于向城镇排水设施排放污水的说法正确的是（　　）。

A. 各类施工作业需要排水的，由施工企业申请领取排水许可证

B. 城镇排水主管部门实施排水许可不得收费

C. 施工作业排水许可证的有效期，由建设行政主管部门根据工期确定

D. 排水户应当按实际需要的排水类别、总量排放污水

【答案】B

3. 2024年的真题我们学习一下：

根据《水污染防治法》，禁止设置排污口的是（　　）。**【2024年真题】**

A. 风景名胜区水体　　B. 货运码头

C. 饮用水水源保护区内　　D. 具有特殊经济文化价值的水体

【答案】C

专项突破3 建设工程固体废物污染环境的防治

例题：根据住房和城乡建设部《关于推进建筑垃圾减量化的指导意见》（建质〔2020〕46号），对于建筑垃圾污染防治进一步明确规定了（　　）。

A. 实行建筑垃圾分类管理　　B. 引导施工现场建筑垃圾再利用

C. 减少施工现场建筑垃圾排放

【答案】A、B、C

重点难点专项突破

1. 关于建设项目固体废物污染环境防治的采分点：

（1）建设项目的环境影响评价文件确定需要配套建设的固体废物污染环境防治设施，应当与主体工程同时设计、同时施工、同时投入使用。

（2）建设项目的初步设计，应当按照环境保护设计规范的要求，将固体废物污染环境防治内容纳入环境影响评价文件，落实防治固体废物污染环境和破坏生态的措施以及固体废物污染环境防治设施投资概算。

（3）建设单位应当依照有关法律法规的规定，对配套建设的固体废物污染环境防治设施进行验收，编制验收报告，并向社会公开。

2. 关于建筑垃圾污染防治的采分点：

（1）工程施工单位应当编制建筑垃圾处理方案，采取污染防治措施，并报县级以上地方人民政府环境卫生主管部门备案。

（2）施工单位应建立建筑垃圾分类收集与存放管理制度，实行分类收集、分类存放、分类处置。

（3）鼓励以末端处置为导向对建筑垃圾进行细化分类。

（4）严禁将危险废物和生活垃圾混入建筑垃圾。

（5）鼓励采用现场泥沙分离、泥浆脱水预处理等工艺，减少工程渣土和工程泥浆排放。

3. 关于工业固体废物许可管理与污染防治的采分点：

（1）产生工业固体废物的单位应当取得排污许可证。

（2）国家鼓励采取先进工艺对尾矿、煤矸石、废石等矿业固体废物进行综合利用。

4. 关于危险废物污染防治的采分点：

（1）禁止混合收集、贮存、运输、处置性质不相容而未经安全性处置的危险废物。

（2）产生、收集、贮存、运输、利用、处置危险废物的单位，应当依法制定意外事故的防范措施和应急预案，并向所在地生态环境主管部门和其他负有固体废物污染环境防治监督管理职责的部门备案。

专项突破4　建设工程噪声污染的防治

项目	内容
建设项目噪声污染防治	（1）建设项目的噪声污染防治设施应当与主体工程同时设计、同时施工、同时投产使用。 （2）建设项目在投入生产或者使用之前，建设单位应当依照有关法律法规的规定，对配套建设的噪声污染防治设施进行验收，编制验收报告，并向社会公开。 （3）未经验收或者验收不合格的，该建设项目不得投入生产或者使用
建筑施工噪声污染防治	（1）建设单位应当按照规定将噪声污染防治费用列入工程造价，在施工合同中明确施工单位的噪声污染防治责任。 （2）建设单位应当监督施工单位落实噪声污染防治实施方案。 （3）在噪声敏感建筑物集中区域，禁止夜间进行产生噪声的建筑施工作业，但抢修、抢险施工作业，因生产工艺要求或者其他特殊需要必须连续施工作业的除外。

续表

项目	内容
建筑施工噪声污染防治	（4）因特殊需要必须连续施工作业的，应当取得地方人民政府住房城乡建设、生态环境主管部门或者地方人民政府指定的部门的证明，并在施工现场显著位置公示或者以其他方式公告附近居民**【2024年考过】**
交通运输噪声污染防治	禁止驾驶拆除或者损坏消声器、加装排气管等擅自改装的机动车以轰鸣、疾驶等方式造成噪声污染

重点难点专项突破

1. 主要掌握建筑施工噪声污染防治的措施。

2. 理解几个概念：

（1）建筑施工噪声，是指在建筑施工过程中产生的干扰周围生活环境的声音。

（2）国务院工业和信息化主管部门会同国务院生态环境、住房和城乡建设、市场监督管理等部门，公布低噪声施工设备指导名录并适时更新。

（3）交通运输噪声，是指机动车、铁路机车车辆、城市轨道交通车辆、机动船舶、航空器等交通运输工具在运行时产生的干扰周围生活环境的声音。

3. 2024年的真题我们学习一下：

在噪声敏感建筑物集中区域因特殊需要必须连续施工作业的，应当取得地方人民政府住房城乡建设、生态环境主管部门或者地方人民政府指定的部门的证明，并（　　）。**【2024年真题】**

A. 向附近居民支付赔偿费用

B. 报经应急管理部门审批

C. 经居民小区业主委员会同意

D. 在施工现场显著位置公示或者以其他方式公告附近居民

【答案】D

8.2　施工中历史文化遗产保护制度

专项突破1　受法律保护的文物范围

例题：根据《文物保护法》，属于国家所有的不可移动文物有（　　）。

A. 除国家另有规定外，中国境内出土的可移动文物

B. 古文化遗址、古墓葬、石窟寺**【2018年、2022年考过】**

C. 除国家另有规定的，国家指定保护的纪念建筑物、古建筑

D. 除国家另有规定的，国家指定保护的壁画、近代现代代表性建筑

E. 国有文物收藏单位以及其他国家机关、部队收藏、保管的可移动文物

F. 国有企业、事业组织收藏、保管的可移动文物**【2018年、2019年考过】**

G. 国家征集、购买的可移动文物

H. 公民、法人和其他组织捐赠给国家的可移动文物

I. 集体所有的纪念建筑物、古建筑

J. 私人所有的祖传文物【2024年考过】

K. 私人收藏的古玩字画【2018年考过】

【答案】B、C、D

重点难点专项突破

1. 本考点还可以考核的题目有：

（1）根据《文物保护法》，国家所有的可移动文物有（A、E、F、G、H）。

（2）根据《文物保护法》，不属于国家所有的文物是（I、J、K）。【2024年考过】

2.《文物保护法》规定，在中华人民共和国境内，下列文物受国家保护：

（1）具有历史、艺术、科学价值的古文化遗址、古墓葬、古建筑、石窟寺和石刻、壁画；

（2）与重大历史事件、革命运动或者著名人物有关的以及具有重要纪念意义、教育意义或者史料价值的近代现代重要史迹、实物、代表性建筑；【2023年考过】

（3）历史上各时代珍贵的艺术品、工艺美术品；【2021年、2023年考过】

（4）历史上各时代重要的文献资料以及具有历史、艺术、科学价值的手稿和图书资料等；

（5）反映历史上各时代、各民族社会制度、社会生产、社会生活的代表性实物。【2023年考过】

3. 国有不可移动文物的所有权不因其所依附的土地所有权或者使用权的改变而改变。

4. 属于国家所有的可移动文物的所有权不因其保管、收藏单位的终止或者变更而改变。

专项突破2　历史文化名城名镇名村的保护

例题：根据《文物保护法》，对保存文物特别丰富并且具有重大历史价值或者革命纪念意义的城市，有权核定公布其为历史文化名城的单位是（　　）。【2021年真题题干】

A. 国务院【2021年考过】

B. 省、自治区、直辖市人民政府

C. 国务院住房城乡建设行政主管部门

D. 国务院文物行政主管部门

【答案】A

重点难点专项突破

1. 本考点还可以考核的题目有：

保存文物特别丰富并且具有重大历史价值或者革命纪念意义的城镇、街道、村庄，由（B）核定公布为历史文化街区、村镇，并报国务院备案。

2. 选项C、D为考试时可能会出现的干扰项。

3. 除了以上两道题目所涉及的采分点外，还应知道申报历史文化名城、名镇、名村，需要具备的条件有哪些。

《历史文化名城名镇名村保护条例》规定，具备下列条件的城市、镇、村庄，可以申报历史文化名城、名镇、名村：（1）保存文物特别丰富；（2）历史建筑集中成片；（3）保留着传统格局和历史风貌；（4）历史上曾经作为政治、经济、文化、交通中心或者军事要地，或者发生过重要历史事件，或者其传统产业、历史上建设的重大工程对本地区的发展产生过重要影响，或者能够集中反映本地区建筑的文化特色、民族特色。**【2015年考过】**

这一采分点的考查形式如下：

根据《历史文化名城名镇名村保护条例》，属于申报历史文化名城、名镇、名村条件的有（　　）。**【2015年真题】**

A. 保存文物特别丰富

B. 历史建筑集中成片

C. 保留着传统自然格局和地理风貌

D. 集中反映本地区建筑的文化特色、民族特色

E. 历史上曾经作为政治、经济、文化、交通中心或者军事要地

【答案】A、B、D、E

专项突破3　在文物保护单位保护范围内和建设控制地带内进行工程建设的要求

例题：《文物保护法》规定，因特殊情况需要在文物保护单位的保护范围内进行其他建设工程或者爆破、钻探、挖掘等作业的，必须保证文物保护单位的安全，并经（　　）批准，在批准前应当征得同意。**【2014年考过】**

A. 核定公布文物保护单位的人民政府　　B. 上一级人民政府文物行政部门

C. 省、自治区、直辖市人民政府　　D. 国务院文物行政部门

E. 城乡建设规划部门

【答案】A

重点难点专项突破

本考点还可以考核的题目有：

（1）《文物保护法》规定，因特殊情况需要在文物保护单位的保护范围内进行其他建设工程或者爆破、钻探、挖掘等作业的，必须保证文物保护单位的安全，在获批前应当征得（B）同意。

（2）《文物保护法》规定，在全国重点文物保护单位的保护范围内进行其他建设工程或者爆破、钻探、挖掘等作业的，必须经（C）批准。**【2011年考过】**

（3）《文物保护法》规定，在全国重点文物保护单位的保护范围内进行其他建设工程或者爆破、钻探、挖掘等作业的，在获批前应征得（D）同意。**【2012年考过】**

（4）《文物保护法》规定，在文物保护单位的建设控制地带内进行建设工程，不得

破坏文物保护单位的历史风貌，工程设计方案应当根据文物保护单位的级别，经相应的文物行政部门同意后，报（E）批准。**【2012年考过】**

专项突破4 在历史文化名城名镇名村保护范围内进行工程建设的要求

例题：经有关部门依法办理批准手续后，可以在历史文化名城名镇名村保护范围内进行的活动是（ ）。**【2017年真题题干】**

A. 开山、采石、开矿等破坏传统格局和历史风貌的活动

B. 占用保护规划确定保留的园林绿地、河湖水系、道路等

C. 修建生产、储存爆炸性、易燃性、放射性、毒害性、腐蚀性物品的工厂、仓库等

D. 在历史建筑上刻划、涂污

E. 改变园林绿地、河湖水系等自然状态的活动**【2017年考过】**

F. 在核心保护范围内进行影视摄制、举办大型群众性活动**【2019年考过】**

【答案】E、F

重点难点专项突破

1. 本考点还可以考核的题目有：

《历史文化名城名镇名村保护条例》规定，在历史文化名城、名镇、名村保护范围内禁止进行的活动有（A、B、C、D）。

2. 上面两道题目，一道题考查的是禁止进行的活动，另一道题考查的是经有关部门依法办理批准手续后，可以进行的活动。这两类不同的情形，在考查时可互为干扰项。

3. 本考点还需要掌握以下采分点：

在历史文化街区、名镇、名村核心保护范围内，不得进行新建、扩建活动。但是，新建、扩建必要的基础设施和公共服务设施除外。**【2016年考过】**

这一采分点在历年考试中的考查形式如下：

根据《历史文化名城名镇名村保护条例》，在历史文化街区、名镇、名村核心保护范围内，允许建设的工程是（ ）。**【2016年真题】**

A. 新建住宅　　B. 新建厂房

C. 扩建必要公共服务设施　　D. 扩建办公楼

【答案】C

专项突破5 施工发现文物报告和保护的规定

项目	内容
配合建设工程进行考古发掘工作的规定	《文物保护法》规定，地下埋藏的文物，任何单位或者个人都不得私自发掘。考古发掘的文物，任何单位或者个人不得侵占。**【2015年考过】** 进行大型基本建设工程，建设单位应当事先报请省、自治区、直辖市人民政府文物行政部门组织从事考古发掘的单位在工程范围内有可能埋藏文物的地方进行考古调查、勘探。**【2023年考过】** 确因建设工期紧迫或者有自然破坏危险，对古文化遗址、古墓葬急需进行抢救发掘的，由省、自治区、直辖市人民政府文物行政部门组织发掘，并同时补办审批手续**【2015年、2023年考过】**

续表

项目	内容
施工发现文物的报告和保护	《文物保护法》规定，在进行建设工程或者在农业生产中，任何单位或者个人发现文物，应当保护现场，立即报告当地文物行政部门，文物行政部门接到报告后，如无特殊情况，应当在24小时内赶赴现场，并在7日内提出处理意见**【2013年、2020年、2023年、2024年考过】**

重点难点专项突破

1. 注意上表中“24”“7”这两个关键数字，很可能会单独考查单项选择题。

2. 本考点可能会这样命题：

（1）根据《文物法》，关于需要配合建设工程进行考古发掘工作的说法，正确的（　　）。**【2024年真题】**

A. 应当由省、自治区、直辖市文物行政部门在勘探工作的基础上提出发掘计划，报国务院文物行政部门批准

B. 国务院文物行政部门在批准发掘计划前，应当征求社会科学研究机构及其他科研机构和有关专家的意见

C. 建设单位对配合建设工程进行的考古调查、勘探、发掘，应当予以协助

D. 确因建设工期紧迫，对古文化遗址急需进行抢救发掘的，由省级文物行政部门组织发掘，并同时补办审批手续

E. 确因有自然破坏危险，对古墓葬急需进行抢救发掘的，组织发掘的部门为建设工程所在地县级人民政府文物行政部门

【答案】A、B、C、D

（2）进行大型基本建设工程，建设单位应当事先报请（　　）组织从事考古发掘的单位在工程范围内有可能埋藏文物的地方进行考古调查、勘探。

A. 国务院

B. 国务院住房城乡建设行政主管部门

C. 省、自治区、直辖市人民政府文物行政部门

D. 城乡建设规划部门

【答案】C

（3）《文物保护法》规定，在进行建设工程或者在农业生产中，任何单位或者个人发现文物，应当保护现场，立即报告当地文物行政部门，文物行政部门接到报告后，如无特殊情况，应当在（　　）日内提出处理意见。

A. 5　　　　B. 7

C. 10　　　　D. 24

【答案】B

第9章　建设工程劳动保障法律制度

9.1　劳动合同制度

专项突破1　劳动合同的分类

例题：《劳动合同法》规定，劳动合同分为（　　）。

A. 固定期限劳动合同

B. 无固定期限劳动合同**【2011年、2015年、2022年考过】**

C. 以完成一定工作任务为期限的劳动合同

D. 集体合同

【答案】A、B、C

重点难点专项突破

1. 本考点还可以考核的题目有：

（1）劳动合同双方当事人在劳动合同中明确规定了合同效力的起始和终止的时间的合同是（A）。

（2）用人单位与劳动者约定无确定终止时间的劳动合同属于（B）。

（3）张女士到甲企业工作已满20年，张女士有权要求与甲企业签订（B）。

（4）王先生于2013年1月进入乙国有企业工作，2023年3月，该企业改制，王先生已年满52岁，此时王先生有权要求与乙企业签订（B）。

（5）在公司已经连续订立两次固定期限劳动合同，但因公负伤不能从事原工作的李某有权要求与公司签订（B）。

（6）用人单位与劳动者约定以某项工作的完成为合同期限的劳动合同属于（C）。

2. 选项D为考试时可能会出现的干扰选项。

3. 本考点在历年考试中的考核频次并不高，且都是对应订立无固定期限劳动合同的类型进行的考查，因此本考点应着重记忆这一采分点。

4. 应订立无固定期限劳动合同的情形。

用人单位与劳动者协商一致，可以订立无固定期限劳动合同。有下列情形之一，劳动者提出或者同意续订、订立劳动合同的，除劳动者提出订立固定期限劳动合同外，应当订立无固定期限劳动合同：

（1）劳动者在该用人单位连续工作满10年的；**【2011年、2022年考过】**

（2）用人单位初次实行劳动合同制度或者国有企业改制重新订立劳动合同时，劳动

者在该用人单位连续工作满10年且距法定退休年龄不足10年的；**【2011年考过】**

（3）连续订立两次固定期限劳动合同，且劳动者没有《劳动合同法》第39条和第40条第1项、第2项规定的情形，续订劳动合同的。**【2015年、2022年、2024年考过】**

5. 本考点的考核形式举例如下：

某施工企业的下列劳动者中，有权要求与企业订立无固定期限劳动合同的是（　　）。

A. 在该施工企业已经连续订立2次固定期限劳动合同，因工负伤调整到其他工作岗位的李某

B. 在该施工企业连续工作刚满8年的张某

C. 在该施工企业工作满2年，并被任命为总经理的王某

D. 在该施工企业累计工作刚满10年，期间曾离开过企业1年的刘某

【答案】A

6. 劳动合同的其他分类方法：

（1）按照就业方式的不同，劳动合同可以分为全日制劳动合同和非全日制劳动合同。

（2）按照劳动合同主体的数量，劳动合同可以分为个人劳动合同和集体劳动合同两类。

专项突破2　订立劳动合同应遵循的原则及注意事项

例题：用人单位与劳动者在用工前订立劳动合同的，劳动关系自（　　）建立。

A. 用工之日起

B. 用工之日起1个月内**【2014年考过】**

C. 订立合同之日起

D. 实际支付工资之日起

【答案】A

重点难点专项突破

1. 本考点还可以考核的题目有：

（1）用人单位自（A）即与劳动者建立劳动关系。

（2）《劳动合同法》规定，已建立劳动关系，未同时订立书面劳动合同的，应当自（B）订立书面劳动合同。

2. 选项C、D为考试时可能会出现的干扰项。

3. 本考点还可能会考查的知识点有：

（1）《劳动合同法》规定，订立劳动合同，应当遵循合法、公平、平等自愿、协商一致、诚实信用的原则。

（2）用人单位招用劳动者，不得扣押劳动者的居民身份证和其他证件，不得要求劳动者提供担保或者以其他名义向劳动者收取财物。**【2011年考过】**

专项突破3　劳动合同的基本条款

例题：下列合同条款中，属于劳动合同必备条款的是（　　）。**【2012年真题题干】**

A．用人单位的名称、住所和法定代表人或主要负责人

B．劳动合同期限

C．劳动者的姓名、住址和居民身份证或其他有效身份证件号码

D．工作内容和工作地点

E．工作时间和休息休假

F．劳动报酬**【2012年考过】**

G．社会保险

H．劳动保护、劳动条件和职业危害防护**【2010年考过】**

I．试用期限**【2014年考过】**

J．补充保险**【2014年考过】**

K．福利待遇

L．保守商业秘密**【2014年考过】**

【答案】A、B、C、D、E、F、G、H

重点难点专项突破

1．本考点还可以考核的题目有：

下列劳动合同条款中，属于约定条款的有（I、J、K、L）。**【2014年真题题干】**

2．本考点重在记忆，在做题时可以采用排除法，记住约定条款后，剩下的就是必备条款。

专项突破4　试用期

例题：根据《劳动合同法》的规定，劳动合同期限3个月以上不满1年的，试用期（　　）。

A．不得超过1个月

B．不得超过2个月**【2012年、2020年考过】**

C．不得超过6个月

D．只能约定1次

E．不得作出约定

F．不成立

【答案】A、D

重点难点专项突破

1．本考点还可以考核的题目有：

（1）根据《劳动合同法》的规定，劳动合同期限1年以上不满3年的，试用期（B、D）。

（2）根据《劳动合同法》的规定，3年以上固定期限和无固定期限的劳动合同，其试用期（C）。

（3）根据《劳动合同法》的规定，以完成一定工作任务为期限的劳动合同，其试用期（E）。

（4）根据《劳动合同法》的规定，劳动合同仅约定试用期的，这一试用期（F）。

（5）根据《劳动合同法》的规定，劳动合同期限不满3个月的，其试用期（E）。

2. 劳动合同的试用期限，考生可参照下表记忆。

劳动合同的试用期限

劳动合同期限	试用期限
3个月～1年	≤1个月
1～3年	≤2个月
＞3年	≤6个月

3. 本考点还需要掌握以下要点：

【要点1】试用期应包含在劳动合同期限内。

【要点2】劳动者在试用期的工资不得低于本单位相同岗位最低档工资或者劳动合同约定工资的80%，并不得低于用人单位所在地的最低工资标准。

专项突破5　劳动合同的无效与终止

例题：《劳动合同法》规定，下列情形中，将导致劳动合同无效或者部分无效的有（　　）。

A. 以欺诈、胁迫的手段或者乘人之危，使对方在违背真实意思的情况下订立或者变更劳动合同的

B. 用人单位免除自己的法定责任、排除劳动者权利的

C. 劳动合同期满的

D. 劳动者开始依法享受基本养老保险待遇的

E. 劳动者死亡的

F. 劳动者被人民法院宣告死亡或者宣告失踪的

G. 用人单位被依法宣告破产的

H. 用人单位被吊销营业执照、责令关闭、撤销的

I. 用人单位决定提前解散的

【答案】A、B

重点难点专项突破

1. 本考点还可以考核的题目有：

《劳动合同法》规定，劳动合同的终止情形有（C、D、E、F、G、H、I）。**【2021年第二批考过】**

2. 重点掌握劳动合同的无效情形，而劳动合同的终止情形了解即可。

专项突破6　劳动合同的解除

例题：根据《劳动合同法》的规定，劳动者可以解除劳动合同的情形有（　　）。

A. 用人单位未按照劳动合同约定提供劳动保护或者劳动条件的

B. 用人单位被依法宣告破产的**【2021年考过】**

C. 劳动者在试用期间被证明不符合录用条件的**【2012年、2017年、2019年考过】**

D. 从事接触职业病危害作业的劳动者未进行离岗前职业健康检查的

E. 用人单位未及时足额支付劳动报酬的

F. 劳动者严重违反用人单位的规章制度的**【2012年、2019年考过】**

G. 劳动者不能胜任工作，经过培训或调整工作岗位，仍不能胜任工作的**【2021年考过】**

H. 疑似职业病病人在诊断或者医学观察期间的

I. 用人单位被吊销营业执照、责令关闭、撤销或用人单位决定提前解散的

J. 用人单位未依法为劳动者缴纳社会保险费的**【2021年考过】**

K. 劳动者严重失职，营私舞弊，给用人单位造成重大损害的**【2012年考过】**

L. 劳动者被依法追究刑事责任的

M. 劳动者在本单位患职业病或因工负伤并被确认丧失或部分丧失劳动能力的**【2021年考过】**

N. 用人单位的规章制度违反法律、法规的规定，损害劳动者权益的

O. 用人单位违章指挥、强令冒险作业危及劳动者人身安全的**【2022年考过】**

P. 劳动者患病或非因工负伤，在规定的医疗期满后不能从事原工作，也不能从事由用人单位另行安排的工作的

Q. 劳动者患病或非因工负伤，在规定的医疗期内的**【2013年、2020年考过】**

R. 用人单位以暴力、威胁或者非法限制人身自由的手段强迫劳动者劳动的**【2013年、2022年考过】**

S. 劳动合同订立时所依据的客观情况发生重大变化，致使劳动合同无法履行，用人单位与劳动者未能就变更劳动合同内容达成协议的

T. 女职工在孕期、产期、哺乳期的

U. 劳动者同时与其他用人单位建立劳动关系，对完成本单位的工作任务造成严重影响，或者经用人单位提出，拒不改正的**【2019年考过】**

V. 劳动者在本单位连续工作满15年，且距法定退休年龄不足5年的**【2018年考过】**

W. 用人单位向劳动者提出解除劳动合同并与劳动者协商一致解除劳动合同的

【答案】A、E、J、N、O、R

重点难点专项突破

1. 本考点还可以考核的题目有：

（1）根据《劳动合同法》的规定，用人单位可以直接解除劳动合同的情形有（C、F、K、L、U）。

（2）根据《劳动合同法》的规定，用人单位提前30日以书面形式通知劳动者本人或者额外支付劳动者1个月工资后，可以解除劳动合同的情形有（G、P、S）。**【2015年、2023年考过】**

（3）根据《劳动合同法》的规定，用人单位不得解除劳动合同的情形有（D、H、M、Q、T、V）。

（4）根据《劳动合同法》的规定，因（A、B、E、G、I、J、N、O、P、R、S、W）等情形终止劳动合同的，用人单位应当向劳动者支付经济补偿。

2. 注意：有选项O、R所述情形发生的，劳动者可以直接解除劳动合同无需提前30日通知用人单位。

3. 劳动者可以单方解除劳动合同的情形主要有两种，对考查要点的归纳总结见下表。

劳动者可单方解除劳动合同的情形

情形	特点	解除情形	是否有经济补偿
预告解除	劳动者自己不想干了，提前通知用人单位后走人	—	无
随时通知解除	用人单位有过错，劳动者通知后走人	选项A、E、J、N	有
立即解除	用人单位有严重过错，劳动者可直接走人	选项O、R	有

4. 用人单位可以单方解除劳动合同的情形主要有两种，对考查要点的归纳总结见下表。

用人单位可单方解除劳动合同的情形

情形	特点	解除情形	是否有经济补偿
预告解除	非劳动者过错的客观原因导致无法再录用劳动者	选项G、P、S	有
立即解除	因劳动者严重过错，导致无法再录用劳动者	选项C、F、K、L、U	无

专项突破7　解除或终止劳动合同的经济补偿

例题：《劳动合同法》规定，有用人单位应向劳动者支付经济补偿的情形发生的，劳动者在本单位工作每满1年，用人单位应向其支付（　　）的工资作为经济补偿。

A. 1个月　　　　B. 半个月

C. 职工月平均工资3倍数额　　　　D. 12年

【答案】A

重点难点专项突破

1. 本考点还可以考核的题目有：

（1）《劳动合同法》规定，有用人单位应向劳动者支付经济补偿的情形发生的，劳动者在本单位工作6个月以上不满1年的，用人单位应向其支付（A）的工资作为经济补偿。

（2）《劳动合同法》规定，有用人单位应向劳动者支付经济补偿的情形发生的，劳动者在本单位工作不满6个月的，用人单位应向其支付（B）的工资作为经济补偿。

（3）《劳动合同法》规定，有用人单位应向劳动者支付经济补偿的情形发生的，且劳动者月工资高于用人单位所在直辖市、设区的市级人民政府公布的本地区上年度职工月平均工资3倍的，用人单位应按（C）的标准向其支付经济补偿。

（4）《劳动合同法》规定，有用人单位应向劳动者支付经济补偿的情形发生的，且劳动者月工资高于用人单位所在直辖市、设区的市级人民政府公布的本地区上年度职工月平均工资3倍的，用人单位向劳动者支付经济补偿的年限最高不超过（D）。**【2024年考过】**

2. 关于经济补偿标准，考生可参照下表记忆：

劳动者的工作年限	支付经济补偿数额
≥1年	每满1年支付1个月工资
6月以上不满1年	1个月工资
≤6个月	0.5个月工资

下面来看两道典型题目：

（1）某施工企业与李某协商解除劳动合同，李某在该企业工作了2年3个月，在解除合同前12个月李某月平均工资为6000元。根据《劳动合同法》，该企业应当给予李某经济补偿（　　）元。

A. 6000　　B. 12000

C. 15000　　D. 18000

【答案】C

【分析】该企业应当给予李某的经济补偿是：6000×2＋3000＝15000元。

（2）甲安装工程公司拟与在公司工作了15年的王某解除劳动合同，劳动合同解除前12个月王某的月平均工资为2.3万元，该公司职工月平均工资0.8万元，甲安装工程公司所在设区的市级人民政府公布的本地区上年度职工月平均工资为0.65万元。根据《劳动合同法》，甲安装工程公司应当向王某支付的经济补偿是（　　）万元。**【2024年真题】**

A. 34.5　　B. 12

C. 23.4　　D. 9.75

【答案】C

【分析】王某的月平均工资为2.3万元＞甲安装工程公司所在设区的市级人民政府公布的本地区上年度职工月平均工资的3倍（0.65×3＝1.95万元），甲安装工程公司应当向王某支付的经济补偿＝1.95×12＝23.4万元。

9.2 劳动用工和工资支付保障

专项突破1 劳务派遣

项目	内容
显著特征	劳动者的聘用与使用分离

续表

<table>
<tr><th colspan="2">项目</th><th>内容</th></tr>
<tr><td colspan="2">劳务派遣单位</td><td>经营劳务派遣业务，应当向劳动行政部门依法申请行政许可；经许可的，依法办理相应的公司登记。未经许可，任何单位和个人不得经营劳务派遣业务。【2015年考过】
劳务派遣单位和用工单位不得向被派遣劳动者收取费用。
用工单位不得将被派遣劳动者再派遣到其他用人单位</td></tr>
<tr><td colspan="2">用工单位</td><td>被派遣劳动者在用工单位因工作遭受事故伤害的，劳务派遣单位应当依法申请工伤认定，用工单位应当协助工伤认定的调查核实工作。劳务派遣单位承担工伤保险责任，但可以与用工单位约定补偿办法【2022年考过】</td></tr>
<tr><td colspan="2">劳务派遣合同</td><td>劳务派遣单位与被派遣劳动者应当订立劳动合同。劳务派遣单位应当与被派遣劳动者订立2年以上的固定期限劳动合同，按月支付劳动报酬</td></tr>
<tr><td rowspan="2">劳务派遣协议</td><td>订立主体</td><td>劳务派遣单位与用工的单位【2011年考过】</td></tr>
<tr><td>内容</td><td>（1）派遣的工作岗位名称和岗位性质。
（2）工作地点。
（3）派遣人员数量和派遣期限。
（4）按照同工同酬原则确定的劳动报酬数额和支付方式。
（5）社会保险费的数额和支付方式。【2016年考过】
（6）工作时间和休息休假事项。
（7）被派遣劳动者工伤、生育或者患病期间的相关待遇。
（8）劳动安全卫生以及培训事项。
（9）经济补偿等费用。
（10）劳务派遣协议期限。
（11）劳务派遣服务费的支付方式和标准。
（12）违反劳务派遣协议的责任。
（13）法律、法规、规章规定应当纳入劳务派遣协议的其他事项</td></tr>
<tr><td colspan="2">被派遣劳动者的权利</td><td>被派遣劳动者享有与用工单位的劳动者同工同酬的权利</td></tr>
<tr><td colspan="2">被派遣劳动者的工伤认定</td><td>被派遣劳动者在用工单位因工作遭受事故伤害的，劳务派遣单位应当依法申请工伤认定，用工单位应当协助工伤认定的调查核实工作【2018年考过】</td></tr>
<tr><td colspan="2">被派遣劳动者的退回</td><td>用工单位被依法宣告破产、吊销营业执照的，可将被派遣劳动者退回劳务派遣单位。【2017年、2021年考过】
用工单位经营期限届满不再继续经营的，可将被派遣劳动者退回劳务派遣单位。
劳务派遣协议期满终止的，可将被派遣劳动者退回劳务派遣单位</td></tr>
</table>

重点难点专项突破

1. 劳务派遣的相关知识在历年考试中属于高频采分点，考生一定要牢记上表中的内容。

2. 本考点可能会这样命题：

（1）根据《劳动合同法》，劳务派遣单位应当与被派遣劳动者订立（　　）以上的固定期限劳动合同。

A. 5年　　B. 3年

C. 2年　　D. 1年

【答案】C

（2）关于劳务派遣的说法，正确的有（　　）。

A. 劳务派遣的显著特征是劳动者的聘用与使用分离

B. 经营劳务派遣业务，应当向劳动行政部门依法申请行政许可

C. 实施劳务派遣的，由用工单位与劳动者订立劳动合同

D. 劳务派遣可以在替代性的工作岗位上实施

E. 被派遣劳动者在无工作期间，劳务派遣单位无需向其支付报酬

【答案】A、B、D

专项突破2　工资支付保障制度

例题：根据《工资支付暂行规定》，用人单位依法安排劳动者在日法定标准工作时间以外延长工作时间的，按照不低于劳动合同规定的劳动者本人小时工资标准的（　　）支付劳动者工资。

A. 150%　　　　B. 200%

C. 300%　　　　D. 400%

【答案】A

重点难点专项突破

1. 本考点还可以考核的题目有：

（1）根据《工资支付暂行规定》，用人单位依法安排劳动者在休息日工作，而又不能安排补休的，按照不低于劳动合同规定的劳动者本人日或小时工资标准的（B）支付劳动者工资。

（2）根据《工资支付暂行规定》，用人单位依法安排劳动者在法定休假日工作的，按照不低于劳动合同规定的劳动者本人日或小时工资标准的（C）支付劳动者工资。

2. 工资支付时间保障：根据《工资支付暂行规定》，工资必须在用人单位与劳动者约定的日期支付。如遇节假日或休息日，则应提前在最近的工作日支付。工资至少每月支付一次。**【2024年考过】**

3. 根据《工资支付暂行规定》，特殊情况的工资保障如下：

（1）假期工资保障。劳动者依法享受年休假、探亲假、婚假、丧假期间，用人单位应按劳动合同规定的标准支付劳动者工资。

（2）合同解除工资保障。劳动关系双方依法解除或终止劳动合同时，用人单位应在解除或终止劳动合同时一次付清劳动者工资。

（3）非因劳动者原因工资保障。非因劳动者原因造成单位停工、停产在一个工资支付周期内的，用人单位应按劳动合同规定的标准支付劳动者工资。

（4）参加社会活动工资保障。劳动者在法定工作时间内依法参加社会活动期间，用人单位应视同其提供了正常劳动而支付工资。

专项突破3　农民工工资保证金制度

例题：根据《工程建设领域农民工工资保证金规定》，施工总承包单位所承包工程发生拖欠农民工工资的，经办银行应在收到《支付通知书》（　　），从工资保证金账户中将相应数额的款项以银行转账方式支付给属地人力资源社会保障行政部门指定的被拖欠工资农民工本人。

A．5个工作日内　　　　B．10个工作日内

【答案】A

重点难点专项突破

1. 本考点还可以考核的题目有：

（1）施工总承包单位采用银行保函替代工资保证金，发生拖欠农民工工资的，提供银行保函的经办银行应在收到《支付通知书》（A），依照银行保函约定支付农民工工资。

（2）工资保证金使用后，施工总承包单位应当自使用之日起（B），将工资保证金补足。

2. 我们看看农民工工资保证金的存储比例：工资保证金按工程施工合同额（或年度合同额）的一定比例存储，原则上不低于1%，不超过3%，单个工程合同额较高的，可设定存储上限。施工总承包单位在同一工资保证金管理地区有多个在建工程，存储比例可适当下浮但不得低于施工合同额（或年度合同额）的0.5%。

3. 农民工工资保证金免存储的情况：施工合同额低于300万元的工程，且该工程的施工总承包单位在签订施工合同前一年内承建的工程未发生工资拖欠的，各地区可结合行业保障农民工工资支付实际，免除该工程存储工资保证金。

9.3　劳动安全卫生和保护

专项突破1　劳动安全卫生管理制度

例题：国家为保护劳动者在生产过程中的安全和健康所制定的各种法律规范称为劳动安全卫生制度，该制度包括（　　）等方面的法律规定。

A．劳动安全技术规程　　　　B．劳动卫生规程

C．劳动安全卫生管理制度　　　　D．国家安全监察

【答案】A、B、C、D

重点难点专项突破

1. 产生职业病危害的工作场所应当符合的职业卫生要求：

① 职业病危害因素的强度或者浓度符合国家职业卫生标准；② 有与职业病危害防护相适应的设施；③ 生产布局合理，符合有害与无害作业分开的原则；④ 有配套的更

衣间、洗浴间、孕妇休息间等卫生设施；⑤ 设备、工具、用具等设施符合保护劳动者生理、心理健康的要求；⑥ 法律、行政法规和国务院卫生行政部门关于保护劳动者健康的其他要求。

2. 用人单位应当在劳动过程中采取的职业病防治管理措施：

① 设置或者指定职业卫生管理机构或者组织，配备专职或者兼职的职业卫生管理人员，负责本单位的职业病防治工作；② 制定职业病防治计划和实施方案；③ 建立、健全职业卫生管理制度和操作规程；④ 建立、健全职业卫生档案和劳动者健康监护档案；⑤ 建立、健全工作场所职业病危害因素监测及评价制度；⑥ 建立、健全职业病危害事故应急救援预案。

3. 劳动者享有的职业卫生保护权利：

① 获得职业卫生教育、培训；② 获得职业健康检查、职业病诊疗、康复等职业病防治服务；③ 了解工作场所产生或者可能产生的职业病危害因素、危害后果和应当采取的职业病防护措施；④ 要求用人单位提供符合防治职业病要求的职业病防护设施和个人使用的职业病防护用品，改善工作条件；⑤ 对违反职业病防治法律、法规以及危及生命健康的行为提出批评、检举和控告；⑥ 拒绝违章指挥和强令进行没有职业病防护措施的作业；⑦ 参与用人单位职业卫生工作的民主管理，对职业病防治工作提出意见和建议。

4. 因劳动者依法行使正当权利而降低其工资、福利等待遇或者解除、终止与其订立的劳动合同的，其行为无效。

专项突破2　女职工的特殊保护

例题：根据《女职工劳动保护特别规定》，女职工禁忌从事的劳动范围有（　　）。

A. 矿山井下作业**【2024年考过】**

B. 体力劳动强度分级标准中规定的第四级体力劳动强度的作业

C. 每小时负重6次以上、每次负重超过20公斤的作业

D. 间断负重、每次负重超过25公斤的作业

E. 冷水作业分级标准中规定的第二级、第三级、第四级冷水作业

F. 低温作业分级标准中规定的第二级、第三级、第四级低温作业

G. 体力劳动强度分级标准中规定的第三级、第四级体力劳动强度的作业

H. 高处作业分级标准中规定的第三级、第四级高处作业

【答案】A、B、C、D

重点难点专项突破

1. 本考点还可以考核的题目有：

根据《女职工劳动保护特别规定》，女职工在经期禁忌从事的劳动范围有（E、F、G、H）。

2. 我们学习一下2024年真题：

女大学生林某被企业录用后，主动要求到最苦、最累的岗位工作。根据《劳动法》，企业可以满足她的要求，但不得安排其从事的是（　　）。**【2024年真题】**

A. 矿山井下作业　　　　B. 高处作业

C. 低温、冷水作业　　　　D. 夜班工作

【答案】A

3.《女职工劳动保护特别规定》，用人单位不得因女职工怀孕、生育、哺乳降低其工资、予以辞退、与其解除劳动或者聘用合同。

4. 女职工孕期的特殊保护的采分点：

（1）根据《女职工劳动保护特别规定》，女职工在孕期不能适应原劳动的，用人单位应当根据医疗机构的证明，予以减轻劳动量或者安排其他能够适应的劳动。

（2）对怀孕7个月以上的女职工，用人单位不得延长劳动时间或者安排夜班劳动，并应当在劳动时间内安排一定的休息时间。

5. 女职工产期的特殊保护的采分点：

根据《女职工劳动保护特别规定》，女职工生育享受98天产假，其中产前可以休假15天；难产的，增加产假15天；生育多胞胎的，每多生育1个婴儿，增加产假15天。女职工怀孕未满4个月流产的，享受15天产假；怀孕满4个月流产的，享受42天产假。

6. 女职工哺乳期的特殊保护的采分点：

对哺乳未满1周岁婴儿的女职工，用人单位不得延长劳动时间或者安排夜班劳动。用人单位应当在每天的劳动时间内为哺乳期女职工安排1小时哺乳时间；女职工生育多胞胎的，每多哺乳1个婴儿每天增加1小时哺乳时间。

专项突破3　未成年工的特殊保护

例题：《劳动法》规定，不得安排未成年工从事（　　）。

A. 过重、有毒、有害等危害未成年人身心健康的劳动或者危险作业

B. 夜班工作和加班加点工作**【2024年考过】**

C. 矿山井下、有毒有害的劳动**【2024年考过】**

D. 国家规定的第四级体力劳动强度的劳动

【答案】A、B、C、D

重点难点专项突破

1. 根据《未成年人保护法》的规定，未成年人是指未满18周岁的公民。任何组织或者个人不得招用未满16周岁未成年人，国家另有规定的除外。劳动者的年龄考生可通过下图理解：

2. 用人单位应按下列时间要求对未成年工定期进行健康检查：（1）安排工作岗位之前；（2）工作满1年；（3）年满18周岁，距前一次的体检时间已超过半年。**【2024年考过】**

3. 学习一下2024年的真题：

根据《劳动法》，关于未成年工特殊保护的说法，正确的有（　　）。**【2024年真题】**

A. 不得安排未成年工从事低温、冷水作业

B. 不得安排未成年工从事国家规定的第三级体力劳动强度的劳动

C. 不得安排未成年工从事矿山井下作业

D. 不得安排未成年工从事夜班工作

E. 用人单位应当对未成年工定期进行健康检查

【答案】C、D、E

9.4　工伤保险制度

专项突破1　工伤认定的情形

例题：根据《工伤保险条例》，不能认定为工伤的情形是（　　）。

A. 在工作时间和工作场所内，因工作原因受到事故伤害的**【2014年考过】**

B. 工作时间前后在工作场所内，从事与工作有关的预备性或者收尾性工作受到事故伤害的

C. 在工作时间和工作场所内，因履行工作职责受到暴力等意外伤害的

D. 患职业病的**【2023年考过】**

E. 因工外出期间，由于工作原因受到伤害或者发生事故下落不明的

F. 在上下班途中，受到非本人主要责任的交通事故或者城市轨道交通、客运轮渡、火车事故伤害的**【2014年、2015年、2023年考过】**

G. 在工作时间和工作岗位，突发疾病死亡或者在48小时之内经抢救无效死亡的

H. 在抢险救灾等维护国家利益、公共利益活动中受到伤害的

I. 原在军队服役，因战、因公负伤致残，已取得革命伤残军人证，到用人单位后旧伤复发的**【2015年考过】**

J. 在施工现场斗殴受伤的**【2023年考过】**

K. 施工期间醉酒坠落致残的**【2023年考过】**

L. 在办公场所内因劳资纠纷自杀的

【答案】J、K、L

重点难点专项突破

1. 本考点还可以考核的题目有：

（1）根据《工伤保险条例》，应当认定为工伤或者视同工伤的有（A、B、C、D、E、F、G、H、I）。

（2）根据《工伤保险条例》，职工有（G、H、I）情形之一的，视同工伤。

2. 在考核应当认定或视同工伤的情形时通常会将不得认定或者视同工伤的情形作为干扰项，那么不得认定或者视同工伤的情形都有哪些呢？

答：职工虽与认定工伤的情形相符，但是有下列情形之一的，不得认定为工伤或者视同工伤：故意犯罪的；醉酒或者吸毒的；自残或者自杀的。

3. 选项F需要注意“非本人主要责任”，在考试时可能会将其改为“本人主要责任”，如果考生审题不清，很可能就会选错。

专项突破2　工伤认定的程序

例题：《工伤认定办法》规定，社会保险行政部门收到工伤认定申请后，应当在（　　）日内对申请人提交的材料进行审核，材料完整的，作出受理或者不予受理的决定。

A. 15　　B. 20

C. 30　　D. 60

E. 90

【答案】A

重点难点专项突破

1. 本考点还可以考核的题目有：

（1）《工伤认定办法》规定，社会保险行政部门收到工伤认定申请后，认为材料不完整的，应当以书面形式一次性告知申请人需要补正的全部材料。社会保险行政部门收到申请人提交的全部补正材料后，应当在（A）日内作出受理或者不予受理的决定。

（2）《工伤认定办法》规定，社会保险行政部门应当自受理工伤认定申请之日起（D）日内作出工伤认定的决定，并书面通知申请工伤认定的职工或者其近亲属和该职工所在单位。

（3）《工伤认定办法》规定，社会保险行政部门对受理的事实清楚、权利义务明确的工伤认定申请，应当在（A）日内作出工伤认定的决定。

（4）《工伤认定办法》规定，社会保险行政部门应当自工伤认定决定作出之日起（B）日内，将《认定工伤决定书》或者《不予认定工伤决定书》送达受伤害职工（或者其近亲属）和用人单位，并抄送社会保险经办机构。

2. 提出工伤认定申请应当提交哪些材料？

《工伤保险条例》规定，提出工伤认定申请应当提交下列材料：（1）工伤认定申请表；（2）与用人单位存在劳动关系（包括事实劳动关系）的证明材料；（3）医疗诊断证明或者职业病诊断证明书（或者职业病诊断鉴定书）。

3. 职工或者其近亲属认为是工伤，用人单位不认为是工伤的，由谁承担举证责任？

由用人单位承担举证责任。**【2024年考过】**

4. 我们看看是如何考核的：

社会保险行政部门受理工伤认定申请后，职工或者其近亲属认为是工伤，用人单位不认为是工伤，关于工伤认定证据的说法，正确的是（　　）。【2024年真题】

A. 由职工或者其近亲属承担举证责任

B. 由用人单位承担举证责任

C. 由社会保险行政部门依职权调查取证

D. 由人民法院依职权调查取证

【答案】B

5. 职工或者其近亲属、用人单位对不予受理决定不服或者对工伤认定决定不服的，怎么办？

《工伤认定办法》规定，职工或者其近亲属、用人单位对不予受理决定不服或者对工伤认定决定不服的，可以依法申请行政复议或者提起行政诉讼。

专项突破3　工伤保险的概念、特征

例题：工伤保险具有的特征包括（　　）。

A．工伤保险的投保人与被保险人不同

B．工伤保险所遭受的风险是职业伤害和危险

C．工伤保险是一种强制性保险

D．工伤保险的权利和义务是不对应的

E．工伤保险实行无过错责任原则

【答案】A、B、C、D、E

重点难点专项突破

1. 我们先学习一下什么是工伤保险：

工伤保险，又称为职业伤害保险，指的是劳动者在工作过程中或法定的特殊情况下，由于意外事故负伤、致残、死亡，或者患职业病，造成本人及家庭收入中断，从工伤保险基金中获得必要的医疗费、康复费、生活费、经济补偿等必要费用，对其本人或由本人供养的亲属给予物质帮助和经济补偿的社会保险制度。

2. 我们逐条来解释工伤保险具有的特征：

（1）选项A：工伤保险的投保人为用人单位，被保险人为与该用人单位建立劳动关系的职工。

（2）选项B：工伤保险是在生产工作过程中发生的工伤事故和因职业原因对职工健康和生命造成的危险。这种危险具有客观性，危险的发生具有不确定性。

（3）选项C：法律规定职工应当参加工伤保险，由用人单位缴纳工伤保险费。

（4）选项D：法律规定职工应当参加工伤保险，由用人单位缴纳工伤保险费，职工

不缴纳工伤保险费。

（5）选项E：只要发生工伤事故，不属于法律规定的免责情形，无论受到工伤的职工是否有过错，都应当享有工伤保险待遇。

3. 工伤保险待遇的种类有哪些？

包括工伤医疗待遇、工伤致残待遇和因工死亡待遇。

专项突破4　工伤致残待遇

例题：《工伤保险条例》规定，职工因工致残被鉴定为一级伤残的，保留劳动关系，退出工作岗位，从工伤保险基金按伤残等级支付一次性伤残补助金的标准为（　　）。

A. 27个月的本人工资　　B. 25个月的本人工资

C. 23个月的本人工资　　D. 21个月的本人工资

E. 18个月的本人工资　　F. 16个月的本人工资

G. 13个月的本人工资　　H. 11个月的本人工资

I. 9个月的本人工资　　J. 7个月的本人工资

【答案】A

重点难点专项突破

1. 本考点还可以考核的题目有：

（1）《工伤保险条例》规定，职工因工致残被鉴定为二级伤残的，保留劳动关系，退出工作岗位，从工伤保险基金按伤残等级支付一次性伤残补助金的标准为（B）。

（2）《工伤保险条例》规定，职工因工致残被鉴定为三级伤残的，保留劳动关系，退出工作岗位，从工伤保险基金按伤残等级支付一次性伤残补助金的标准为（C）。

（3）《工伤保险条例》规定，职工因工致残被鉴定为四级伤残的，保留劳动关系，退出工作岗位，从工伤保险基金按伤残等级支付一次性伤残补助金的标准为（D）。

（4）《工伤保险条例》规定，职工因工致残被鉴定为五级伤残的，从工伤保险基金按伤残等级支付一次性伤残补助金的标准为（E）。

（5）《工伤保险条例》规定，职工因工致残被鉴定为六级伤残的，从工伤保险基金按伤残等级支付一次性伤残补助金的标准为（F）。

（6）《工伤保险条例》规定，职工因工致残被鉴定为七级伤残的，从工伤保险基金按伤残等级支付一次性伤残补助金的标准为（G）。

（7）《工伤保险条例》规定，职工因工致残被鉴定为八级伤残的，从工伤保险基金按伤残等级支付一次性伤残补助金的标准为（H）。

（8）《工伤保险条例》规定，职工因工致残被鉴定为九级伤残的，从工伤保险基金按伤残等级支付一次性伤残补助金的标准为（I）。

（9）《工伤保险条例》规定，职工因工致残被鉴定为十级伤残的，从工伤保险基金按伤残等级支付一次性伤残补助金的标准为（J）。

2. 生活护理费按照生活完全不能自理、生活大部分不能自理或者生活部分不能自理3个不同等级支付，其标准是什么？

分别为统筹地区上年度职工月平均工资的50%、40%或者30%。

3. 职工因工致残被鉴定为一级至四级伤残的，从工伤保险基金按月支付伤残津贴的标准为多少？

一级伤残为本人工资的90%，二级伤残为本人工资的85%，三级伤残为本人工资的80%，四级伤残为本人工资的75%。

4. 职工因工致残被鉴定为五级、六级伤残的，保留与用人单位的劳动关系，由用人单位安排适当工作。难以安排工作的，由用人单位按月发给伤残津贴，其标准为多少？

五级伤残为本人工资的70%，六级伤残为本人工资的60%。

9.5 劳动争议的解决

专项突破1 劳动争议的范围

例题：劳动争议是指劳动关系当事人之间因劳动的权利与义务发生分歧而引起的争议。根据《劳动争议调解仲裁法》和《最高人民法院关于审理劳动争议案件适用法律若干问题的解释（一）》的规定，劳动争议的范围包括（　　）。

A．因确认劳动关系发生的争议

B．因订立、履行、变更、解除和终止劳动合同发生的争议

C．因除名、辞退和辞职、离职发生的争议

D．因工作时间、休息休假、社会保险、福利、培训以及劳动保护发生的争议

E．因劳动报酬、工伤医疗费、经济补偿或者赔偿金等发生的争议

F．劳动者与用人单位在履行劳动合同过程中发生的纠纷

G．劳动者与用人单位之间没有订立书面劳动合同，但已形成劳动关系后发生的纠纷

H．劳动者退休后，与尚未参加社会保险统筹的原用人单位因追索养老金、医疗费、工伤保险待遇而发生的纠纷

I．劳动者请求社会保险经办机构发放社会保险金的纠纷

J．劳动者与用人单位因住房制度改革产生的公有住房转让纠纷

K．劳动者对劳动能力鉴定委员会的伤残等级鉴定结论的异议纠纷

L．劳动者对职业病诊断鉴定委员会的职业病诊断鉴定结论的异议纠纷

M．家庭或者个人与家政服务人员之间的纠纷

N．个体工匠与帮工、学徒之间的纠纷

O．农村承包经营户与受雇人之间的纠纷

【答案】A、B、C、D、E、F、G、H

重点难点专项突破

1. 本考点还可以考核的题目有：

《最高人民法院关于审理劳动争议案件适用法律若干问题的解释（一）》的规定，劳动争议的范畴不包括（I、J、K、L、M、N、O）。

2. 在考核劳动争议的范围时通常会将不属于劳动争议的事项作为干扰项来混淆考生，因此学习的关键在于记忆，避免混淆。

专项突破2　劳动争议调解

例题：《劳动争议调解仲裁法》规定，劳动争议调解组织包括（　　）。

A. 企业劳动争议调解委员会

B. 依法设立的基层人民调解组织

C. 在乡镇、街道设立的具有劳动争议调解职能的组织

【答案】A、B、C

重点难点专项突破

1. 企业劳动争议调解委员会是如何组成的？

由职工代表和企业代表组成。职工代表由工会成员担任或者由全体职工推举产生，企业代表由企业负责人指定。企业劳动争议调解委员会主任由工会成员或者双方推举的人员担任。

2. 适用《劳动争议调解仲裁法》的劳动争议包括哪些？

（1）因确认劳动关系发生的争议；（2）因订立、履行、变更、解除和终止劳动合同发生的争议；（3）因除名、辞退和辞职、离职发生的争议；（4）因工作时间、休息休假、社会保险、福利、培训以及劳动保护发生的争议；（5）因劳动报酬、工伤医疗费、经济补偿或者赔偿金等发生的争议；（6）法律、法规规定的其他劳动争议。

3.《劳动争议调解仲裁法》规定，调解协议生效后，对双方当事人具有约束力，当事人应当履行。此处的“约束力”如何理解？

不是指调解协议具有强制执行的效果，而是指只能是劳动合同的约束力。达成调解协议后，如果一方当事人在协议约定期限内不履行调解协议，一方当事人一般不能请求人民法院强制对方执行，而只能依法申请仲裁。

专项突破3　劳动争议仲裁

例题：《劳动争议调解仲裁法》规定，劳动争议仲裁委员会收到仲裁申请之日起（　　）内，认为符合受理条件的，应当受理，并通知申请人。

A. 3日　　B. 5日

C. 15日　　D. 45日

E. 1年

【答案】B

重点难点专项突破

1. 本考点还可以考核的题目有：

（1）《劳动争议调解仲裁法》规定，劳动争议仲裁庭应当在开庭（B）前，将开庭日期、地点书面通知双方当事人。

（2）《劳动争议调解仲裁法》规定，当事人有正当理由的，可以在劳动争议仲裁开庭（A）前请求延期开庭。

（3）《劳动争议调解仲裁法》规定，仲裁庭裁决劳动争议案件，应当自劳动争议仲裁委员会受理仲裁申请之日起（D）内结束。

（4）《劳动争议调解仲裁法》规定，仲裁庭裁决劳动争议案件，案情复杂需要延期的，经劳动争议仲裁委员会主任批准，可以延期并书面通知当事人，但是延长期限不得超过（C）。

（5）《劳动争议调解仲裁法》规定，劳动争议申请仲裁的时效期间为（E）。

2. 劳动争议仲裁委员会是由哪些单位的代表组成？

> 由劳动行政部门代表、工会代表和企业方面代表组成。劳动争议仲裁委员会组成人员应当是单数。

3. 劳动争议仲裁委员会依法可以履行哪些职责？

> ①聘任、解聘专职或者兼职仲裁员；②受理劳动争议案件；③讨论重大或者疑难的劳动争议案件；④对仲裁活动进行监督。

4. 仲裁申请书应当载明哪些事项？

> ①劳动者的姓名、性别、年龄、职业、工作单位和住所，用人单位的名称、住所和法定代表人或者主要负责人的姓名、职务；②仲裁请求和所根据的事实、理由；③证据和证据来源、证人姓名和住所。

5. 对劳动争议仲裁委员会不予受理或者逾期未作出决定的，申请人是否可以就该劳动争议事项向人民法院提起诉讼？

> 可以。

6. 仲裁庭裁决劳动争议案件，逾期未作出仲裁裁决的，当事人是否可以就该劳动争议事项向人民法院提起诉讼？

> 可以。

7. 仲裁庭裁决劳动争议案件如何作出裁决？

裁决应当按照多数仲裁员的意见作出，少数仲裁员的不同意见应当记入笔录。仲裁庭不能形成多数意见时，裁决应当按照首席仲裁员的意见作出。

8. 仲裁时效期间从哪起计算？

从当事人知道或者应当知道其权利被侵害之日起计算。

第10章　建设工程争议解决法律制度

10.1　建设工程争议和解、调解制度

专项突破1　民事争议的法律解决途径

例题：建设工程各方主体之间因人身、财产利益产生的民事争议，可以通过（　　）途径解决。

A．和解　　　　B．调解

C．仲裁　　　　D．诉讼

【答案】 A、B、C、D

重点难点专项突破

本考点还可以考核的题目有：

（1）下列民事争议的解决途径中，（A、B）是当事人自愿达成协议解决争议的方式。

（2）下列民事争议的解决途径中，（A）是当事人对自身权利进行处分的表现。

（3）下列民事争议的解决途径中，（A）成本低、效率高，是自愿原则在民事纠纷解决中的体现。

专项突破2　建设工程争议调解制度

例题：《人民调解法》规定，（　　）是指人民调解委员会通过说服、疏导等方法，促使当事人在平等协商基础上自愿达成调解协议，解决民间纠纷的活动。

A．人民调解　　　　B．法院调解

C．仲裁调解　　　　D．专业调解

【答案】 A

重点难点专项突破

1．本考点还可以考核的题目有：

（1）王某在施工现场工作时不慎受伤，在监理工程师的调解下，王某与雇主达成协议，雇主一次性支付王某两万元作为补偿，王某放弃诉讼权利。这种调解方式属于（A）。

（2）审判人员依据平等自愿原则，在事实清楚的基础上，分清是非，进行调解，促使双方当事人就诉争事项达成一致、解决纠纷的诉讼活动和结案方式是（B）。

2. 选项B是可能会出现的干扰项。

3. 关于"人民调解"还需要掌握以下采分点：

（1）人民调解委员会是依法设立的调解民间纠纷的群众性组织。

（2）人民调解委员会调解民间纠纷，不收取任何费用。

（3）经人民调解委员会调解达成的调解协议，具有法律约束力，当事人应当按照约定履行。**【2024年考过】**

（4）经人民调解委员会调解达成调解协议后，当事人之间就调解协议的履行或者调解协议的内容发生争议的，一方当事人可以向人民法院提起诉讼。**【2024年考过】**

这部分内容可能会这样命题：

关于人民调解的说法，正确的是（　　）。

A. 人民调解委员会是依法设立的调解民间纠纷的群众性自治组织

B. 人民调解委员会经调解达成的调解书与仲裁调解书具有同样的法律效力

C. 人民调解委员会经调解达成的调解协议具有法律约束力

D. 当事人对人民调解委员会经调解达成的调解协议有争议的，不得起诉

【答案】C

4. 人民调解、法院调解、仲裁调解方式所达成的协议对当事人双方有无法律效力、是否具有强制执行力同样是本考点的一个重难点，现将有关内容整理于下表。

调解方式	调解文书法律效力
人民调解	未经司法确认的人民调解协议对当事人有法律约束力，但不能作为司法强制执行的依据；经司法确认的人民调解协议，可以作为强制执行的依据**【2024年考过】**
法院调解	法院调解书效力与判决书相同。 **注意：调解书送达前一方反悔的，人民法院应及时判决**
仲裁调解	仲裁调解书与裁决书具有同等法律效力。 **注意：调解书签收前当事人反悔的，仲裁庭应及时作出裁决**

专项突破3　法院调解

项目	内容
性质	人民法院审理民事案件，根据当事人自愿的原则，在事实清楚的基础上，分清是非，进行调解。 法院调解是诉讼内调解
调解书	调解达成协议，人民法院应当制作调解书。**【2017年考过】** 调解书经双方当事人签收后，即具有法律效力。**【2022年考过】** 调解书由审判员、书记员署名，加盖人民法院印章，送达双方当事人。 对不需要制作调解书的协议，应当记入笔录，由双方当事人、审判人员、书记员签名或者盖章后，即具有法律效力。 下列案件调解达成协议，人民法院可以不制作调解书：（1）调解和好的离婚案件；（2）调解维持收养关系的案件；（3）能够即时履行的案件；（4）其他不需要制作调解书的案件**【2017年、2019年、2022年考过】**

重点难点专项突破

1. 牢记：调解书送达前一方反悔的，人民法院应及时判决。但是调解书只要经双方当事人签收后，即具有法律效力。**【2009年考过】**

对于这一采分点，来看一下在历年考试中是怎样考查的：

甲、乙双方因工程施工合同发生纠纷，甲公司向法院提起了民事诉讼。审理过程中，在法院的主持下，双方达成了调解协议，法院制作了调解书并送达了双方当事人。双方签收后乙公司又反悔，则下列说法正确的是（　　）。**【2009年真题】**

A. 甲公司可以向人民法院申请强制执行

B. 人民法院应当根据调解书进行判决

C. 人民法院应当认定调解书无效并及时判决

D. 人民法院应当认定调解书无效并重新进行调解

【答案】A

2. 本考点可能会这样命题：

（1）某工程施工合同因被拖欠工程款发生纠纷，施工方诉至法院，后本案经调解达成协议，并制作了调解书。关于本案中调解的说法，正确的是（　　）。**【2015年真题】**

A. 法院调解应由审判员一人主持

B. 法院调解必须邀请有关单位和个人协助

C. 调解书与判决书的效力不同

D. 调解书经双方当事人签收即发生法律效力

【答案】D

（2）根据《民事诉讼法》，关于法院调解的说法，正确的是（　　）。**【2020年真题】**

A. 调解书的效力低于判决书

B. 调解达成的所有协议，人民法院均应当制作调解书

C. 人民法院审理民事案件，在判决作出之前应当进行调解

D. 人民法院进行调解，可以邀请有关单位和个人协助

【答案】D

10.2　仲裁制度

专项突破1　仲裁协议的形式

例题：根据《仲裁法》的规定，仲裁协议包括合同中订立的仲裁条款和其他以书面形式在纠纷发生前或者纠纷发生后达成的请求仲裁的协议。这里的“其他书面形式”应包括（　　）。

A. 合同书　　B. 信件

C. 电报　　D. 电传

E. 传真　　F. 电子数据交换

G. 电子邮件　　　　　　　　　　　　H. 口头形式

【答案】A、B、C、D、E、F、G

重点难点专项突破

1. 本考点还可以考核的题目有：

根据《仲裁法》的规定，（H）达成的仲裁意思表示无效。

2. 牢记：仲裁协议应采用书面形式，口头方式达成的仲裁意思表示无效。**【2020年、2023年考过】**

专项突破2　仲裁协议的特征

- 仲裁协议的特征
  - 仲裁协议必须以书面形式作出
  - 仲裁协议具有自治性和合意性
  - 仲裁协议的内容是对纠纷解决途径的处分
  - 仲裁协议的主体具有缔约能力，只能由有利害关系的双方当事人或其合格的代理人订立
  - 仲裁协议所处分的客体范围受一定程度的法律限制，并非所有的争议都能够提交仲裁解决
  - 仲裁协议具有相对独立性

重点难点专项突破

1. 仲裁协议的六个特征主要以判断正确与错误说法的题目考核。对于第五点特征应注意：

《仲裁法》规定，平等主体的公民、法人和其他组织之间发生的合同纠纷和其他财产权益纠纷，可以仲裁。下列纠纷不能仲裁：（1）婚姻、收养、监护、扶养、继承纠纷；（2）依法应当由行政机关处理的行政争议。**【2024年考过】**

2. 本考点在2024年是这样考核的：

根据《仲裁法》，下列纠纷中，能够约定仲裁的是（　　）。**【2024年真题】**

A. 婚姻纠纷　　　　　　　　　　B. 融资租赁合同纠纷

C. 继承纠纷　　　　　　　　　　D. 监护纠纷

【答案】B

3. 本考点可能会这样命题：

合同中的仲裁条款和独立的仲裁协议都属于仲裁协议。关于仲裁协议特征的说法，正确的有（　　）。

A. 仲裁协议可以是口头订立的，但需双方认可

B. 仲裁协议的内容是对纠纷解决途径的处分

C. 仲裁协议只能由有利害关系的双方当事人或其合格的代理人订立

D. 对继承纠纷可以仲裁

E. 合同的变更、解除、终止或者无效，不影响仲裁协议的效力

【答案】 B、C、E

专项突破3　仲裁协议的内容

序号	仲裁协议的内容	要点分析
1	请求仲裁的意思表示**【2012年、2014年、2015年、2021年考过】**	是指协议中应该有"仲裁"两字。注意：如当事人在合同中约定发生争议可以提交仲裁，也可提交诉讼，这样的仲裁协议无效。下面来看一道典型例题： 施工合同的解决争议条款约定"所有争议提交合同履行地的仲裁委员会或人民法院管辖"。当该合同产生纠纷时，当事人（　　）。**【2012年真题】** A. 应当向合同履行地的仲裁委员会申请仲裁 B. 只能向合同履行地的人民法院起诉 C. 既可以向仲裁委员会申请仲裁，也可以向人民法院起诉 D. 必须重新确定受诉人民法院 **【答案】** B
2	仲裁事项**【2012年、2014年、2015年、2021年考过】**	"仲裁事项"的范围取决于当事人在仲裁协议中的约定，例如： 某施工合同约定关于工程质量的一切争议由北京仲裁委员会仲裁。合同履行中，施工企业与建设单位在工程质量和工程价款结算数额上均发生争议。关于争议管辖的说法，正确的是（　　）。 A. 质量纠纷由北京仲裁委员会仲裁，结算纠纷由法院审理 B. 质量和结算纠纷均由北京仲裁委员会仲裁 C. 仲裁条款约定无效 D. 双方只能修改或补充仲裁约定 **【答案】** A
3	选定的仲裁委员会**【2012年、2014年、2015年、2021年考过】**	（1）仲裁协议中约定的仲裁委员会的名称应该准确。《仲裁法》司法解释规定，仲裁协议约定的仲裁机构名称不准确，但能够确定具体的仲裁机构的，应当认定选定了仲裁机构。 （2）仲裁协议约定两个以上仲裁机构的，当事人可以协议选择其中的一个仲裁机构申请仲裁；当事人不能就仲裁机构选择达成一致的，仲裁协议无效。**【2020年考过】** （3）仲裁协议约定由某地的仲裁机构仲裁且该地仅有一个仲裁机构的，该仲裁机构视为约定的仲裁机构

重点难点专项突破

1. 注意：仲裁协议的三项内容必须同时具备，仲裁协议才能有效。

2. 请求仲裁的意思表示应当具备民事法律行为有效条件：首先，必须是当事人双方共同的意思表示，而不是单方当事人的意思表示；其次，应当是当事人双方真实的意思表示而不存在胁迫、欺诈、重大误解等情形。

3. 本考点可能会这样命题：

（1）有效仲裁协议的内容不包括（　　）。

A. 请求仲裁的意思表示　　B. 仲裁事项

C. 选定的仲裁委员会　　D. 具体的仲裁事实、理由

【答案】D

（2）下列仲裁协议中，有效的仲裁协议是（　　）。

A. 本合同履行过程中，凡因本合同引起的任何争议，均提请仲裁委员会仲裁

B. 本合同履行过程中，凡因本合同引起的任何争议，可申请仲裁或提起诉讼

C. 本合同履行过程中，凡因本合同引起的任何争议，均提请北京仲裁委员会仲裁

D. 本合同履行过程中，凡因本合同引起的任何争议，应先申请仲裁后提起诉讼

【答案】C

（3）关于仲裁协议的说法，正确的有（　　）。

A. 仲裁协议应当是书面形式

B. 仲裁协议可以是口头订立的，但需双方认可

C. 仲裁协议必须在纠纷发生前达成

D. 没有仲裁协议，也就无法进行仲裁

E. 仲裁协议排除了人民法院对合同争议解决的管辖权

【答案】A、D、E

4. 本考点还需要掌握一个采分点——仲裁地点。《仲裁法》中并没有将约定仲裁地点列为仲裁协议的基本内容，当事人选择常设的仲裁机构时，如果没有其他约定，就意味着由该仲裁委员会在其所在地进行仲裁，因此，仲裁地点就是仲裁委员会所在的地点。

专项突破4　仲裁协议的效力

仲裁协议的效力（都必须以仲裁协议有效为前提）：

1. 对当事人的法律效力 → 仲裁协议合法有效，当事人应通过仲裁方式解决纠纷，不能就该纠纷向其他仲裁机构或人民法院提起诉讼
2. 对仲裁机构的法律效力 → 仲裁委员会只能在仲裁协议约定的范围内仲裁
3. 对法院的约束力 → 只要在首次开庭前一方提交仲裁协议，法院就应驳回诉讼**【2011年考过】**
4. 仲裁协议的独立性 → 仲裁协议效力不受合同变更、解除、终止、无效的影响
5. 仲裁协议效力的确认 → 当事人对仲裁协议效力有异议，应当在仲裁庭首次开庭前提出

重点难点专项突破

1. 仲裁协议对当事人、法院、仲裁机构均发生法律效力，这一采分点很重要，考生一定要掌握。

2. 关于仲裁协议的效力确认也是历年考试的高频采分点，为此考生还应记忆以下内容：

（1）合同的变更、解除、终止或无效，不影响仲裁协议的效力。**【2018年、2020年考过】**

（2）当事人对仲裁协议效力有异议的，应当在仲裁庭首次开庭前提出。一方请求仲裁委员会作出决定，另一方请求人民法院作出裁定的，由人民法院裁定。**【2016年、**

2020年、2022年考过】

（3）当事人向人民法院申请确认仲裁协议效力的案件，由仲裁协议约定的仲裁机构所在地、仲裁协议签订地、申请人住所地、被申请人住所地的中级人民法院或者专门人民法院管辖。【2022年考过】

3. 本考点可能会这样命题：

（1）关于仲裁的说法，正确的是（　　）。

A. 对于仲裁协议有效的仲裁案件，法院仍具有管辖权

B. 只要一方当事人申请仲裁，仲裁委员会都应当予以受理

C. 仲裁裁决作出后，当事人就同一纠纷向法院起诉的，法院应当予以受理

D. 没有仲裁协议或者仲裁协议无效的，法院对当事人的纠纷应当予以受理

【答案】D

（2）在民事诉讼中，当事人一方以合同中有仲裁条款为由，对人民法院受理本案提出异议的，应当在（　　）提出。

A. 首次开庭前

B. 收到传票之日起7日内

C. 举证期满前

D. 庭审结束前

【答案】A

（3）关于仲裁协议效力确认的说法，正确的是（　　）。

A. 当事人对仲裁协议效力有异议的，应当在仲裁裁决作出前提出

B. 当事人既可以请求仲裁委员会作出决定，也可以请求人民法院裁定

C. 当事人对仲裁委员会就仲裁协议效力作出的决定不服的，可以向人民法院申请撤销该决定

D. 当事人向人民法院申请确认仲裁协议效力的案件，只能由仲裁协议约定的仲裁委员会所在地的中级人民法院管辖

【答案】B

专项突破5　仲裁的申请和受理

项目	内容
仲裁的申请	当事人申请仲裁应当符合下列条件：（1）有仲裁协议；（2）有具体的仲裁请求和事实、理由；（3）属于仲裁委员会的受理范围
仲裁的受理	仲裁委员会收到仲裁申请书之日起5日内，认为符合受理条件的，应当受理，并通知当事人；认为不符合受理条件的，应当书面通知当事人不予受理，并说明理由。 仲裁委员会收到答辩书后，应当在仲裁规则规定的期限内将答辩书副本送达申请人。被申请人未提交答辩书的，不影响仲裁程序的进行

重点难点专项突破

1. 当事人申请仲裁的条件，可能会这样考核：

纠纷发生后，下列不属于仲裁案件受理条件的是（　　）。

A. 有仲裁协议　　B. 有具体的仲裁请求、事实和理由

C. 属于仲裁委员会受理范围　　D. 当事人双方口头愿意仲裁

【答案】D

2. 仲裁委员会受理的时间可能会这样考核：

仲裁委员会收到仲裁申请书之日起（　　）日内，认为符合受理条件的，应当受理，并通知当事人。

A. 3　　B. 5

C. 8　　D. 10

【答案】B

专项突破6　仲裁庭的组成

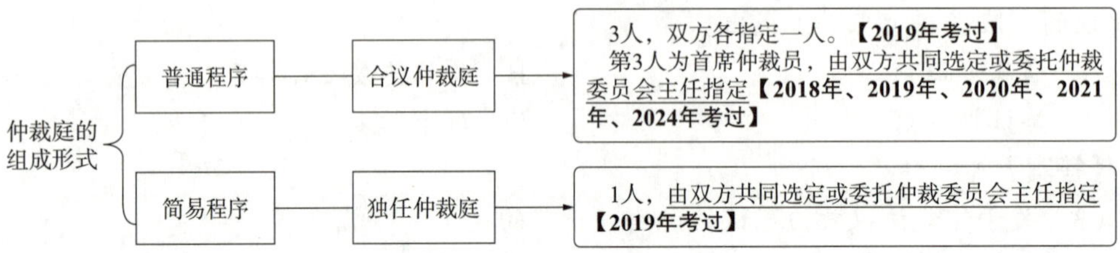

重点难点专项突破

1. 重点记忆合议仲裁庭与独任仲裁庭在组成人数、人员选定方式上的区别。

2. 本考点可能会这样命题：

根据《仲裁法》，下列关于仲裁庭组成的说法，正确的是（　　）。

A. 仲裁庭应当由3名仲裁员组成

B. 首席仲裁员只能由仲裁委员会指定

C. 当事人未在规定期限内选定仲裁员的，由仲裁委员会主任指定

D. 双方当事人必须各自选定合议仲裁庭的一名仲裁员

【答案】C

3. 仲裁员需要回避的情形具体有哪些也要认真掌握。可能会这样命题：

根据《仲裁法》，仲裁员具有下列情形，无需回避的是（　　）。

A. 曾经仲裁过本案代理人的其他案件的

B. 是本案代理人近亲属的

C. 与本案当事人有其他关系，可能影响公正仲裁的

D. 私自会见本案代理人的

【答案】A

专项突破7　仲裁和解与调解

例题：《仲裁法》规定，仲裁庭在作出裁决前，可以先行调解。调解达成协议的，仲

裁庭可以（　　）。

A．制作调解书**【2020年考过】**

B．根据和解协议的结果制作裁决书**【2020年考过】**

C．撤回仲裁申请

D．根据原仲裁协议申请仲裁

【答案】A、B

重点难点专项突破

1．本考点还可以考核的题目有：

（1）《仲裁法》规定，当事人申请仲裁后，可以自行和解。达成和解协议的，可以请求仲裁庭（B），也可以（C）。（注：在考试时，并不会采用这样的形式，这道题目之所以采用这样的提问方式，为的是让大家知晓可能挖空考核的点有哪些，这些都是需要大家重点记忆的）

（2）《仲裁法》规定，当事人达成和解协议，撤回仲裁申请后又反悔的，可以（D）。**【2020年考过】**

2．关于仲裁调解还需要掌握以下要点：

【要点1】调解书经双方当事人签收后即与裁决书具有同等法律效力。**【2009年、2014年考过】**

【要点2】调解不成的，应当及时作出裁决。**【2019年考过】**

专项突破8　仲裁裁决执行

项目	内容
效力表现	仲裁裁决作出后，一方当事人不履行的，另一方当事人可以依法向人民法院申请执行**【2009年、2010年考过】**
管辖	当事人申请执行仲裁裁决案件，由被执行人所在地或被执行财产所在地的中级人民法院管辖**【2024年考过】**
申请强制执行期间	申请仲裁裁决强制执行的期间为2年**【2011年、2023年考过】** 『注意：以上“期间”自仲裁裁决书规定履行期限或仲裁机构的仲裁规则规定履行期间的最后1日起计算；仲裁裁决书规定分期履行的，从最后一期履行期限届满之日起计算；仲裁裁决书未规定履行期间的，从裁决书生效之日起计算』**【2021年考过】**
中止与中断	申请仲裁执行时效的中止、中断，适用法律有关诉讼时效中止、中断的规定

重点难点专项突破

1．本考点一般会结合实例，考查考生对知识的综合运用能力。

2．本考点可能会这样命题：

（1）某施工合同纠纷案经仲裁裁决，将已经竣工工程的部分楼层折价给施工单位抵偿工程欠款，但建设单位拒绝履行裁决。因此，施工单位决定申请执行仲裁裁决。关于申请执行仲裁裁决的说法，正确的是（　　）。

A. 施工单位申请执行的期间为1年

B. 申请执行本案的仲裁裁决，由施工单位所在地的中级人民法院管辖

C. 申请执行本案的仲裁裁决，由本案工程合同签订地的中级人民法院管辖

D. 施工单位有权向人民法院申请执行

【答案】D

（2）根据《最高人民法院关于适用〈中华人民共和国仲裁法〉若干问题的解释》，当事人申请执行仲裁裁决的案件，由（　　）管辖。

A. 仲裁机构所在地中级人民法院

B. 仲裁机构所在地高级人民法院

C. 被执行人住所地或者被执行财产所在地中级人民法院

D. 被执行人住所地或者被执行财产所在地高级人民法院

【答案】C

专项突破9　仲裁裁决的不予执行和撤销

例题：下列情形中，属于人民法院对仲裁裁决裁定不予执行的是（　　）。

A. 当事人在合同中没有仲裁条款或者事后没有达成书面仲裁协议的**【2011年、2013年考过】**

B. 裁决的事项不属于仲裁协议的范围或者仲裁机构无权仲裁的**【2011年、2013年考过】**

C. 仲裁庭的组成或者仲裁的程序违反法定程序的**【2011年、2017年、2019年、2023年考过】**

D. 裁决所根据的证据是伪造的**【2011年考过】**

E. 对方当事人向仲裁机构隐瞒了足以影响公正裁决的证据的**【2013年、2022年考过】**

F. 仲裁员在仲裁该案时有索贿受贿、徇私舞弊、枉法裁决行为的

G. 人民法院认定仲裁裁决违背社会公共利益的

【答案】A、B、C、D、E、F、G

重点难点专项突破

1. 本考点还可以考核的题目有：

当事人提出证据证明裁决有（A、B、C、D、E、F、G）情形之一的，可以向仲裁委员会所在地的中级人民法院申请撤销裁决。**【2009年考过】**

2. 请考生思考一个问题：仲裁裁决被法院依法裁定不予执行后，当事人应当如何处理呢？

答：仲裁裁决被法院依法裁定不予执行的，当事人就该纠纷可以重新达成仲裁协议，并依据该仲裁协议申请仲裁，也可以向法院提起诉讼。

3. 牢记：当事人申请撤销裁决的，应当在收到裁决书之日起6个月内提出。**【2022年考过】**

巧学妙记

仲裁裁决不予执行和撤销的区别

项目	发生阶段	发生原因
不予执行	执行阶段	被申请人或案外人提出证据证明
撤销	收到裁决书后	当事人有证据证明

4. 关于本考点，还应掌握下述要点：

（1）仲裁裁决被人民法院依法撤销后，当事人之间的纠纷并未解决。当事人就该纠纷可以根据双方重新达成的仲裁协议申请仲裁，也可以向人民法院起诉。**【2022年考过】**

（2）当事人向人民法院申请撤销仲裁裁决被驳回后，又在执行程序中以相同事由申请不予执行的，人民法院不予支持；当事人向人民法院申请不予执行被驳回后，又以相同事由申请撤销仲裁裁决的，人民法院不予支持。**【2022年考过】**

（3）案外人有证据证明仲裁案件当事人恶意申请仲裁或者虚假仲裁，损害其合法权益的，可根据法律相关程序的要求，申请不予执行仲裁裁决或仲裁调解书。**【2022年考过】**

10.3 民事诉讼制度

专项突破1 民事案件的管辖

例题：《民事诉讼法》规定的民事案件的管辖包括（　　）。

A. 级别管辖

B. 地域管辖**【2012年考过】**

C. 移送管辖

D. 指定管辖

E. 管辖权转移

F. 管辖权异议

G. 协议管辖

【答案】A、B、C、D

重点难点专项突破

1. 本考点还可以考核的题目有：

（1）根据《民事诉讼法》的规定，（A）是指按照一定的标准，划分上下级法院之间受理第一审民事案件的分工和权限。

（2）按照各法院的辖区和民事案件的隶属关系，划分同级法院受理第一审民事案件的分工和权限，称为（B）。**【2012年真题题干】**

（3）以法院与当事人、诉讼标的以及法律事实之间的隶属关系和关联关系来确定的是（B）。**【2019年考过】**

（4）根据《民事诉讼法》的规定，有管辖权的法院由于特殊原因不能行使管辖权的，由上级人民法院（D）。

（5）根据《民事诉讼法》的规定，人民法院之间因管辖权发生争议不能协商解决的，应报请其共同上级人民法院（D）。

（6）根据《民事诉讼法》的规定，（C）是没有管辖权的法院把案件移送给有管辖权的法院审理。

（7）根据《民事诉讼法》的规定，人民法院发现受理的案件不属于本院管辖的，应当移送有管辖权的人民法院，受移送的人民法院应当受理。受移送的人民法院认为受移送的案件依照规定不属于本院管辖的，应当报请上级人民法院（D），不得再自行移送。

（8）根据《民事诉讼法》的规定，（E）是有管辖权的法院把案件转移给原来没有管辖权的法院审理。

（9）根据《民事诉讼法》的规定，可能在上下级法院之间或者在同级法院间发生的是（C）。

（10）根据《民事诉讼法》的规定，（F）应当在提交答辩状期间提出。

（11）合同或者其他财产权益纠纷的当事人可以书面协议选择被告住所地、合同履行地、合同签订地、原告住所地、标的物所在地等与争议有实际联系的地点的人民法院管辖是（E）。

提问：人民法院对当事人提出的异议如何处理？

答：人民法院对当事人提出的异议，应当审查。异议成立的，裁定将案件移交有管辖权的人民法院；异议不成立的，裁定驳回。

2. 考生还需要掌握管辖权转移与移送管辖的区别。

移送管辖	管辖权转移
无权法院将案件移送给有管辖权的法院审理（无权→有权）	有权法院将案件转移给原来没有管辖权的法院审理（有权→无权）
可能在上下级法院之间或者在同级法院间发生	仅限于上下级法院之间
二者在程序上不完全相同	

3. 掌握多个管辖权法院并存时的管辖确定。

根据《民事诉讼法》，两个以上人民法院都有管辖权的诉讼，原告可以向其中一个人民法院起诉；原告向两个以上有管辖权的人民法院起诉的，由最先立案的人民法院管辖。

专项突破2　民事诉讼的地域管辖

例题：根据《民事诉讼法》的规定，对法人或者其他组织提起的民事诉讼，由（　　）人民法院管辖。

A．被告经常居住地　　B．被告住所地

C．合同履行地　　D．原告住所地

E．合同签订地　　F．标的物所在地

G. 不动产所在地

【答案】B

重点难点专项突破

本考点还可以考核的题目有：

（1）根据《民事诉讼法》的规定，对公民提起的民事诉讼，由（B）人民法院管辖。

对于本题而言A选项正确的前提："被告住所地与经常居住地不一致。"也就是说应优先选择被告住所地，当被告住所地与经常居住地不一致的才选择经常居住地的人民法院。

（2）因合同纠纷提起的诉讼，可以由（B、C）人民法院管辖。

（3）《关于适用〈中华人民共和国民事诉讼法〉的解释》规定，合同对履行地点没有约定或者约定不明确，且合同没有实际履行，当事人双方住所地都不在合同约定的履行地的，由（B）人民法院管辖。**【2012年考过】**

（4）《民事诉讼法》规定，合同或者其他财产权益纠纷的当事人可以书面协议选择（B、C、D、E、F）等与争议有实际联系的地点的人民法院管辖，但不得违反本法对级别管辖和专属管辖的规定。

（5）《民事诉讼法》规定，因不动产纠纷提起的诉讼，由（G）人民法院管辖。

（6）根据《民事诉讼法》的规定，房屋买卖纠纷、土地使用权转让纠纷，由（G）人民法院管辖。**【2012年考过】**

注意：建设工程施工合同纠纷按照不动产纠纷确定管辖。

专项突破3　合同履行地的确定

例题：《关于适用〈中华人民共和国民事诉讼法〉的解释》规定，合同对履行地点没有约定或者约定不明确，争议标的为给付货币的，（　　）为合同履行地。

A. 接收货币一方所在地　　B. 不动产所在地

C. 履行义务一方所在地　　D. 交易行为地

【答案】A

重点难点专项突破

本考点还可以考核的题目有：

（1）《关于适用〈中华人民共和国民事诉讼法〉的解释》规定，合同对履行地点没有约定或者约定不明确，交付不动产的，（B）为合同履行地。

（2）《关于适用〈中华人民共和国民事诉讼法〉的解释》规定，合同对履行地点没有约定或者约定不明确，对于货币、不动产外的其他标的，应以（C）为合同履行地。

（3）《关于适用〈中华人民共和国民事诉讼法〉的解释》规定，合同对履行地点没有约定或者约定不明确，对于即时结清的合同，应以（D）为合同履行地。

专项突破4　民事审判组织

例题：根据《民事诉讼法》，人民法院审理民事案件，依照法律规定实行（　　）。

A. 合议制度　　B. 回避制度

C. 公开审判制度　　D. 两审终审制度

【答案】A、B、C、D

重点难点专项突破

1. 本考点还可以考核的题目有：

（1）在民事诉讼活动中，审判人员及其他有关人员与正在审理的案件有利害关系时，应当依法退出案件审理的制度是（B）。

（2）下列制度中，（B）是保证案件公正审理、消除人民群众顾虑、增加司法公信力的重要制度。

（3）民事案件经两级法院审判即宣告终结的制度是（D）。

2. 关于"合议制度"要掌握以下采分点：

合议制度	组织形式	适用情形	不适用情形
合议制	由审判员、人民陪审员共同组成合议庭或者由审判员组成合议庭进行审理的	合议制是人民法院审理案件的基本组织形式，除了法律规定应当适用或可以适用独任制审判案件的特定情形外，均应组成合议庭对案件进行审判	—
独任制	由审判员一人独任审理	（1）依简易程序审理的民事案件。 （2）基层法院审理的基本事实清楚、权利义务关系明确的第一审民事案件。 （3）中级人民法院对第一审适用简易程序审结或者不服裁定提起上诉的，事实清楚、权利义务关系明确，经双方当事人同意的第二审民事案件	（1）涉及国家利益、社会公共利益的案件。 （2）涉及群体性纠纷，可能影响社会稳定的案件。 （3）人民群众广泛关注或者其他社会影响较大的案件。 （4）属于新类型或者疑难复杂的案件。 （5）法律规定应当组成合议庭审理的案件。 （6）其他不宜由审判员一人独任审理的案件

3. 关于"回避制度"，要区分自行回避和申请回避。通过下面题目学习：

根据《最高人民法院关于适用〈中华人民共和国民事诉讼法〉的解释》（以下简称《民诉法解释》），审判人员有（　　）情形的，应当自行回避。

A. 是本案当事人或者当事人近亲属的

B. 本人或者其近亲属与本案有利害关系的

C. 担任过本案的证人、鉴定人、辩护人、诉讼代理人、翻译人员的

D. 是本案诉讼代理人近亲属的

E. 本人或者其近亲属持有本案非上市公司当事人的股份或者股权的

F. 与本案当事人或者诉讼代理人有其他利害关系，可能影响公正审理的

G. 接受本案当事人及其受托人宴请，或者参加由其支付费用的活动的

H. 索取、接受本案当事人及其受托人财物或者其他利益的

I. 违反规定会见本案当事人、诉讼代理人的

J. 为本案当事人推荐、介绍诉讼代理人，或者为律师、其他人员介绍代理本案的

K. 向本案当事人及其受托人借用款物的

L. 有其他不正当行为，可能影响公正审理的

【答案】A、B、C、D、E、F

根据《民诉法解释》，审判人员有（G、H、I、J、K、L）情形的，当事人有权申请其回避。

4. 关于“公开审判制度”应掌握以下采分点：

（1）开庭审理案件的过程向群众公开。

（2）人民法院对公开审理或者不公开审理的案件，一律公开宣告判决。当庭宣判的，应当在10日内发送判决书；定期宣判的，宣判后立即发给判决书。宣告判决时，必须告知当事人上诉权利、上诉期限和上诉的法院。宣告离婚判决，必须告知当事人在判决发生法律效力前不得另行结婚。

5. 关于“两审终审制度”，需要掌握例外情况：

（1）最高人民法院的判决、裁定，是发生法律效力的判决、裁定。

（2）选民资格案件、宣告失踪或者宣告死亡案件、认定公民无民事行为能力或者限制民事行为能力案件、认定财产无主案件、确认调解协议案件和实现担保物权案件等适用特别程序的案件，实行一审终审。

（3）小额诉讼案件，实行一审终审。

6. 在2024年是这样考核的：

下列民事诉讼案件中，实行两审终审制度的是（　　）。**【2024年真题】**

A. 实现担保物权案件

B. 建设工程施工合同案件

C. 确认调解协议案件

D. 小额诉讼案件

【答案】B

专项突破5　诉讼当事人和第三人

例题：根据《民事诉讼法》规定，无独立请求权的第三人，但按案件处理结果同他有法律上的利害关系的，其诉讼权利包括（　　）。

A. 申请提起诉讼

B. 申请参加诉讼

C. 由人民法院通知参加诉讼

D. 申请提起公益诉讼

【答案】B、C

重点难点专项突破

1. 本考点还可以考核的题目有：

根据《民事诉讼法》规定，对当事人双方的诉讼标的，第三人认为有独立请求权的，有权（A）。

2. 选项D是可能会出现的干扰项。

3.《民事诉讼法》规定，公民、法人和其他组织可以作为民事诉讼的当事人。这里的“其他组织”是指合法成立、有一定的组织机构和财产，但又不具备法人资格的组织，包括：（1）依法登记领取营业执照的个人独资企业；（2）依法登记领取营业执照的合伙企业；（3）依法登记领取我国营业执照的中外合作经营企业、外资企业；（4）依法成立的社会团体的分支机构、代表机构；（5）依法设立并领取营业执照的法人的分支机构，如施工企业设在异地的分公司；（6）依法设立并领取营业执照的商业银行、政策性银行和非银行金融机构的分支机构；（7）经依法登记领取营业执照的乡镇企业、街道企业；（8）其他符合本条规定条件的组织。

4. 本考点中还需要掌握一个采分点——共同诉讼。

《民事诉讼法》规定，当事人一方或者双方为二人以上，其诉讼标的是共同的，或者诉讼标的是同一种类、人民法院认为可以合并审理并经当事人同意的，为共同诉讼。

该采分点可能会这样考核：

甲装饰公司拖欠某劳务公司10万元工程款，劳务公司多次索要无果，当决定起诉时发现，甲装饰公司已经分立为乙装饰公司和丙运输公司，而乙、丙两个公司对10万元工程欠款的偿还事宜并未做明确约定，劳务公司便以乙装饰公司为被告诉至法院，法院受理后通知丙公司应诉。此时，丙公司作为当事人属于（　　）。

A. 原告　　B. 有独立请求权的第三人

C. 共同诉讼人　　D. 无独立请求权的第三人

【答案】C

专项突破6　诉讼代理人

例题：施工企业向某律师出具的民事诉讼授权委托书中仅写明代理权限是“全权代理”。下列与诉讼有关的行为中，该律师享有代理权的是（　　）。

A. 代为承认对方的诉讼请求　　B. 代为放弃对方的诉讼请求

C. 代为变更对方的诉讼请求　　D. 与对方当事人进行和解

E. 提起上诉　　F. 提起反诉

G. 提供证据　　H. 提出管辖权异议

I. 陈述事实、参加法庭辩论

【答案】G、H、I

重点难点专项突破

1. 本考点还可以考核的题目有：

张某因与某施工企业发生合同纠纷，委托李律师全权代理诉讼，但未作具体的授权。则李律师在诉讼中无权实施的行为有（A、B、C、D、E、F）。**【2011年真题题干】**

2.《民事诉讼法》规定，诉讼代理人代为承认、放弃、变更诉讼请求，进行和解、提起反诉或者上诉，必须有委托人的特别授权。根据最高人民法院的特别规定，如果授权委托书仅写“全权代理”而无具体授权，在这种情况下不能认定为诉讼代理人已获得特别授权，因为该诉讼代理人是无权代为承认、放弃、变更诉讼请求，进行和解、提起反诉或者上诉的。**【2011年、2020年考过】**

这一规定的考查点较为固定：一是考查“全权代理”是否代表受委托人获得了特别授权；二是在“特别授权”的情况下诉讼代理人的权利有哪些。只要记住这两点，得分就没有问题了。

3. 下列人员可以被委托为诉讼代理人：

（1）律师、基层法律服务工作者；

（2）当事人的近亲属或者工作人员；

（3）当事人所在社区、单位以及有关社会团体推荐的公民。

专项突破7　证据的应用

例题：当事人对自己提出的主张，有责任提供证据。下列事实，当事人无须举证证明的有（　　）。

A. 自然规律以及定理、定律

B. 众所周知的事实

C. 根据法律规定推定的事实

D. 根据已知的事实和日常生活经验法则推定出的另一事实

E. 已为人民法院发生法律效力的裁判所确认的事实

F. 已为仲裁机构生效裁决所确认的事实

G. 已为有效公证文书所证明的事实

H. 涉及可能损害国家利益、社会公共利益的

I. 涉及身份关系的

J. 当事人有恶意串通损害他人合法权益可能的

K. 涉及依职权追加当事人、中止诉讼、终结诉讼、回避等程序性事项的

L. 证据由国家有关部门保存，当事人及其诉讼代理人无权查阅调取的

M. 涉及国家秘密、商业秘密或者个人隐私的

【答案】A、B、C、D、E、F、G

重点难点专项突破

1. 本考点还可以考核的题目有：

（1）人民法院认为审理案件需要的证据，应当主动调查收集，主要包括（H、I、J、K）。

（2）当事人及其诉讼代理人因客观原因不能自行收集的证据，可以在举证期限届满前书面申请人民法院调查收集，主要包括（L、M）。

注意：当事人无须举证证明的事件中，B、C、D三项规定的事实，当事人有相反证据足以反驳的除外；E、F、G三项规定的事实，当事人有相反证据足以推翻的除外。

2. 证据应当在法庭上出示，并由当事人互相质证。

注意：凡是知道案件情况的单位和个人，都有义务出庭作证。有关单位的负责人应当支持证人作证。不能正确表达意思的人，不能作证。

专项突破8 诉讼时效期间

例题：《民法典》规定，向人民法院请求保护民事权利的诉讼时效期间为（　　）年。

A. 1

B. 3【2018年考过】

C. 4

D. 20

【答案】B

重点难点专项突破

1. 本考点还可以考核的题目有：

（1）因国际货物买卖合同和技术进出口合同争议的时效期间为（C）年。

（2）诉讼时效期间从知道或应当知道权利被侵害时起计算。但是，从权利被侵害之日起超过（D）年的，法院不予保护。

注意：超过诉讼时效期间，在法律上发生的效力是权利人的胜诉权消灭；诉讼时效期间届满后，义务人同意履行的，不得以诉讼时效期间届满为由抗辩。

2. 本考点的第二个采分点——不适用诉讼时效规定的请求。

根据《民法典》，下列请求权不适用诉讼时效的规定：

（1）请求停止侵害、排除妨碍、消除危险；

（2）不动产物权和登记的动产物权的权利人请求返还财产；

（3）请求支付抚养费、赡养费或者扶养费；

（4）依法不适用诉讼时效的其他请求权。

专项突破9 诉讼时效中止和中断

例题：《民法典》规定，在诉讼时效期间的最后6个月内，因（　　）不能行使请求权的，诉讼时效中止。

A. 不可抗力

B. 无民事行为能力人或限制民事行为能力人没有法定代理人

C. 无民事行为能力人或限制民事行为能力人的法定代理人死亡、丧失民事行为能力

D. 继承开始后未确定继承人或者遗产管理人

E. 权利人被义务人或者其他人控制

F. 权利人向义务人提出履行请求【2009年、2017年考过】

G. 义务人同意履行义务

H. 权利人提起诉讼或者申请仲裁

I. 与申请仲裁具有同等效力的情形发生的

【答案】A、B、C、D、E

重点难点专项突破

1. 本考点还可以考核的题目有：

根据《民法典》的规定，导致诉讼时效中断情形有（F、G、H、I）。

2. 诉讼时效中止旨在解决权利人因客观原因不能行使权利时的救济问题，该“不能行使”的期间限定为诉讼时效期间的最后6个月内。

3. 在往年的考试中，会在题干中给出某一情形让考生判断这一情形将会导致什么后果。例如：

（1）建设单位向施工企业表示同意支付拖欠的工程款，这将在法律上引起（　　）后果。

A. 诉讼时效的中止

B. 诉讼时效的中断

C. 诉讼时效的延长

D. 改变法定的诉讼时效期间

【答案】B

（2）按照合同的约定，2023年1月1日发包方应该向承包方支付工程款，但没有支付。2023年7月1日至8月1日之间，当地发生了特大洪水，导致承包方不能行使请求权。2023年12月3日，承包方向法院提起诉讼，请求发包方支付拖欠的工程款，2023年12月31日法院作出判决。则下面的说法正确的是（　　）。

A. 2023年7月1日至8月1日之间诉讼时效中止

B. 2023年12月31日起诉讼时效中止

C. 2023年12月3日诉讼时效中断

D. 2023年7月1日至8月1日之间诉讼时效中断

【答案】C

4. 在往年的考试中，对诉讼时效的中断考核的最多，因此考生在复习时可有所侧重。此外还需要注意的是诉讼时效中止与中断所产生的后果是不同的：

诉讼时效中断的后果	诉讼时效中止的后果
从中断、有关程序终结时起，诉讼时效期间重新计算	在导致诉讼时效中止的原因消除后，也就是权利人开始可以行使请求权时起，诉讼时效期间继续计算

专项突破10　民事诉讼的审判程序

例题：民事诉讼一审程序包括普通程序和简易程序。根据《民事诉讼法》的规定，适用简易程序审理的案件，应当在立案之日起（　　）个月内审结。

A. 3　　B. 5

C. 6　　D. 7

E. 15　　F. 10

【答案】A

重点难点专项突破

1. 本考点还可以考核的题目有：

（1）根据《民事诉讼法》的规定，适用普通程序审理的案件，应当在立案之日起（C）个月内审结。

（2）根据《民事诉讼法》的规定，适用普通程序审理的案件未在规定时限内审结，需要延长的，由本院院长批准，可以延长（C）个月。

（3）《民事诉讼法》规定，人民法院对符合起诉条件的，应当在（D）日内立案，并通知当事人。

（4）《民事诉讼法》规定，人民法院应当保障当事人依照法律规定享有的起诉权利。对于不符合起诉条件的，应当在（D）日内作出裁定书，不予受理。

（5）《民事诉讼法》规定，人民法院应当在立案之日起（B）日内将起诉状副本发送被告。

（6）《民事诉讼法》规定，被告应当在收到之日起（E）日内提出答辩状。

（7）《民事诉讼法》规定，人民法院应当在收到答辩状之日起（B）日内将答辩状副本发送原告。

> 注意：被告不提出答辩状的，不影响人民法院审理。

（8）《民事诉讼法》规定，普通程序的审判组织应采用合议制，合议庭组成人员确定后，应当在（A）日内告知当事人。

（9）《民事诉讼法》规定，人民法院对公开审理或不公开审理的案件，一律公开宣告判决。当庭宣判的，应当在（F）日内发送判决书。

2. 通过上述题目相信考生应该掌握了一审程序中关于时效期间的所有采分点。除了这一采分点外，考生还需要重点记忆起诉的条件。先来看一道题目：

根据《民事诉讼法》，起诉必须符合的条件有（　　）。**【2013年真题】**

A. 原告是与本案有直接利害关系的公民、法人和其他组织

B. 有明确的被告

C. 有具体的诉讼请求和理由

D. 事实清楚，证据确实充分

E. 属于人民法院受理民事诉讼的范围和受诉人民法院管辖

【答案】A、B、C、E

【分析】如果对这一采分点进行考查的话，很可能会采取上题的形式。起诉必须符合的四项条件一定要记牢。

3. 我们学习以下采分点：

（1）原告经传票传唤，无正当理由拒不到庭的，或者未经法庭许可中途退庭的，可以按撤诉处理；被告反诉的，可以缺席判决。

（2）被告经传票传唤，无正当理由拒不到庭的，或者未经法庭许可中途退庭的，可以缺席判决。**【2024年真题】**

（3）宣判前，原告申请撤诉的，是否准许，由人民法院裁定。

（4）人民法院裁定不准许撤诉的，原告经传票传唤，无正当理由拒不到庭的，可以缺席判决。

4. 关于小额诉讼的适用范围易进行单项选择题形式的考核。

小额诉讼程序是简易程序的一种，适用于审理事实清楚、权利义务关系明确、争议不大的简单金钱给付民事案件，标的额为各省、自治区、直辖市上年度就业人员年平均工资50%以下的案件，实行一审终审。

专项突破11　民事诉讼的第二审程序

例题：根据《民事诉讼法》，第二审人民法院对上诉案件，经过审理，发现原判决、裁定认定事实清楚，适用法律正确的，应当（　　）。

A. 以判决、裁定方式驳回上诉

B. 维持原判决、裁定

C. 以判决、裁定方式依法改判、撤销或变更

D. 裁定撤销原判决

E. 发回原审人民法院重审

F. 查清事实后改判

【答案】A、B

重点难点专项突破

1. 本考点还可以考核的题目有：

（1）第二审人民法院对上诉案件，经过审理，发现原判决、裁定认定事实错误或者适用法律错误的，应（C）。

（2）第二审人民法院对上诉案件，经过审理，发现原判决认定基本事实不清的，（D、E、F）。**【2013年考过】**

（3）第二审人民法院对上诉案件，经过审理，发现原判决遗漏当事人或违法缺席判决等严重违反法定程序的，（D、E）。

2. 第二审人民法院审理对判决的上诉案件，审限为3个月；审理对裁定的上诉案件，审限为30日。**【2022年考过】**

3. 第二审程序是指由于民事诉讼当事人不服地方各级人民法院尚未生效的第一审判决或裁定，在法定上诉期间内，向上一级人民法院提起上诉而引起的诉讼程序。

（1）上文中的“上诉期间”应符合下图的规定。

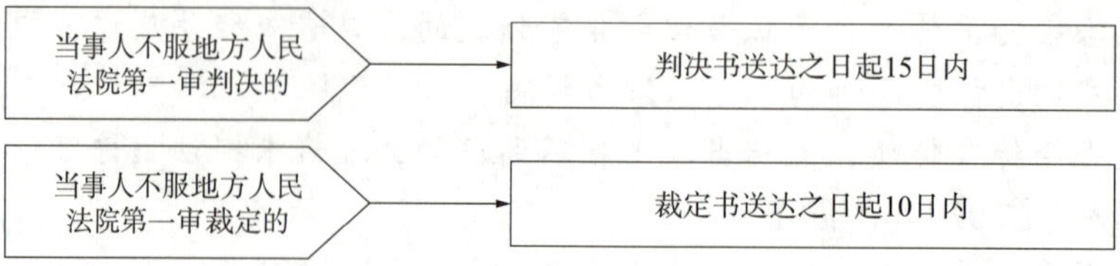

（2）关于“上诉期间”的采分点可能会采用下题的形式进行考查：

人民法院2月1日作出第一审民事判决，判决书2月5日送达原告，2月10日送达被告，当事人双方均未提出上诉，该判决书生效之日是2月（　　）日。

A. 1　　B. 5

C. 10　　D. 26

【答案】D

4. 再来看本考点的最后一个采分点——上诉状。

（1）当事人提起上诉，应当递交上诉状。

（2）上诉状应当通过原审法院提出。**【2022年考过】**

（3）当事人直接向第二审人民法院上诉的，第二审人民法院应当在5日内将上诉状移交原审人民法院。

5. 二审法院对上诉案件的处理。

（1）第二审的上诉审查限于当事人上诉请求的范围。

（2）第二审人民法院对上诉案件应当开庭审理。**【2022年考过】**

（3）第二审法院作出的具有给付内容的判决，具有强制执行力。**【2022年考过】**

（4）当事人对重审案件的判决、裁定，仍然可以上诉。原审人民法院对发回重审的案件作出判决后，当事人提起上诉的，第二审人民法院不得再次发回重审。**【2022年考过】**

专项突破12　民事诉讼的审判监督程序

项目		内容
对象		已发生效力且发现确有错误的判决、裁定、调解书
程序提起原因	人民法院提起再审	必须是已经发生法律效力的判决、裁定、调解书确有错误
	当事人申请再审	（1）当事人申请再审，应当在判决、裁定发生法律效力后6个月内提出。 （2）当事人对已经发生法律效力的判决、裁定，认为有错误的，可以向上一级人民法院申请再审；当事人一方人数众多或者当事人双方为公民的案件，也可以向原审人民法院申请再审。 （3）当事人申请再审的，不停止判决、裁定的执行。 （4）当事人的申请符合下列情形之一的，人民法院应当再审：① 有新的证据，足以推翻原判决、裁定的；② 原判决、裁定认定的基本事实缺乏证据证明的；③ 原判决、裁定认定事实的主要证据是伪造的；④ 原判决、裁定认定事实的主要证据未经质证的；⑤ 对审理案件需要的主要证据，当事人因客观原因不能自行收集，书面申请人民法院调查收集，人民法院未调查收集的；⑥ 原判决、裁定适用法律确有错误的；⑦ 审判组织的组成不合法或者依法应当回避的审判人员没有回避的；⑧ 无诉讼行为能力人未经法定代理人代为诉讼或者应当参加诉讼的当事人，因不能归责于本人或者其诉讼代理人的事由，未参加诉讼的；⑨ 违反法律规定，剥夺当事人辩论权利的；⑩ 未经传票传唤，缺席判决的；⑪ 原判决、裁定遗漏或者超出诉讼请求的；⑫ 据以作出原判决、裁定的法律文书被撤销或者变更的；⑬ 审判人员审理该案件时有贪污受贿，徇私舞弊，枉法裁判行为的

续表

项目		内容
程序提起原因	人民检察院的抗诉	各级人民检察院对审判监督程序以外的其他审判程序中审判人员的违法行为，有权向同级人民法院提出检察建议

重点难点专项突破

1. 本考点在近几年的考试中虽然没有考过，但还是要掌握的，特别是当事人申请再审的相关知识。

2. 本考点可能会这样命题：

（1）当事人申请再审，应当在判决、裁定发生法律效力后（　　）个月内提出。

A. 1　　B. 2

C. 3　　D. 6

【答案】D

（2）当事人对已经发生法律效力的判决，认为有错误的，可以向上一级人民法院申请再审。人民法院应当再审的情形不包括（　　）。

A. 有新的证据，足以推翻原判决

B. 原判决认定的基本事实缺乏证据证明

C. 原判决认定事实的主要证据是伪造的

D. 原判决适用的法律已被废止的

【答案】D

专项突破13　民事诉讼案件的执行依据与执行管辖

例题：发生法律效力的民事判决、裁定，以及刑事判决、裁定中的财产部分，可以由（　　）执行。

A. 第一审人民法院

B. 与第一审人民法院同级的被执行的财产所在地人民法院

C. 被执行人住所地人民法院

D. 被执行的财产所在地人民法院

【答案】A、B

重点难点专项突破

1. 本考点还可以考核的题目有：

法律规定由人民法院执行的除民事及刑事判决、裁定外的其他法律文书，可以由（C、D）执行。

2. 在学习了执行案例管辖的相关知识后，考生还需要记忆民事执行依据都有哪些。

民事执行依据主要有：

（1）人民法院作出的民事判决书、裁定书和调解书；

（2）仲裁机构作出裁决书和调解书；

（3）公证机关依法赋予强制执行的债权文书。

这一采分点，可能会考核一道多项选择题，得分的关键在于记忆。

专项突破14　民事诉讼执行中的相关问题

例题：《民事诉讼法》规定，人民法院自收到申请执行书之日起超过（　　）个月未执行的，申请执行人可以向上一级人民法院申请执行。

A．2　　B．6

C．15　　D．30

E．10

【答案】B

重点难点专项突破

本考点还可以考核的题目有：

（1）申请民事诉讼强制执行的期间为（A）年。

注意：这里的期间，从法律文书规定履行期间的最后1日起计算；法律文书规定分期履行的，从规定的每次履行期间的最后1日起计算；法律文书未规定履行期间的，从法律文书生效之日起计算。

（2）《民事诉讼法》规定，被执行人或者被执行的财产在外地的，可以委托当地人民法院代为执行。受委托人民法院收到委托函件后，必须在（C）日内开始执行，不得拒绝。

（3）《民事诉讼法》规定，被执行人或者被执行的财产在外地的，可以委托当地人民法院代为执行。受委托人民法院在（D）日内未执行完毕的，应当将执行情况函告委托人民法院。

（4）《民事诉讼法》规定，当事人、利害关系人认为执行行为违反法律规定的，可以向负责执行的人民法院提出书面异议，人民法院应当自收到书面异议之日起（C）日内审查。

（5）《民事诉讼法》规定，当事人、利害关系人对裁定不服的，可以自裁定送达之日起（E）日内向上一级人民法院申请复议。

（6）《民事诉讼法》规定，执行过程中，案外人对执行标的提出书面异议的，人民法院应当自收到书面异议之日起（C）日内审查。

专项突破15　民事诉讼执行措施

例题：执行措施是指人民法院依照法定程序强制执行生效法律文书的方法和手段。下列关于执行措施的说法中，正确的有（　　）。

A．强制报告当前以及收到执行通知之日前一年的财产情况

B．查询被执行人的存款、债券、股票、基金份额等财产情况

C．查封、扣押、冻结、拍卖、变卖被执行人应当履行义务部分的财产

D．扣留、提取被执行人应当履行义务部分的收入

E．拍卖、变卖被查封、扣押的财产

F．发出搜查令，对被执行人及其住所或者财产隐匿地进行搜查

G．强制交付法律文书的指定交付财物或者票证

H．强制迁出房屋或者强制退出土地

I．向有关单位发出协助执行通知书，协助办理有关财产权证照转移手续

J．强制执行或者委托有关单位或者其他人完成判决、裁定和其他法律文书指定的行为

K．采取或者通知有关单位协助采取限制出境

L．在征信系统记录、通过媒体公布不履行义务信息

【答案】A、B、C、D、E、F、G、H、I、J、K、L

重点难点专项突破

1．如果单独对执行措施进行考核的话，可能会采用多项选择题的形式。

2．执行措施也可能会和其他执行问题一起考核一道综合性的题目，题干可能会这样设置："关于民事诉讼执行程序的说法，正确的是（　　）。"

专项突破16　民事诉讼执行中止和终结

例题：民事诉讼执行中止是指在执行过程中，因发生特殊情况，需要暂时停止执行程序。人民法院应裁定中止执行的情况有（　　）。

A．申请人表示可以延期执行的

B．案外人对执行标的提出确有理由异议的

C．作为一方当事人的公民死亡，需要等待继承人继承权利或承担义务的

D．作为一方当事人的法人或其他组织终止，尚未确定权利义务承受人的

E．据以执行的法律文书被撤销的

F．申请人撤销申请的

G．作为被执行人的公民死亡，无遗产可供执行，又无义务承担人的

H．追索赡养费、扶养费、抚养费案件的权利人死亡的

I．作为被执行人的公民因生活困难无力偿还借款，无收入来源，又丧失劳动能力的

【答案】A、B、C、D

重点难点专项突破

1．本考点还可以考核的题目有：

在民事诉讼执行过程中，由于出现某些特殊情况，执行工作无法继续进行或没有必要继续进行的，结束执行程序。人民法院应当裁定终结执行的情况有（E、F、G、H、I）。

2. 通过执行中止与终结的概念，考生应能够正确区分两者。执行中止是暂停执行程序而执行终结是结束执行程序。

3. 在考核民事诉讼执行中止情形的时候可能会将执行终结的情形作为干扰项，反之亦然。

10.4 行政复议制度

专项突破1 可申请与不能申请行政复议的范围

例题：《行政复议法》规定，有下列（　　）情形之一的，公民、法人或者其他组织可以依照本法申请行政复议。

A. 对行政机关作出的行政处罚决定不服

B. 对行政机关作出的行政强制措施、行政强制执行决定不服

C. 申请行政许可，行政机关拒绝或者在法定期限内不予答复

D. 申请行政许可，对行政机关作出的有关行政许可的其他决定不服

E. 对行政机关作出的确认自然资源的所有权或者使用权的决定不服

F. 对行政机关作出的征收征用决定及其补偿决定不服

G. 对行政机关作出的赔偿决定或者不予赔偿决定不服

H. 对行政机关作出的不予受理工伤认定申请的决定或者工伤认定结论不服

I. 认为行政机关侵犯其经营自主权或者农村土地承包经营权、农村土地经营权

J. 认为行政机关滥用行政权力排除或者限制竞争

K. 认为行政机关违法集资、摊派费用或者违法要求履行其他义务

L. 申请行政机关履行保护人身权利、财产权利、受教育权利等合法权益的法定职责，行政机关拒绝履行、未依法履行或者不予答复

M. 申请行政机关依法给付抚恤金、社会保险待遇或者最低生活保障等社会保障，行政机关没有依法给付

N. 认为行政机关不依法订立、不依法履行、未按照约定履行或者违法变更、解除政府特许经营协议、土地房屋征收补偿协议等行政协议

O. 认为行政机关在政府信息公开工作中侵犯其合法权益

P. 认为行政机关的其他行政行为侵犯其合法权益

Q. 国防、外交等国家行为

R. 行政法规、规章或者行政机关制定、发布的具有普遍约束力的决定、命令等规范性文件

S. 行政机关对行政机关工作人员的奖惩、任免等决定

T. 行政机关对民事纠纷作出的调解

【答案】A、B、C、D、E、F、G、H、I、J、K、L、M、N、O、P

重点难点专项突破

1. 本考点还可以考核的题目有：

《行政复议法》规定，下列（Q、R、S、T）事项不属于行政复议范围。

2. 我们只要记住不属于行政复议的范围就可以。考试命题时互为干扰选项。

专项突破2　行政复议管辖

例题：《行政复议法》规定，县级以上地方各级人民政府管辖（　　）行政复议案件。

A．对本级人民政府工作部门作出的行政行为不服的

B．对下一级人民政府作出的行政行为不服的

C．对本级人民政府依法设立的派出机关作出的行政行为不服的

D．对本级人民政府或者其工作部门管理的法律、法规、规章授权的组织作出的行政行为不服的

E．对本部门作出的行政行为不服的

F．对本部门依法设立的派出机构依照法律、行政法规、部门规章规定，以派出机构的名义作出的行政行为不服的

G．对本部门管理的法律、行政法规、部门规章授权的组织作出的行政行为不服的

【答案】A、B、C、D

重点难点专项突破

1. 本考点还可以考核的题目有：

《行政复议法》规定，国务院部门管辖（E、F、G）行政复议案件。

2. 对县级以上地方各级人民政府工作部门依法设立的派出机构依照法律、法规、规章规定，以派出机构的名义作出的行政行为不服的行政复议案件，由本级人民政府管辖；其中，对直辖市、设区的市人民政府工作部门按照行政区划设立的派出机构作出的行政行为不服的，也可以由其所在地的人民政府管辖。怎么理解这一规定？我们举例说明：

A市B区国土资源局以甲施工企业非法占地违规建造为由，责令甲限期拆除其建筑，退还所占土地。甲不服，欲申请行政复议。关于有权受理该案行政复议的行政机关的说法，正确的有（　　）。

A. 可以是A市人民政府

B. 只能是A市国土资源局

C. 可以是A市国土资源局

D. 只能是B区人民政府

E. 可以是B区人民政府

【答案】C、E

3. 对海关、金融、外汇管理等实行垂直领导的行政机关、税务和国家安全机关的行政行为不服的，如何申请行政复议？

向上一级主管部门申请行政复议。

4. 公民、法人或者其他组织申请行政复议，行政复议机关已经依法受理的，在行政复议期间是否可以向人民法院提起行政诉讼？

不可以。

5. 公民、法人或者其他组织向人民法院提起行政诉讼，人民法院已经依法受理的，是否可以申请行政复议。

不可以。

6. 本考点的考核形式举例如下：

关于行政复议的说法，正确的是（　　）。

A. 当事人可以向具体行政行为的作出机关申请复议

B. 对行政复议决定不服的，不得再向人民法院提起行政诉讼

C. 行政复议原则上采用开庭审理的办法

D. 行政复议机关应当审查申请行政复议的具体行政行为是否合法与适当

【答案】D

专项突破3　行政复议决定

例题：《行政复议法》规定，对于具体行政行为认定事实清楚，证据确凿，适用依据正确，程序合法，内容适当的，行政复议机关应作出的行政复议决定是（　　）。

A. 维持行政复议行为　　B. 限期履行

C. 撤销或者部分撤销行政行为　　D. 重新做出行政行为

【答案】A

重点难点专项突破

1. 本考点还可以考核的题目有：

（1）《行政复议法》规定，对于被申请人不履行法定职责的，行政复议机关应作出的行政复议决定是（B）。

（2）《行政复议法》规定，行政复议机关发现具体行政行为的主要事实不清、证据不足的，应作出的行政复议决定是（C、D）。

（3）《行政复议法》规定，行政复议机关发现具体行政行为适用依据错误的，应作出的行政复议决定是（C、D）。

（4）《行政复议法》规定，行政复议机关发现具体行政行为的作出违反法定程序的，应作出的行政复议决定是（C、D）。

（5）《行政复议法》规定，行政复议机关发现具体行政行为超越或滥用职权作出的，应作出的行政复议决定是（C、D）。

2. 注意：对于决定撤销或者确认某具体行政行为违法的，可以责令被申请人在一定期限内重新作出具体行政行为。

10.5 行政诉讼制度

专项突破1 行政诉讼的受案范围

例题：根据《行政诉讼法》的规定，下列情形中，属于我国法律规定的行政诉讼受案范围的是（　　）。

A. 对行政拘留、暂扣或者吊销许可证和执照、责令停产停业、没收违法所得、没收非法财物、罚款、警告等行政处罚不服的

B. 对限制人身自由或对财产的查封、扣押等行政强制措施和行政强制执行不服的

C. 申请行政许可，行政机关拒绝或在法定期限内不予答复，或对行政机关作出的有关行政许可的其他决定不服的

D. 对征收、征用决定及其补偿决定不服的

E. 申请行政机关履行保护人身权、财产权等合法权益的法定职责，行政机关拒绝履行或不予答复的**【2021年考过】**

F. 认为行政机关侵犯其经营自主权或者农村土地承包经营权、农村土地经营权的**【2014年考过】**

G. 认为行政机关滥用行政权力排除或者限制竞争的**【2021年考过】**

H. 认为行政机关违法集资、摊派费用或者违法要求履行其他义务的

I. 认为行政机关没有依法支付抚恤金、最低生活保障待遇或者社会保险待遇的

J. 认为行政机关不依法履行、未按照约定履行或者违法变更、解除政府特许经营协议、土地房屋征收补偿协议等协议的**【2021年考过】**

K. 认为行政机关侵犯其他人身权、财产权等合法权益的**【2014年考过】**

L. 公安、国家安全等机关依照刑事诉讼法的明确授权实施的行为

M. 调解行为以及法律规定的仲裁行为

N. 行政指导行为

O. 驳回当事人对行政行为提起申诉的重复处理行为

P. 行政机关作出的不产生外部法律效力的行为

Q. 行政机关为作出行政行为而实施的准备、论证、研究、层报、咨询等过程性行为

R. 除行政机关扩大执行范围或采取违法方式实施外，行政机关根据人民法院的生效裁判、协助执行通知书作出的执行行为

S. 上级行政机关基于内部层级监督关系对下级行政机关作出的听取报告、执法检查、督促履责等行为

T. 行政机关针对信访事项作出的登记，受理、交办、转送、复查、复核意见等行为

U. 对公民、法人或其他组织权利义务不产生实际影响的行为

【答案】A、B、C、D、E、F、G、H、I、J、K

重点难点专项突破

1. 本考点还可以考核的题目有：

《最高人民法院关于适用〈中华人民共和国行政诉讼法〉的解释》规定，下列行为中不属于人民法院行政诉讼的受案范围的有（L、M、N、O、P、Q、R、S、T、U）。

2.《最高人民法院关于审理行政协议案件若干问题的规定》（法释〔2019〕17号）第2条规定，公民、法人或者其他组织就哪些行政协议提起行政诉讼的，人民法院应当依法受理？

（1）政府特许经营协议；（2）土地、房屋等征收征用补偿协议；（3）矿业权等国有自然资源使用权出让协议；（4）政府投资的保障性住房的租赁、买卖等协议；（5）符合规定的政府与社会资本合作协议；（6）其他行政协议。

专项突破2 诉讼代理人

例题：可以被委托为行政诉讼代理人的是（ ）。

A．律师

B．基层法律服务工作者

C．当事人的近亲属

D．当事人的工作人员

E．当事人所在社区推荐的公民

F．当事人所在单位推荐的公民

G．当事人所在社会团体推荐的公民

【答案】 A、B、C、D、E、F、G

重点难点专项突破

1. 没有诉讼行为能力的公民，由其法定代理人代为诉讼。法定代理人互相推诿代理责任的，由人民法院指定其中一人代为诉讼。

2. 当事人、法定代理人可以委托多少人作为诉讼代理人？

一至二人。

专项突破3 行政诉讼的起诉

例题：提起诉讼应当符合的条件包括（ ）。

A．原告是符合规定的公民、法人或者其他组织

B．有明确的被告

C．有具体的诉讼请求和事实根据

D．属于人民法院受案范围和受诉人民法院管辖

【答案】 A、B、C、D

重点难点专项突破

1. 选项C中“有具体的诉讼请求”是指哪些?

(1)请求判决撤销或者变更行政行为;(2)请求判决行政机关履行特定法定职责或者给付义务;(3)请求判决确认行政行为违法;(4)请求判决确认行政行为无效;(5)请求判决行政机关予以赔偿或者补偿;(6)请求解决行政协议争议;(7)请求一并审查规章以下规范性文件;(8)请求一并解决相关民事争议;(9)其他诉讼请求。

2. 公民、法人或者其他组织不服复议决定的,可以在收到复议决定书之日起多少日内向人民法院提起诉讼?

15日。

3. 法律、法规规定应当先向行政机关申请复议,对复议决定不服再向人民法院提起诉讼的,如果公民、法人或者其他组织未申请复议直接提起诉讼的,人民法院应作出怎样的裁定?

裁定不予立案。

4. 对起诉的时间条件是如何规定的。

公民、法人或者其他组织直接向人民法院提起诉讼的,应当自知道或者应当知道作出行政行为之日起6个月内提出。法律另有规定的除外。因不动产提起诉讼的案件自行政行为作出之日起超过20年,其他案件自行政行为作出之日起超过5年提起诉讼的,人民法院不予受理。公民、法人或者其他组织不知道行政机关作出的行政行为内容的,其起诉期限从知道或者应当知道该行政行为内容之日起计算,但最长不得超过行政诉讼法规定的起诉期限。

专项突破4　行政诉讼第一审普通程序的判决类型

例题:行政行为证据确凿,适用法律、法规正确,符合法定程序的,人民法院应判决(　　)。

A. 驳回诉讼请求　　B. 撤销或者部分撤销

C. 履行　　D. 变更

E. 确认

【答案】 A

重点难点专项突破

1. 本考点还可以考核的题目有:

(1)行政案件中,原告申请被告履行法定职责或者给付义务理由不成立的,人民法院判决（A）。

（2）行政行为主要证据不足的，人民法院判决（B），并可以判决被告重新作出行政行为。

（3）行政行为适用法律、法规错误的，人民法院判决（B），并可以判决被告重新作出行政行为。

（4）行政行为违反法定程序的，人民法院判决（B），并可以判决被告重新作出行政行为。

（5）行政行为超越职权的，人民法院判决（B），并可以判决被告重新作出行政行为。

（6）行政行为滥用职权的，人民法院判决（B），并可以判决被告重新作出行政行为。

（7）行政行为明显不当的，人民法院判决（B），并可以判决被告重新作出行政行为。

（8）人民法院经过审理，查明行政案件被告不履行法定职责的，判决被告在一定期限内（C）。

（9）人民法院经过审理，查明行政案件被告依法负有给付义务的，判决被告（C）给付义务。

（10）行政处罚明显不当，或者其他行政行为涉及对款额的确定、认定确有错误的，人民法院可以判决（D）。

2. 行政行为有哪些情形之一的，人民法院判决确认违法，但不撤销行政行为？

（1）行政行为依法应当撤销，但撤销会给国家利益、社会公共利益造成重大损害的；（2）行政行为程序轻微违法，但对原告权利不产生实际影响的。

3. 行政行为有哪些情形之一，不需要撤销或者判决履行的，人民法院判决确认违法？

（1）行政行为违法，但不具有可撤销内容的；（2）被告改变原违法行政行为，原告仍要求确认原行政行为违法的；（3）被告不履行或者拖延履行法定职责，判决履行没有意义的。

4. 人民法院是否公开宣告行政案件的判决？

人民法院对公开审理和不公开审理的案件，一律公开宣告判决。

5. 几个时间点需要掌握：

当庭宣判的，应当在10日内发送判决书；定期宣判的，宣判后立即发给判决书。宣告判决时，必须告知当事人上诉权利、上诉期限和上诉的人民法院。人民法院应当在立案之日起6个月内作出第一审判决。有特殊情况需要延长的，由高级人民法院批准，高级人民法院审理第一审案件需要延长的，由最高人民法院批准。

专项突破5　行政诉讼的第二审程序

例题：人民法院在审理上诉案件时，原判决、裁定认定事实清楚，适用法律、法规正确的，人民法院应（　　）。

A. 判决或者裁定驳回上诉，维持原判决、裁定

B. 依法改判、撤销或者变更

C. 发回原审人民法院重审，或者查清事实后改判

D. 裁定撤销原判决，发回原审人民法院重审

【答案】A

重点难点专项突破

1. 本考点还可以考核的题目有：

（1）人民法院在审理上诉案件时，原判决、裁定认定事实错误或者适用法律、法规错误的，人民法院应（B）。

（2）人民法院在审理上诉案件时，原判决认定基本事实不清、证据不足的，人民法院应（C）。

（3）人民法院在审理上诉案件时，原判决遗漏当事人或者违法缺席判决等严重违反法定程序的，人民法院应（D）。

2. 有关上诉时效的采分点：

> 当事人不服人民法院第一审判决的，有权在判决书送达之日起15日内向上一级人民法院提起上诉。当事人不服人民法院第一审裁定的，有权在裁定书送达之日起10日内向上一级人民法院提起上诉。逾期不提起上诉的，人民法院的第一审判决或者裁定发生法律效力。

3. 人民法院对上诉案件是否开庭审理？

> 人民法院对上诉案件，应当组成合议庭，开庭审理。经过阅卷、调查和询问当事人，对没有提出新的事实、证据或者理由，合议庭认为不需要开庭审理的，也可以不开庭审理。

4. 人民法院审理上诉案件应该多长时间作出终审判决？

> 人民法院审理上诉案件，应当在收到上诉状之日起3个月内作出终审判决。有特殊情况需要延长的，由高级人民法院批准，高级人民法院审理上诉案件需要延长的，由最高人民法院批准。